Zwölf Monate, siebzehn Kerle und ein Happy End

Juli Rautenberg

Zwölf Monate, siebzehn Kerle und ein Happy End

Das Single-Experiment

Das hier ist aus dem Leben gegriffen. Trotzdem sind sämtliche Personen sowie deren Handlungen frei erfunden. Ähnlichkeiten mit lebenden Personen und tatsächlichen Begebenheiten sind gänzlich unbeabsichtigt, quasi eine wahnwitzige Laune des Schicksals.

1. Auflage 2011

© Eichborn AG, Frankfurt am Main, 2011
Umschlaggestaltung: Christina Hucke unter Verwendung
einer Illustration von Eastnine Inc. © getty images
Lektorat: Katharina Theml
Ausstattung, Typografie: Cosima Schneider
Satz: Fotosatz Amann, Aichstetten
Druck und Bindung: CPI – Clausen & Bosse, Leck
ISBN 978-3-8218-6604-8

Eichborn Verlag, Kaiserstraße 66, 60329 Frankfurt am Main
Mehr Informationen zu Büchern und Hörbüchern aus dem Eichborn Verlag finden Sie unter www.eichborn.de

PROLOG

Die Welt, in der wir leben, ist zweigeteilt: Kinokuschelsitze, Pärchenhandschuhe, Steuervorteile und verträumte Wochenendausflüge an den Bodensee auf der einen Seite. Online-Dating, Tiefkühlpizza und Freitagabenddepression auf der anderen. Ich gehöre seit einiger Zeit zu der doofen Seite, also der mit den Depressionen und der Tiefkühlpizza.

Ich bin 28 Jahre alt, Tochter aus gutbürgerlicher Familie, weiße Mitteleuropäerin, Angehörige einer konventionellen Religion, habe erfolgreich mein Studium abgeschlossen, erfreue mich bester Gesundheit und habe nur ein Problem, was global gesehen lächerlich ist, was mich erröten lässt, wenn ich Beiträge zur Welthungerhilfe sehe, was wirklich, wirklich winzig ist, wenn man das Abschmelzen der Polkappen in Betracht zieht, was mich aber manchmal weinen lässt und letztlich dazu treibt, dieses Experiment zu starten: Ich bin Single. Schon lange. Und nicht freiwillig.

Dies sollte auch in meinem Lebenslauf stehen, unter »Familienstand«. Ich muss allerdings keine Lebensläufe schreiben, denn ich bin selbstständig und arbeite von zu Hause aus. Ich bin Lektorin Schrägstrich Werbetexterin, das heißt, ich mache aus Texten, die andere Leute nicht gerne lesen, Texte, die andere Leute gerne lesen. Allem Anschein nach mache ich das nicht ganz so schlecht, denn es gibt Leute, die mir dafür sogar Geld geben. Ansonsten habe ich nur wenige klar ersichtliche Talente. Schreiben, lesen, essen und schlafen gehören dazu.

Ich bin keine Frau, die ungeschminkt und nur in einem weißen Wollpulli auf der Couch, mit angezogenen Beinen und einer Teetasse in beiden Händen süß aussieht. Ich bin eine Frau, die geschminkt, mit Push-up, schwarzem Oberteil, hohen Schuhen und nach einem Friseurbesuch, stehend, und zwar *nur* stehend, gut aussieht. Wenn ich mich gut fühle. Und auch wirklich nur dann.

Ich bin nicht dünn. Wirklich nicht. Im Gegensatz zu allen anderen Frauen, die dasselbe behaupten, entspricht es bei mir der Wahrheit. Es ist zwar nicht so, dass ich nicht mehr alleine in den dritten Stock komme, aber wenn ich in eine Straßenbahn einsteige, treten die Leute schon ein wenig zur Seite. Das bleibt nicht folgenlos, jedenfalls nicht für mein Ego: Werde ich in einem Club freundlich angelächelt, lächele ich nicht zurück, weil ich sicher bin, dass das Lächeln nicht mir, sondern der Person hinter mir gilt. Werde ich unmissverständlich angelächelt, kontrolliere ich meine Garderobe, ob irgendwo noch ein halbes Hähnchen hängt. Spricht mich jemand an, bin ich mir sicher, es ist ein Spinner, Stalker oder Sexualverbrecher. Spricht mich jemand an und es verläuft nett, ohne offensichtliche Hinweise auf Psychopathie, werde ich unsicher, doof, einsilbig oder im Zweifel total unverschämt, ohne es zu merken. Oder mache unglaublich platte Witze, wobei ich eigentlich berühmt bin für meine spaßige Art.

Seit drei Jahren tue ich alles, Menschenmögliches, manches und auch mal nichts, um irgendwie wieder eine Mitgliedschaft im Club auf der anderen Seite zu ergattern. Anscheinend erfülle ich aber die Aufnahmekriterien nicht, denn egal was ich tue oder nicht tue, ich darf nicht mehr mitspielen.

Schnuppern darf ich, mal kosten, probieren, testen, ich darf dran riechen, an dem appetitanregenden Gefühl. Ich sehe die anderen, die die Freitagabend-Problematik gar nicht kennen, die sich gegenseitig Frühstück ans Bett bringen und Adventskalender basteln. Manchmal darf ich einen Blick hineinwerfen, in das wohlig-warme Zweisamkeitsparadies, in dem man sich romantische Briefe schreibt und das letzte Hemd hergibt. Manchmal komme ich ganz, ganz nah an diese unsichtbare Schwelle: Ich darf eine Beziehung anprobieren, in sie hineinschlüpfen, mich mit ihr vor dem Spiegel drehen und wenden, sie bestaunen und bewundern – nur um dann festzustellen, dass der Preis viel zu hoch ist oder der Saum kaputt, oder dass mir schon wieder der alte Käse aus der letzten Saison angedreht wurde.

Doch nun bin ich schon seit drei Jahren Single. Zeit, das zu ändern. Und zwar jetzt.

Das ist der Plan: Ein Jahr lang werde ich jeden Monat eine andere Art testen, den Mann meines Lebens kennen zu lernen – gut, vielleicht nicht den Mann meines Lebens, sondern den Mann für den nächsten Lebensabschnitt, das wäre ja aber immerhin mal ein Anfang. Zwölf Monate, zwölf unterschiedliche Mottos. Die Mottos habe ich gesammelt, in Frauenzeitschriften, aus Erfahrungen, von gut gemeinten Ratschlägen oder einfach, weil ich so was schon immer mal machen wollte. Die Stadt plakatieren, zum Beispiel mit meiner Kontaktanzeige. Oder mich von meinen Eltern verkuppeln oder mir von einer Eieruhr die Gesprächsdauer vorgeben lassen. Meine wissenschaftlich vollkommen unfundierten Erkenntnisse schreibe ich in einem Blog nieder. Mir ist klar, dass ich damit nicht das Rad neu erfinde oder die Relativitätstheorie widerlege oder zur allgemeinen Verbesserung der Welt beitrage, aber das ist ja auch nicht das erklärte Ziel. Ziel ist, einen Freund zu finden. Kein Allheilmittel gegen Krebs. Wobei Ersteres fast genauso kompliziert ist.

BÜROGEFLÜSTER
Oktober

Meine Suche nach globalen Erfolgsmodellen der Liebe beginnt mit Arbeit. Na klar, wer hätte gedacht, dass das ein Sonntagsspaziergang wird. Ich will einen Freund, und dafür muss ich was tun. Los geht's.

In einschlägigen Internet-Foren habe ich gelesen, dass die meisten Deutschen ihren Partner am Arbeitsplatz gefunden haben. Das klingt glaubwürdig. Man lernt sich unverbindlich und locker-flockig an der Salatbar in der Kantine kennen. Auf der Weihnachtsfeier hängt man sich betrunken bei schmalzigen Songs von Stevie Wonder am Hals. Bei einem später folgenden, mehrtägigen Seminar, das der firmeninternen Teambildung dient, nimmt man die Aufgabenstellung persönlich und beginnt in einer privaten Zweiergruppe abends den theoretischen Stoff praktisch aufzuarbeiten. Kurze Zeit später reicht einer von beiden den Antrag zur Elternzeit ein. Ich finde, das hat Potenzial!

Ein kleines Problem in der Planung meines erfolgreichen

Flirts am Arbeitsplatz könnte werden, dass ich keine Kollegen habe. Und keine Salatbar. Genau genommen habe ich auch keine Kantine, sondern eine zusammengewürfelte und sehr unaufgeräumte Küche aus Studententagen. Seit der Weltwirtschaftskrise hat mein Unternehmen das 13. Monatsgehalt und die Weihnachtsfeiern für unbefristete Zeit ausgesetzt (das gab schwere Proteste der Belegschaft und Streikwarnungen, die allerdings ungehört blieben), Seminare besuche ich keine mehr, seit mein Existenzgründerzuschuss ausgelaufen ist.

Ich denke angestrengt darüber nach, wo und wie ich unter den gegebenen und erschwerten Bedingungen den Ist-Zustand (Single, unglücklich) in den Soll-Zustand (Pärchen, glücklich) verwandeln kann. Ich muss expandieren. Dringend.

Kaltakquise

Dienstag, 06. Oktober um 14:48 Uhr

Da ist er. Mein Flirt am Arbeitsplatz. In meiner Firma gab es ja leider niemanden, den ich mit einem privaten Tête-à-Tête im Kopierraum überraschen konnte. Also musste ich den Interessentenkreis ausweiten, Kaltakquise nennt man das im Fachjargon. Weil ich professionell sein und mir selbst beweisen will, dass ich die Sache ernst nehme, beginne ich ein intensives Brainstorming. Brainstorming heißt ja eigentlich, dass sich eine Gruppe von Leuten zusammentut und schlechte Ideen gemeinschaftlich so lange verwurstet, bis alle denken, es seien gute Ideen. In Ermangelung von Kollegen und anderen Gruppenmitgliedern spalte ich einige meiner zahlreichen Persönlichkeiten ab und versuche intensiv, schlechte Ideen zu entwickeln. Nach zwei Stunden, einigen lautstarken Auseinandersetzungen, einer angedrohten Kündigung, heißgeredeten Köpfen und einem

11

Machtwort vom Chef (ich), steht fest, dass für den erfolgreichen Flirt am Arbeitsplatz nur externe Dienstleister in Frage kommen können.

Praktischerweise fällt mir auch gleich schon jemand ein. In einer Druckerei, für die ich ab und zu einschläfernde Werbeanzeigen Korrektur lese und die für den Druck meiner Werbemittel zuständig ist, arbeitet ein sehr freundlicher Empfangsmann. Ich habe Guido, so heißt er, noch nie gesehen, kenne seine samtweiche Stimme aber vom Telefon. Er klingt gutaussehend! Ich übertreibe nicht, wenn ich behaupte, dass wir ab und zu miteinander flirten – zugegeben, bis vor ein paar Tagen hielt ich das noch für ein normales und legitimes Instrument der Kundenbindung. Heute weiß ich es besser! Heute weiß ich, dass ich daraus Kapital schlagen kann! Kurzerhand rufe ich in der Druckerei an und bestelle 1000 neue Visitenkarten. Guido gratuliert mir. »Ist ja toll, vor zwei Monaten hast du doch erst 500 neue drucken lassen, sind die schon alle verteilt?«

Äh. Ja. Nee. Mist. Was sag ich denn jetzt? Schlagfertig bin ich immer nur dann, wenn ich mir hinterher ausmale, was ich hätte sagen können. Unter Aufbringung meines spontansten und kreativsten Einfalls erfinde ich einen Wasserrohrbruch in meinem Arbeitszimmer.

Guido beißt an. »Das ist ja total scheiße! Deine Wohnung ist also grade nicht besuchsfähig, was? Schade«, er senkt verschwörerisch die Stimme, »ich wollte dir anbieten, die Visitenkarten bei dir vorbeizubringen.«

ZUGRIFF! »Das macht doch nichts – ich kann ja einfach bei dir vorbeikommen«, säusele ich profimäßig.

Guido freut sich. »Soll ich dann für zwei kochen?«

Kochen klingt großartig! Es ist wohl nicht zu hoch gegriffen, wenn ich sage, dass essen zu meinen liebsten Hobbys gehört.

12

Das kann ich gut, da kann ich punkten! Ich freue mich. Wir verabreden uns für Freitag. Und mein Chef verspricht eine Gehaltserhöhung.

Petit Nicolas

Freitag, 09. Oktober um 23:45 Uhr

Ich bin aufgeregt! Gleich habe ich das erste Date meines Experiments! Irgendwie kann ich ja immer noch nicht fassen, dass das alles so einfach war – sicherheitshalber habe ich vorab auch schon eine Kleinigkeit gegessen, nur für den Fall, dass wir uns schon im Flur so scharf finden, dass wir es nicht in die Küche schaffen. Nichts ist uncooler als ein knurrender Magen, wenn man einem tollen Kerl gegenübersitzt. Doch eine Sache gibt's, die noch uncooler ist: Sich mit einem Typen, von dem man weder weiß, wie er aussieht noch wie er kochen kann, zum Essen in seiner Wohnung zu verabreden. Was soll ich tun, wenn Guido wie Hacksteak aussieht? Oder mir welches anbietet?

Ach, egal, wenn Guido nur halb so gut aussieht, wie er sich anhört, hat es sich gelohnt, dass ich mir heute Abend die Beine rasiert habe.

Um halb acht klingele ich an seiner Tür. Ich fühle mich wie bei Rudi Carells Herzblatt! Ich höre Schritte in der Wohnung. Dann verdunkelt sich kurz die kleine runde Öffnung des Türspions, durch die ein feiner Lichtstrahl in den Flur hinausfällt. Guido guckt mich grade an! Er guckt! Ich setze mein verführerischstes Lächeln auf.

Die Tür öffnet sich. Und ich muss mir große Mühe geben, dass mir mein verführerischstes Lächeln nicht einfach so aus dem Gesicht kippt.

»Hi, Juli!«, strahlt Guido mich an. Von unten. Guido ist nämlich, und ich trage heute keine Absatzschuhe und bin mit

1,68 Meter auch nicht gerade eine Riesin, einen Kopf kleiner als ich. »Schön, dass du da bist!« Er beugt sich vor, um mir die obligatorischen Küsschen auf beide Wangen zu geben. Ich beuge mich runter. Mein Lächeln ist auf meinen Backen festgetackert. Ich bin schockiert. Und trauere der Rasierklinge des Monats hinterher.

»Hast du Hunger?«, fragt mich Guido.

»Nee!«, sage ich. Hab ja auch schon gegessen.

»Aber ein Weinchen darf's doch sein?«, legt der kleine Mann nach und geht vor mir her ins Wohnzimmer. Er dreht sich zu mir um und mustert mich einmal von oben bis unten. »Du bist noch viel hübscher, als du dich anhörst!«, sagt er, und ich versuche in Sekundenschnelle ein Kompliment zusammenzuschustern, das nicht allzu gelogen und nicht allzu unverschämt ist. Was sag ich denn jetzt? Du bist noch viel kleiner, als du dich anhörst! Das klingt nicht. Ich könnte vielleicht etwas Aufbauendes sagen. Wie zum Beispiel: Alle großen Männer waren kleine Männer! Cäsar. Einstein. Und sogar der französische Staatspräsident. Wenn ich Guido so genauer betrachte, sieht er tatsächlich ein klein wenig wie M. Sarkozy aus. Ob er das als Kompliment auffasst?

»Das ist also mein bescheidenes Reich!«, flötet Le Petit Nicolas.

»Ja«, sage ich, »echt bescheiden.«

Das müssen M. Sarkozy und ich erst mal sacken lassen. Ja, echt bescheiden. Mann, Mann, Mann. Verdammt, kann ich nicht einmal die Klappe halten? Ich trete die Flucht nach vorne an. »Du, hör mal«, sage ich zerknirscht und mit auf den Boden gerichteten Augen, »sei mir nicht böse, aber ich hab eine schlimme Magen-Darm-Grippe bekommen, vielleicht magst du mir nur schnell die Visitenkarten geben?«

14

Sarkozy guckt mich verständnislos an. Dafür muss er allerdings seinen Kopf in den Nacken legen. »Eine Magen-Darm-Grippe? Oh Gott, du Arme. Willst du einen Tee?«

Nein, ich will keinen Tee! Ich will hier raus. Ich muss wohl zu drastischeren Mitteln greifen. »Nee, weißt du – ich hab ganz schlimmen Durchfall, da hilft auch kein Tee mehr.« Ich habe gelogen, als ich sagte, essen sei mein größtes Hobby. Ich hatte die Selbsterniedrigung vergessen.

Guido grinst mitleidig und ein wenig angeekelt, ich kann es ihm nicht verübeln. Er flitzt zur Kommode, auf der ein kleines Paket steht, drückt es mir unter Einhaltung eines gewissen Sicherheitsabstands in die Hand und bringt mich zu Tür.

»Na dann, gute Besserung!«, sagt Sarkozy und gibt mir noch nicht einmal mehr die Hand.

Ich hab Magen-Darm-Grippe. Von wegen. Ich hab neue Visitenkarten. 1000 Stück, um genau zu sein. Zusammen mit den übrigen 473 von vorher kann ich mir damit jetzt die Wände tapezieren. Toll.

Gedanken aus der Warteschleife
Sonntag, 11. Oktober um 17:56 Uhr

Ich warte. Ich warte darauf, dass es hier endlich losgeht. Seit elf Tagen verfolge ich den waghalsigen Plan, bei einem großangelegten Single-Experiment einen Mann kennenzulernen. Es passiert vorerst nichts. Außer dass ich kleinwüchsige Druckereifachangestellte noch vor dem ersten Viertel Weißwein im Wohnzimmer abfrühstücke und mich ein ganzes Wochenende lang schäme. Durchfall! Darauf muss man erst einmal kommen! Statt dass mir ein glamouröser und aufsehenerregender Grund einfällt, lasse ich die Staphylokokken antanzen. Und alles nur, weil Sarkozy so ganz und gar anders war, als ich erwartet hatte. Normalerweise bin ich diejenige, die abgefrüh-stückt wird. Die weggeschubst, aussortiert, fallen gelassen wird. Diejenige, die wartet: auf Erklärungen, Entschuldigungen, Rückrufe, Antwortschreiben, Blumensträuße und Heiratsan-träge. Warten. Warten auf den Richtigen, die richtige Zeit, den richtigen Ort, das richtige Gefühl, eben einfach nur auf DAS Richtige. Warten auf einen Ton, auf einen Laut, auf irgendwas, was besser ist als diese Stille, die in den Ohren rauscht. Warten auf die Einsicht, die Umsicht, die Nachsicht, die Vorsicht, die Weit- und die Gleitsicht, warten auf den Einen, den Anderen und über alledem bitte: NIEMALS wartend wirken.

Ich sitze seit geschlagenen drei Jahren im Wartezimmer der Liebe. Wenn ich die Katastrophen von vorher mit einrechne, warte ich sogar noch länger. Wenn ich noch viel länger warten muss, werden sich meine Eierstöcke zu Brezeln verformen und ich werde ein sozial inkompetenter, neurotischer Langzeit-Single, der zu Hause nur noch im Jogginganzug rumläuft und die zwischenmenschliche Kommunikation komplett einstellt. Ich werde zu einer von diesen kauzigen Tanten, die immer so schlimm nach Tosca riechen und sich mit ihren Pflanzen unter-halten. Und das alles nur, weil ich mein Leben lang GEWARTET habe, bis sich irgendeiner mal entscheidet oder nachdenkt oder aufhört nachzudenken oder damit anfängt; einer, der handelt oder einfach nur mal sagt, dass er mir ein Eis spendieren will. Ich hab's SO SATT!

Schluss jetzt. Ich werde meinen Durchfall und Guido ver-gessen, mir eine neue Druckerei suchen und ganz schnell mit der Suche fortfahren. Ich brauche Nachschub, also Material, also Testobjekte, kurz: Männer. Zusendungen bitte nur mit Bild. Und Größenangabe.

Angezeigt

Ich habe mich von meinem fulminanten Fehlstart erholt und bin bereit, das Experiment fortzuführen. Mein Motto lautet immer noch: Flirten am Arbeitsplatz. Super, dann such ich mir doch mal einen. Zuerst einen Arbeitsplatz und dann einen Flirt. Vor ein paar Tagen habe ich eine Stellenausschreibung gelesen, die interessant und gewinnbringend klang. Gewinnbringend deshalb, weil Theodor von Sponheim, der freundlich von der Personalseite eines erfolgreichen Verlags für Reiseführer auf mich niederlächelt, ein Sahneschnittchen allererster Güte ist. Juli von Sponheim. Das klingt doch nach was! Theodor und ich werden uns bei einem Bewerbungsgespräch kennen und lieben lernen, so mein Plan. Eigentlich suche ich ja gar keinen Job, meinen bisherigen finde ich, wenn auch schlecht bezahlt, ganz okay. Aber das kann ich Theodor ja später sagen. Die Anforderungen für den Job erfülle ich allerdings auch nicht ganz. Der Verlag erwartet gute bis sehr gute Sprachkenntnisse in Englisch, Französisch und Italienisch. *Good, bien* und *bene* sag ich da nur. Trotz meiner mangelhaften Qualifikation beschließe ich, Mut zur Lücke zu beweisen und fälsche ein wenig an meinem Lebenslauf rum: Aus den drei Wochen London, die ich ohnehin schon völlig angeberisch als Auslandsaufenthalt bezeichnet hatte, werden anderthalb Jahre; aus meinen Gelato-Italienisch-Kenntnissen wird ein »flüssig in Wort und Schrift«, und auch mein eingerostetes Schul-Französisch wird ordentlich aufgewertet. *Le magnetophone ne marche pas.* Egal. Ich schicke meinen gepimpten Lebenslauf, das nette Anschreiben und ein sehr vorteilhaftes Bild mit tiefem Ausschnitt an meinen zukünftigen Arbeitgeber und Ehemann und freue mich bereits darauf, gemeinsam mit Theodor die Verlagswelt zu erobern.

Auf Cocktailpartys werde ich unseren Freunden aus der Literaturszene von unserem Kennenlernen erzählen: »Damals habe ich mich ja ganz unbefangen beworben und dann …«, werde ich sagen, und Theodor wird mir zärtlich ins Wort fallen, »… habe ich sie eingestellt. Als Lektorin und Frau meines Herzens.« Die Anwesenden seufzen, wir lächeln uns an, und Theodor steckt mir einen weiteren Klunker an den Finger.

Ach, Theo. Du und ich.

Eingeladen
Freitag, 16. Oktober um 13:01 Uhr

Alles klar. Am Montag um 15 Uhr habe ich ein Vorstellungsgespräch bei Theo. Die suchen wohl dringend. Na ja, ich weiß ja, er sucht dringend *mich*. Er scheint das zu spüren, sonst hätte er mich nicht so schnell eingeladen. Das muss noch rein in unsere Cocktailparty-Story: Dass er intuitiv beim Lesen meiner Bewerbung schon wusste, dass ich die Richtige bin. Ob ich gleich in Weiß erscheinen soll? Na ja, vielleicht doch zu direkt.

Abgeschmettert
Montag, 19. Oktober um 18:23 Uhr

Also, selbstständig sein ist doch gar nicht so schlecht. Das ist mein neues Mantra, das ich mir in ständiger Litanei immer wieder aufsage, seit ich um kurz nach vier das Büro von Theo verlassen habe. Wie es aussieht, bleibe ich noch eine Weile mein eigener Chef, und den Adelstitel muss ich mir wohl auch selbst kaufen. Man ahnt es bereits: Das Vorstellungsgespräch war nicht so der Brüller. Das lag (neben mangelnder Qualifikationen und dem manipulierten Lebenslauf) vielleicht daran, dass ich mich während der Stunde, in der Herr von Sponheim und ich uns unterhielten, nicht entscheiden konnte, ob ich flirten oder mich um den Job bemühen sollte. Denn als ich diesen blonden Hünen, Mitte dreißig, schlank, leicht gewelltes Haar und Cord-Sakko, so vor mir sah, wurde mir ganz heiß, und ich sah mein Porträt bereits an der Wand in der Ahnengalerie auf seinem Landschlösschen hängen.

Es begann sehr freundlich, bis wir zu den Details kamen.

»Ich sehe, Sie haben in London gelebt. Da ich selbst in London studiert habe, kenne ich die Stadt gut. Wo haben Sie denn gewohnt?«, fragt Theo interessiert. Mist.

»In East 17«, antworte ich Boygroup-erfahren und etwas einsilbig.

»Oh, raues Pflaster«, mahnt Theodor und hakt nach: »Was haben Sie denn in England gemacht?«

»Ich bin generell sehr an der Kultur und den Lebensumständen europäischer Großstädte interessiert, ich habe mich inspirieren lassen und die Stadt aufgesogen. Ich bin ein Mensch, der gerne erlebt, genießt, erfährt, weißt ... äh, wissen Sie.«

»Ah!«, Theo hebt bewundernd die Augenbrauen. »Welche anderen Großstädte haben Sie denn auf diese – etwas unkonventionelle Weise, das muss ich schon sagen – so erlebt?«

»Äh – Bielefeld.« Verflixt. Bielefeld! In Bielefeld hatte ich lediglich mal eine Bettgeschichte, bis Bielefeld und ich uns dann einvernehmlich einigten, dass 500 Kilometer wegen ein bisschen Tackatacka zu aufwendig seien.

Im Bewerbungsgespräch geht es leider auf Italienisch weiter, ich glaube Theodor hat Lunte gerochen und testet nun meine Sprachkenntnisse. Ich antworte mit perfekt rollendem »r«, aber offensichtlich völlig unsinnig auf seine Fragen, bei denen ich nur »parole«, »letteratura« und »no« verstehe. Theodor guckt etwas unglücklich. Ich auch.

Über meine Berufserfahrung kann ich noch ein paar Punkte

sammeln, zum Glück habe ich auch wirklich JEDES Projekt angenommen, aber selbst das reicht wohl nicht mehr. Sogar ich merke, dass ich mich hier blamiere, und lächele lieber noch ein bisschen verführerisch. Dann beschließe ich, Theodor zu fragen, was für einen Menschen er denn eigentlich sucht. »Wie stellen Sie sich denn Ihre zukünftige rechte Hand so vor?«, strahle ich ihn beziehungsorientiert an.

»Ehrlich gesagt, etwas kompetenter«, sagt Herr von Sponheim gedehnt. »Seien Sie mir nicht böse, Sie scheinen eine talentierte und sehr humorvolle junge Frau zu sein, aber für unser Unternehmen suchen wir dann doch etwas anderes.«

Und Sie so privat? Aber nein, die Frage stelle ich nicht mehr. Wir verabschieden uns, er wünscht mir alles Gute, ich mir auch, und ich trolle mich peinlich berührt nach Hause. Merke: Wenn man bereits einen Job hat, kann man dort auch einen Flirt suchen. Wenn man einen Flirt hat, kann man sich zusätzlich einen Job suchen. Aber beides zusammen ist nicht empfehlenswert! Den Druck hält ja keiner aus.

Selbst ist die Frau

Donnerstag, 22. Oktober um 11:04 Uhr

Das war ja mal ein klassischer Griff ins Klo. Job *und* Mann, das ist zu viel des Guten. Ich könnte ja einen Job und mich als Zugabe *anbieten*. Haha. Sehr witzig.

Wobei: Ein Mitarbeiter, das wär doch mal was. Da könnte auch mal jemand anderes ans Telefon gehen, wenn mich ein Auftraggeber anruft. Und geschäftig sagen: »Moment, ich stelle Sie zu Frau Rautenberg durch.« Das klingt doch fast schon nach mittelständischem Betrieb!

Nur, was soll der Gute tun, außer eben ans Telefon gehen? So zwei Mal die Woche. Ich bräuchte eher einen Putzmann. Aber

den könnte ich, wie übrigens den Mitarbeiter auch, nicht bezahlen. Mein bescheidenes Einkommen reicht gerade für das
Begleichen der Miete, kleinere Ausgaben im Bereich Nahrungs-
mittel und mittelgroße im Bereich Online-Shopping. Mitarbeiter beinhaltet das Wort »mitarbeiten«, und mir ist ja schon
manchmal langweilig, weil ich nichts außer Kaffee kochen zu
tun habe.

Moment. Kaffee kochen. *Wer* macht das? Praktikanten! Ha!
Die machen doch alles und das auch noch ohne Geld! Das ist
meine Chance! Ich such mir einen Praktikanten.

Praktikant gesucht

Freitag, 23. Oktober um 09:03 Uhr

Ich hänge an das schwarze Brett der Uni einen farbenfrohen
Zettel: »Junges aufstrebendes Lektorat (Subtext: *ich und mein
Wohnzimmer*) sucht engagierten männlichen Praktikanten. Du
(*jung, sexy, schlau, von mir begeistert*) wirst der Geschäftsleitung
(*mir*) zuarbeiten und die Bereiche Konzeptentwicklung (*gemeinsame Wohnung*), Projektmanagement (*Kinder*), Organisation
(*Aufräumen, diverse Putzarbeiten*) und Büroarbeit (*kleinere Erle-
digungen aller Art*) betreuen. Leider bleibt die Arbeit, neben den
reichhaltigen Erfahrungen (*sexuell*), die du sammelst, unver-
gütet. Ich hoffe aber, dass du trotzdem Lust hast, neue und
spannende Erfahrungen zu sammeln. Es wäre schön, wenn du
Interesse an Literatur mitbringst, der deutschen Sprache mäch-
tig bist und gerne kochst.«

Das »gerne kochst« ist rein privater Natur. Aber die Bewerber
denken wahrscheinlich, ich lektoriere Kochbücher. Klären wir
später!

21

Praktikant gefunden

Mittwoch, 28. Oktober um 14:10 Uhr

Heute ist das erste Vorstellungsgespräch. Und auch das einzige, ich habe nämlich schon aussortiert. Erstaunlicherweise haben sich auf meine etwas wirre Anzeige 15 junge Männer und zwei Frauen gemeldet, wobei die Frauen sich lediglich beschwerten, warum ich nur Männer suche, das sei doch sexistisch. Ich weiß ja nicht, was *die* suchen, aber könnte ich ihnen erklären, worum es hier eigentlich geht, hätten sie wohl Verständnis.

Markus ist der einzige Bewerber mit schönem Bild und hat, was ich besonders liebenswert finde, in das Anschreiben sein Lieblings-Auflauf-Rezept mit reingeschrieben. Die anderen Bewerber waren entweder sehr, sehr hässlich oder völlig willenlos auf der Suche nach einem Praktikum. Einer der Jungs ist 16, heißt Tobias, ist Realschüler und braucht dringend noch einen Praktikumsplatz für die Projektwoche in der Schule. Ein anderer will sein Studium abbrechen und sucht nach »neuen Möglichkeiten«. Nä! Ich nehme Markus. Ich habe auch die Zutaten für seinen Auflauf eingekauft, wer weiß, vielleicht kochen wir ja heute Abend zusammen!

Ein Praktikant fürs Leben

Mittwoch, 28. Oktober um 17:53 Uhr

Markus sitzt vor mir in meiner Küche und sieht sehr gut aus. Ich aber auch. Ich habe mich in das einzige Kostüm gezwängt, das ich besitze und trage, vollkommen neu für meinen Küchenboden, meine High Heels auch mal zu Hause. Wo ich sonst nur mit Hausschuhen schlurfe, klappere ich nun selbstbewusst über die Steinfliesen.

Markus ist sehr freundlich, wenn er auch etwas skeptisch guckte, als ich ihm die Tür zu meiner Wohnung öffnete.

22

»Ich dachte, wir treffen uns in Ihrem Büro?«, zweifelte er noch in der Tür.

»Ja, herzlich willkommen, dies ist mein Büro«, erkläre ich sehr locker. »Und lass uns ›du‹ sagen, ja? Ich hab es nicht so mit Hierarchien. Zumindest nicht in der Anrede.« Ich finde, ich bin eine prima Chefin. Markus hat bereits einige Praktika bei renommierten Verlagen absolviert, hat viele Erfahrungen, kennt das Geschäft fast besser als ich und weiß bereits jetzt, wo er nach seinem Diplom arbeiten wird. Die reißen sich um den. Und ich kann ihm nur meinen Couchtisch als Arbeitsplatz und mein Herz als Monatslohn bieten.

»Du hast eine Weile in New York verbracht. Was hast du da gemacht?«, kopiere ich ohne Anstand Herrn von Sponheim.

»Ich war dort bei einem großen Verlag. Es ist natürlich eine spannende Erfahrung, in der Fremdsprache mit Texten zu arbeiten. Glücklicherweise bin ich bilingual aufgewachsen, daher ging das zumindest im englischsprachigen Bereich ganz gut. Zwei Jahre später habe ich in Spanien einen dreimonatigen Sprachkurs belegt und mich dann in einem gemeinnützigen Projekt engagiert, das Kinder beim Schreiben eigener, kleiner Bücher unterstützt. Danach wurden die kleinen Kunstwerke lektoriert und veröffentlicht.«

Angeber. Der sammelt sogar Berufserfahrung, wenn er die Welt besser macht. Markus wird mir ein bisschen unsympathisch. Trotz seines phänomenalen Aussehens. Nach einer halben Stunde, in der ich ihn überhaupt nichts mehr zu seinem beruflichen Werdegang frage, sondern seine Kindheit (glücklich, Schleswig-Holstein) und seine Hobbys (Segeln, Joggen) überprüfe, muss Markus mal aufs Klo. Ich lasse ihn. Irgendwie ist mir Markus doch ein bisschen ZU perfekt. Nicht dass er am Ende seine eigene Chefin aussticht.

Als er zurückkommt, scheint er sich nicht mehr setzen zu wollen, sondern beginnt zögernd: »Also, Juli, ich muss ehrlich sagen, das klingt alles ganz nett, aber so ganz sehe ich nicht, was meine Aufgaben sein sollen. Und um ehrlich zu sein …«, er wird etwas selbstsicherer und lauter, »finde ich das alles hier ein bisschen komisch.«

Oh. Da dreht aber einer auf. Wie gut, dass ich ihn schon vorher blöd fand. »Ja, Markus, da magst du recht haben. Auch ich habe mir da einen etwas – mhm – kompetenteren Mitarbeiter«, Danke, Herr von S.!, »vorgestellt. Ich denke, über Details brauchen wir gar nicht mehr sprechen, wir haben hier völlig unterschiedliche Vorstellungen von Literatur und der Arbeit eines Lektors. In den großen Unternehmen hat man da einfach eine oberflächlichere Herangehensweise, das ist ja nicht deine Schuld, du kennst es halt nicht anders. Wir kleinen Literaturbetriebe lächeln da ehrlich gesagt ein wenig drüber. Aber man muss wissen, was man möchte. Kunst oder Kommerz. Ich danke dir aber herzlich, dass du da warst. Alles Gute.«

Dass ich ihn nicht noch mit einer Hand nach draußen wedele, ist mal alles. Ich bin eine Scheiß-Chefin. Markus verlässt, sichtlich angefressen, aber auch komplett verwirrt, meine Wohnung.

Dann geh ich mal aufs Klo, das Kostüm zwickt ganz schön. Da wird mir Markus' plötzlicher Wunsch, sich zu verabschieden, klar: Neben dem Klo steht eine offene Packung Tampons, im Waschbecken liegen meine Bürste und viele, viele Haare. Und in der Dusche hängt mein ollster BH, den ich von Hand gewaschen habe, und tropft schön regelmäßig den Duschbereich voll.

Ja, dann lieber ein großer Verlag. Ohne private Kontakte. Verstehe.

Expansion

Mittwoch, 04. November um 19:22 Uhr

Nachtrag: Ich habe den Praktikumsplatz dann doch vergeben. An Tobias, den Realschüler, der sonst eine Sechs in Arbeitslehre bekommen hätte. Tobias gießt meine Blumen, bringt Post weg und reinigt die Kaffeemaschine. Die Jugend von heute ist gar nicht so schlecht. Gut, er muss nur zwei Stunden täglich kommen und selbst da mache ich ihm meistens die Glotze an. Aber er ist glücklich, ich schreibe ihm eine nette Beurteilung, und so habe ich auch mal was Gutes für die Menschheit getan! Pah, Kinderbücher lektorieren! Ich betrüge gemeinsam mit einem Teenager das Schulsystem. Das ist mal Engagement.

FAZIT: Es hat sich ausgeflüstert

Also, seien wir mal ehrlich. Der erste Monat war ein Schuss in den Ofen. Die Liebe am Arbeitsplatz, der heiße Flirt am Kopierer und die Eheschließung in der Firmenkantine, die mag es ja geben – in Großbetrieben. Da gibt's ja auch Intranet, Workshops und Weihnachtsfeiern, wo man sich kennen und lieben lernen kann. Mir passiert so was nicht, ich habe aber auch kein Intranet und keine Firmenkantine, ich kann niemanden über die Instant-Kartoffelsuppe oder die dienstägliche Birne Helene anmachen, ich kann mich auf keine gemeinsamen Workshops oder Geschäftsreisen freuen, ich habe keine Sekretärin und vor allem keinen Sekretär und leider, leider auch keinen Coca-Cola-Mann, der mir in der New Yorker Sommerhitze Kaltgetränke bringt. Ich lebe nicht in New York und noch nicht einmal in Berlin. Ich veranstalte Weihnachtsfeiern mit mir selber und habe auch keinen Chef, der mir nach dem dritten Glas Sekt den Hintern tätschelt.

In jedem schlechten Film, in dem Liebe am Arbeitsplatz vorkommt, hat irgendjemand irgendwann einmal Sex auf dem Kopierer. Mein erotischstes Erlebnis mit dem Kopierer habe ich gerade jetzt, als mir die Klappe vom Papiereinzug gegen das Schienbein schlägt und beim Patronenwechsel ein bisschen Tinte über meine linke Hand läuft. Das ist erbärmlich.

VERKUPPEL MICH
November

Die Schlappe vom ersten Monat habe ich verkraftet. Es kann weitergehen! Nachdem ich mich zuletzt wirklich sehr engagiert habe, beschließe ich, mich im kommenden Monat mal komplett bedienen zu lassen! Ich lass mich verkuppeln! Wie bei diesen japanischen Restaurants mit dem Laufband, das die Leckereien freundlich an den Tisch liefert, ohne dass man bestellen muss. Einen kleinen Nachteil trotz aller Bequemlichkeit gibt es da schon: Ich ordere nicht à la carte, sondern muss nehmen, was da ist. Aber bisher war mein Händchen bei Männern nicht gerade glücklich, deswegen lasse ich gutgelaunt mal die anderen machen. Das hat einerseits den entscheidenden Vorteil, dass die, die mich verkuppeln sollen, wissen, wer ich bin und was ich mag, und hoffentlich einschätzen können, wer zu mir passt.

Andererseits: Wenn ich daran denke, wen beispielsweise meine Eltern schon angeschleppt haben, um mich endlich unter die Haube und in ein eigenes Nest zu kriegen, wird mir ein bisschen schlecht. Meine Eltern sind nämlich der felsenfesten

27

Überzeugung, dass ich eine männerfeindliche Ausstrahlung habe und deshalb ein Weichei brauche, das sich meinem dominanten Wesen unterwirft. Jemand, dessen Willen ich nicht brechen muss, sondern jemand, der sich freiwillig und gerne demütigen lässt. Soll ich mir wirklich von solchen Leuten einen Mann vor die Nase setzen lassen?

Meinen Hühnern, also meinen besten Freundinnen, mit denen ich mich regelmäßig zu hemmungslosen Besäufnissen und der professionellen Organisation von Hetzkampagnen gegen abgelegte Liebhaber treffe, traue ich da schon mehr zu. Sie kennen meine Muster, wissen, dass ich auf schwierige Fälle stehe und ein besonders Faible für Männer habe, die mich schlecht behandeln. Gut, das soll ja öfter vorkommen. Meine Hühner sind aber genervt von meinem Puppenmutter-Syndrom und Retter-Komplex und können Sätze wie »Der ist ganz anders, wenn wir alleine sind!« nicht mehr hören. Deshalb werden sie mir ganz sicher nicht die total zerstörten Exemplare der Gattung Mann heraussuchen, sondern darauf achten, dass er weiß, wie er eine Lady zu behandeln hat. Hach, Kinners. Wat freu ick mir!

McTry

Sonntag, 08. November um 23:59 Uhr

Ein Date! Ein Date? »Seriously?«, höre ich Meredith Greys Stimme. Es hat ja lange genug gedauert, bis meine Umwelt mal begriffen hat, dass hier eine einmalige Chance auf sie wartet: Sie darf selbst entscheiden, von welchem Typen ich ihr zukünftig die Ohren vollheule! Kupplung No. 1 ist zum Testlauf bereit, und es liegt ganz allein an mir, den Gang einzulegen und Gas zu geben!

Wo aber kommt der Mann so plötzlich her? Nun, tatsächlich

fand sich in den offensichtlich stark angegriffenen Hirnwindungen meiner Hühner doch noch ein recht unbescholtenes Exemplar der Gattung »Singlemann«. Ein Freund von einem Arbeitskollegen, dessen Großcousin zweiten Grades oder so etwas in der Art. Auch egal. Mann ist Mann. Fleisch ist Fleisch. Meine Freundin Cora, eine schöne Frau mit schönem Geist und noch schönerem Freund, hat ihn mir angepriesen und als freundlichen, interessanten und anspruchsvollen Mann beschrieben. Als einen, der sich das Gleiche wünscht wie ich: Eine Beziehung, die weiterbringt, schneller macht, fröhlicher stimmt, sich gut anfühlt und sich gesamtheitlich als Dauerbrenner entpuppt.

Jaha!! Da bin ich natürlich dabei! In drei Tagen ist Tag X, der Tag, an dem ich meinem Traummann begegne. Ob ich ein »Alb-« davor setzen muss, wird sich zeigen. Ich werde abwarten, nicht zu viel träumen, das Essen augenblicklich einstellen und mit dem Beautyprogramm gleich morgen früh beginnen. Und Schuhe kaufen!

I'm thinking in the rain

Mittwoch, 11. November um 23:20 Uhr

Okay, heute Abend ist es also so weit. Ich bin bereit, habe seit zwei Tagen nur Flüssignahrung zu mir genommen, ein Peeling, eine Gesichtsmaske und eine Komplettenthaarung hinter mir, Wäsche gewaschen, den Friseur besucht, Sit-ups gemacht, neue Unterwäsche und ein Frauenmagazin (mit dem Artikel »30 heiße Tipps fürs erste Date«) gekauft, Strategien entwickelt, Angst bekommen und überwunden, und nun bin ich startklar!

Ich bin geschminkt, habe mich in eine Jeans gezwängt und trage ein leicht und locker fallendes Oberteil, das meine »Rundungen umschmeichelt«, wie die nette Dame aus dem Damenoberbekleidungsgeschäft verlauten ließ. Mir doch egal! Verkäuferinnen haben schlicht gar nichts zu sagen, maximal ein »Ich bringe es Ihnen mal eine Nummer kleiner« (Juhu!) oder ein verständnisvolles »Das sind ja auch italienische Größen, da trag' selbst ich 'ne 38«. Mehr will ich nicht.

So! Ich sehe toll aus! Ich fühle mich gut. Mein Haar wippt, mein Herz hüpft, meine Schuhe drücken. Alles paletti. Ich sitze auf der Couch und sehe mir das schlechte Vorabendprogramm der Privatsender an. Draußen schüttet es wie aus Kübeln. *Das perfekte Dinner* lässt mir das Wasser im Mund zusammenlaufen, mein Magen knurrt gut hörbar. Als Ingrid aus Halle gerade weinend über ihrem Pestohühnchen zusammenbricht, klingelt es an der Tür. Ich springe auf, Schuhe, Jacke und Tasche trage ich bereits am Leib. Ich bin nämlich pünktlich. Damit verstoße ich gegen ein Grundgesetz der menschlichen Zivilisation, nämlich dass Frauen immer unpünktlich sind und außerdem bei einem ersten Date nur einen kleinen, gemischten Salat bestellen. Ich mache das anders. Ich komme nicht zu spät, nicht aus Versehen und nicht aus Absicht. Ich esse Hauptgang und Nachtisch. Ich höre zum Einschlafen *Die drei Fragezeichen* und glaube nicht, dass Justus Jonas dick ist. Und manchmal bestelle ich Pizza mit Sauce Hollandaise, aber das erzähle ich noch nicht mal mir selbst.

Ich eile die Treppen hinunter und reiße die Haustür auf. Da steht er. Nein, da steht nicht er, da steht sein spießiges Auto und blinkt mir freundlich zu. Ich zögere. Es regnet. Nein: Es schüttet! Ich habe eine Stunde mit dem Glätteisen verbracht, ich kann jetzt keine Risiken eingehen. Die Luftfeuchtigkeit wird aus meiner mühevoll frisierten Haarwunderpracht gleich einen feuchtfröhlichen Fiffi machen, der mich in eine Momo-Gedächtnisfigur verwandelt.

Unmotiviert bleibe ich im Hauseingang stehen. Mein Date hupt. Ich überlege fieberhaft, wie ich durch die Fluten zum rettenden Wagen kommen kann. Am einfachsten wäre es, meinen Schirm zu holen, aber das könnte mein Date wohl missverstehen. Immerhin wirkt es grob unhöflich, wenn ich ohne Erklärung einfach wieder ins Haus renne – am Ende beleidige ich damit seinen blauen Passat. Oder ihn. Aber ihn habe ich ja noch nicht einmal gesehen.

Endlich! McTry macht das einzig Richtige: Er öffnet seine Autotür und sprintet durch die Fluten zu mir in den halbwegs trockenen Hauseingang. Er sagt schüchtern: »Hallo«, gibt mir verunsichert die Hand, dann zaubert er einen Regenschirm aus der Jackentasche. Blumen hat er keine dabei. Er fand den Regenschirm passender. Das finde ich klasse. Nett sieht er aus. Unspektakulär, aber nett. So wie sein Name: Steffen. So viel zum ersten Eindruck, es hätte viel schlimmer kommen können, ich bin also zufrieden.

Wir machen uns auf den Weg zum Restaurant. Der Abend verläuft so weit, so gut. Wir reden viel, er fragt auch mal nach, und ich entspanne mich. Unglücklicherweise stellt sich schon nach wenigen Minuten heraus, dass der Weg von Haustür zum Auto das spektakulärste Ereignis des gesamten Dates bleiben soll. Vielleicht liegt es an seiner umständlichen und unlockeren Art zu bestellen. Vielleicht an der Frage: »Du rauchst aber viel, oder?« bei der dritten Zigarette in vier Stunden. Vielleicht an seinen Schuhen. Vielleicht daran, dass es nicht blinkt, funkelt oder kribbelt. Das wird es sein, denn alles andere, was ich zu bemängeln habe, sind vorgeschobene Gründe, und keiner weiß das besser als ich, denn ich könnte mir Pete Doherty schönreden, wenn ich es wirklich drauf anlegen würde. Es hat einfach nicht »boom« gemacht. Noch nicht mal »klick«.

Ich werde nicht in tausend Stücke zerbersten vor Liebe. Nicht jetzt und nicht später. Nie. Verdammt. Ein bisschen traurig macht mich das schon. Ich weiß nicht, warum ich es weiß, aber es ist mir klar. Ist das zu früh? Noch vor dem Espresso? Eigentlich habe ich es schon beim ersten Blick gewusst. Das Erinnerungsfenster ist nicht angesprungen, so viel kann ich sagen. Ich kann keine Parallelen zu irgendeinem Exfreund ziehen, Steffen ist nicht unangenehm aufgefallen oder hat sich anderweitig disqualifiziert. Ich werde mich einfach nicht in ihn verlieben, und vielleicht sollte ich es ihm gleich sagen. Denn in solchen Situationen verlieben sich die Jungs immer in mich. Und ich weiß auch warum, weil ich dann ICH bin. Das ist ja eigentlich schön, ich wünschte nur, ich könnte ich bleiben, wenn ich jemanden toll finde. Fast wehmütig betrachte ich ihn und versuche, mich auf das zu konzentrieren, was er sagt. Aber es macht mich traurig, dass ich diesen wirklich netten, vielleicht ein bisschen spießigen Mann nicht toll finden kann. Ich hätte es so viel leichter.

Ich habe wohl geseufzt, denn unmerklich wird Steffen aufmerksam: »Ist alles in Ordnung?«

(Ja, frag nicht so nett.) »Mhm.«

Wir trennen uns freundlich, er verspricht anzurufen. Es gibt keinen Kuss zum Abschied, aber ein abwartendes Motorausstellen seinerseits. Ich reiche ihm die Hand. Eindeutiger geht's nicht.

Ich bin traurig. Ich fühle mich so, als wenn *ich* Feuer und Flamme gewesen wäre, *er* aber nichts von mir gewollt hätte. Es tut mir leid, dass ich ihn nicht gut fand, denn er ist zum Gutfinden. Aber eben leider nicht für mich. Wer ist denn gut für mich? Und wo treibt er sich rum?

Die Kupplung ist im Leerlauf. Der nächste Gang wird hier nicht eingelegt. Und kurz bevor ich ins Bett gehe, kommt ein SCHLAF GUT per SMS. Ja, das beißt.

Papa don't preach

Montag, 16. November um 17:47 Uhr

Meine Eltern haben Lunte gerochen. Sie wissen von meinem Experiment, und, na klar: Sie mischen sich ein. Da ich ja unverkuppelbar zu sein scheine, verkündete mein Vater am Wochenende freudestrahlend, er habe in seinem Sportverein einen Mann für mich gefunden, und nicht nur das: Besagter Mann wolle mich kennenlernen! Machen wir uns nichts vor, das kann nur in die Hose gehen. Aber in einer Generation, in der Revolte kleingeschrieben wird, man froh ist, mit 30 nicht mehr finanziell von seinen Eltern abhängig zu sein und sich als Aufständischer fühlt, wenn man mal die Teetasse nicht in die Spülmaschine räumt, kommt man wohl kaum umhin, sich den Vorschlägen der Eltern zu fügen.

Wer wird es sein? Wen wünschen sich meine Eltern für mich? Einen gut erzogenen, nach Möglichkeit erfolgreichen, netten, vermehrungswilligen, schwiegermutterfreundlichen, handwerklich begabten Akademiker, der sich gerne auch im Haus (vorrangig meiner Eltern) nützlich macht, dabei Klassik hört und den Abend mit einem guten Buch ausklingen lässt, aus dem er auch aus dem Stehgreif rezitieren kann. Jemand zum Vorzeigen, aber stinklangweilig. Jemand »Nettes«, ohne Ecken und Kanten. Auf jeden Fall jemand, bei dem es im Bett nicht knallt, sondern eher peinlich wird. Und selbstverständlich wird er einen Rentierpullover tragen. So viel ist sicher.

Wir werden uns recht unspektakulär auf einen Kaffee in einem dieser angesagten Bistros treffen, in denen man auf weißen Lederhockern sitzt, das Lächeln aus Coolnessgründen bis auf Weiteres einstellt und den Latte macchiato zum Preis eines Kleinwagens trinkt.

Keine Angst hat der Papa dir gesagt

Eines muss ich meinem Vater lassen: Schlecht sieht sein Auserwählter nicht aus. Im Bistro erkennt er mich sofort, und ich weiß nicht, ob ich das gut finden soll. Wie hat mein Vater, der der Ehrlichkeit zugetan ist, mich wohl beschrieben? »Na, also dünn isse nich.«

Aber Daniel lächelt nett, wohl aufgrund der Vorwarnung, und reicht mir die Hand. »Hi, ich bin Daniel und sehr froh, dass du nicht die Frau am Ecktisch dort hinten bist!«

Toll!! Man kann blöder starten. Zwei Stunden lachen und plaudern wir, werden ernst und dann wieder albern, teilen einen Muffin und die Leidenschaft für Schwarz-Weiß-Filme, singen uns gegenseitig die Hits der späten 90er vor und erklären einstimmig, dass die Welle »Schwarzer rappt, Weiße singt eingängigen Refrain ohne Sinn« zu spät und zu unbestraft endete.

Mann, ist der umwerfend. Witzig. Charmant. Er sieht mich an und ich hoffe, ich sehe gut aus. Wir ziehen nach dem Kaffee noch weiter, gehen was essen, irgendwie passt alles. Kann das sein? Haben meine Eltern einen besseren Blick als ich? Wissen sie am Ende WIRKLICH, was gut für mich ist? Ich traue ihnen die üblichen Gesundheitstipps »Zieh dir Hausschuhe an/Setz dich nicht auf öffentliche Klobrillen/Pack den Schirm ein, es wird regnen« ja locker zu, aber bei lebenswichtigen Entscheidungen wie der Männerwahl habe ich sie bisher stets milde belächelt. Aber gut. Auch ein Genie kann sich irren. Gott sei Dank!

Ich gehe beschwingt nach Hause. Ich ging, gestern. Heute warte ich. Ich warte wirklich auf den Anruf eines Mannes, mit dem mein Vater einmal in der Woche Squash spielen geht. Generationsübergreifend. Werde ich dann mittwochs mit seiner Mutter Rezepte tauschen? Ich warte.

34

Auge um Auge
Sonntag, 22. November um 19:43 Uhr

Kein Lebenszeichen von Daniel. Heute Mittag einen Herzschlag lang Hoffnung. Mein Handy simuliert einen tibetanischen Gong, ich bekomme eine SMS und beinahe einen epileptischen Anfall: HAT MIR GUT GEFALLEN, UNSER TREFFEN. BIN AM WOCHENENDE WIEDER IN DER STADT, HAST DU LUST, MIT MIR ESSEN ZU GEHEN?

Leider will mich nicht Daniel zum Essen ausführen, nein, es ist Steffen, den ich vor über einer Woche getroffen und auf dessen Gute-Nacht-SMS ich niemals geantwortet habe. Ich könnte mich ohrfeigen! Hätte ich doch gleich zurückgeschrieben: NEIN, DANKE, ICH HAB SCHON GENUG GEHABT UND MAG KEINEN NACHSCHLAG, AUCH NICHT MIT SAHNE UND BEGLEITSCHREIBEN. Hätte ich das doch gleich am Donnerstag geschrieben! Hätte ich ihn doch nicht warten lassen! Und da fällt bei mir der Groschen: Ich habe ihn warten lassen. Und jetzt lässt man mich warten. Ist ja nur gerecht. Fühlt sich trotzdem blöd an, und deswegen zögere ich keine weitere Sekunde und antworte postwendend: NETT, DASS DU DICH MELDEST. ABER EIN ZWEITES TREFFEN WÄRE KEINE SO GUTE IDEE, DENKE ICH.

So. Jetzt kann es sich nur noch um Sekunden handeln, bis Daniel sich meldet.

Panik ante portas
Montag, 23. November um 18:30 Uhr

Ich werde unruhig. Letzten Freitag habe ich Daniel getroffen. Wir haben beide noch Witze darüber gemacht, wie blöd die Leute sind, die sich nach einem Treffen nicht melden. Es ist Montag. Das geht nicht mal mehr als Running Gag durch, Daniel! Hörst du? Das ist nicht witzig. Ich finde das nicht witzig!

Es liegt natürlich an mir. Ich bin zu dick. Oder lache zu laut. Oder an den falschen Stellen. Minutiös fange ich an, das Date mit Daniel von vorne bis hinten auseinanderzunehmen. Ich beginne bei der Begrüßung (Küsschen links, Küsschen rechts plus Handschlag. Mist, Hand war zu viel.), meine Drapierung auf dem weißen Lederhocker (Lieber Gott, mach, dass ich die Beine übereinandergeschlagen hatte!), Bestellung der Getränke (drei Latte macchiato in knapp zwei Stunden – wirkt das gierig? Oder maßlos??), bezahlen derselbigen (Hab mich einladen lassen – bin ich käuflich?) und meiner Bereitschaft, noch in ein anderes Lokal weiterzuziehen (Bin ich wirklich SO LEICHT zu haben?).

Meine restriktive Hirnhälfte sagt mir, dass das alles Schwachsinn ist. Trotzdem lasse ich es mir nicht nehmen, Steffen eine weitere SMS zu schreiben: ICH HAB'S MIR ANDERS ÜBERLEGT. WOLLEN WIR UNS AM SAMSTAG TREFFEN?

Macht hoch die Tür, die Tor macht weit, die Torschlusspanik macht sich breit.

Oh du fröhliche ...

Dienstag, 24. November um 14:14 Uhr

... oh du selige, gnadenbringende Dating-Zeit! Daniel hat sich gemeldet! Ich war, wie an den vier Tagen zuvor, perfekt auf den Moment vorbereitet. Kaum erschien seine Nummer auf dem Display, beherzigte ich alle *Wie gehe ich richtig ans Telefon*-Ratschläge: sich aufsetzen, lächeln, drei Mal klingeln lassen, zwei Worte zum Test sagen, dann abnehmen, mit leichtem Zweifel in der Stimme *Hallo?* hauchen.

»Hallo!«, trompetet es freundlich zurück. »Na, hast du an mich gedacht?«

Äh, ja. »Äh, ja.« Mist!

36

»Das trifft sich gut, ich auch an dich!«, posaunt Daniel.

Puh, noch mal gut gegangen. Und: Wir treffen uns! Am kommenden Donnerstag! Da poppt es natürlich gleich in meinem *Sex and the City*-verseuchten Hirn auf: Donnerstag? Das ist nicht Prime Time! Aber vielleicht möchte er auch nicht länger warten, und damit kann ich sehr gut leben.

Ein bisschen verwirrt mich, dass wir so unheimlich viel lachen. Ist das in Ordnung? Geht da nicht das Geheimnisvolle, Mädchenhafte flöten? Ich reiße schlechte Witze, und er schmeißt sich weg, oder umgekehrt. Ich bin nicht pikiert, als es zünftiger wird, ein guter Fäkal-Witz an geeigneter Stelle, da mache ich mir entspannt ins Höschen. Um mal beim Thema zu bleiben.

Egal. Nicht kaputt denken! Ich freue mich total! Jetzt tut sich nur die Frage auf: Ist es moralisch verwerflich, mein Ersatz-Date mit Steffen einzuhalten? Geplant war es ein wenig als Balsam für meine zurückgewiesene Seele. Nun ist es mein Backup-Plan, falls mit Daniel was schiefläuft. Aber eigentlich ist es mir nur noch im Weg, ich will mich doch gar nicht mit Steffen treffen. Wollte ich auch nie.

Ach, und übrigens: Daniel hat sich erst so spät gemeldet, weil er am Tag nach unserem Date zu Verwandten auf eine Hallig gefahren ist, wo es definitiv kein Netz gibt. Er hatte es mir bereits bei unserem Date gesagt, ich hatte mir aber den Termin falsch gemerkt. Selbstgemachte Probleme, im Dreier-Pack für 2.99 Euro …

Und wenn sie nicht gestorben ist

Donnerstag, 26. November um 23:27 Uhr

Es war einmal ein Mädchen. Hold war es, kräftig im Wuchs und flink mit der Zunge. Es begab sich aber zu der Zeit, dass das

Mädchen einen Mann fand, der so gut, so rein und so charmant war, dass sie es fast nicht glauben konnte. Sie wusste genau, wofür sie ihn brauchen wollte. Für sich und ihr schönes Leben, um es noch schöner zu machen.

So der Plan. Wir sitzen auf dem ersten Weihnachtsmarkt der diesjährigen Saison, ich diebisch gut drauf, weil mit Mann (gutaussehend) unterwegs und schon in Planung für die Pärchen-Handschuhe, da traut er sich nach dem dritten Glühwein mir ein unanständiges Angebot zu machen: »Teilen wir uns 'ne Waffel mit Nougat?«

Hähähäää! Gaaaaaa! Ga, ga! (Steigerung von JA). Daniel bestellt uns die Waffel und lässt es sich nicht nehmen, eine doppelte Portion Nougat zu ordern. Enthusiastisch beiße ich in die erste Ecke. Daniel nutzt den Moment meiner Unaufmerksamkeit: »Du bist eine tolle Frau. Ich hab selten so viel Spaß gehabt. Vielleicht lehne ich mich gerade aus dem Fenster, aber es gibt ein Problem.«

Du liebst mich? Gut, das ist jetzt kein Problem. Ich ahne schon was, die Waffel beginnt fad zu schmecken.

»Ich weiß nicht, wie es bei dir aussieht, aber ich bin schon mit der Erwartung in unser erstes Treffen gegangen, dass da mehr draus werden sollte. Seien wir ehrlich, gute Freunde hat man in unserem Alter genug.« Ganz meine Meinung! »Und deshalb sag ich es dir lieber gleich: Ich find dich super, aber ich werde mich mit ziemlicher Sicherheit nicht in dich verlieben. Ich weiß das, weil ich mich nie in die Guten verliebe. Ich hab kein Kribbeln, weißt du? Und das habe ich sofort oder nie.«

Kurze Überprüfung der Systeme. Ja, ich lebe wohl noch, ich halte die Waffel. »Aha.« (Man kann schlauer antworten.) »Und warum wolltest du mich dann noch mal treffen? Du hattest doch ›an mich gedacht‹?«

Daniel nickt bedächtig. »Ich hatte gehofft, du bist die Ausnahme von der Regel.«

Ist da Salz auf der Waffel?

»Und du weißt das nach zwei Treffen?« Ich kann es aber auch nicht gut sein lassen.

Was folgte, war eine erniedrigende Diskussion, in der ich mich selbst runterhandelte auf »zwanglose Treffen«, »mal gucken«, »sich kennenlernen«. Er handelte leider nicht mit, er wollte den Basar wechseln.

So blieb mir nur der Heimweg. Über den Weihnachtsmarkt. Daniel hatte angeboten, mich heim zu begleiten. Aber ich wollte lieber ein bisschen in die Auslage beim »Schaf-Socken-mann« tränen. Und alleine sein. Und vor allem noch eine Waffel essen. Und nicht mehr weiter machen. Scheiße.

Auszeit

Samstag, 28. November um 23:14 Uhr

Ich habe das Treffen mit Steffen abgesagt. Mir ist nicht nach Lächeln. Mir ist auch nicht danach, so zu tun, als gäbe es da eine Chance, für mich oder für ihn. Oder für den Passat.

Mir ist nach Daniel. Oder zumindest danach, mir weiter vorstellen zu dürfen, was für eine großartige Sache das hätte werden können. Mir ist nach Träumen und nach dem wohligen Bauchgefühl. Und nicht nach Theater. Ich fange bei Steffen nicht an zu suchen, was ich bei Daniel schon gefunden hatte. Und ich will mich auch nicht wie ein Arschloch fühlen. Steffen muss mir nicht die Suppe auslöffeln, die ein anderer versalzen hat.

Singlesein ist gerade noch viel schlimmer als normalerweise. Und Singlesein ist normalerweise schon schlimm. Ich kann mir nicht vorstellen, dass es wirklich glückliche Singles gibt. Glückliche Singles, das ist ein Widerspruch in sich. Glückliche Singles hat die Beauty-Industrie erfunden, damit überhaupt noch Rasierklingen gekauft werden.

Ich weiß, es gibt ständig Leute, die behaupten, sie seien glücklich UND Single. Aber stimmt das wirklich? Ist da nicht immer noch irgendein Beziehungsrest, den man mit sich herumträgt? Irgendein altes oder neues Kapitel, das man aufschlägt, vielleicht nur eine Seite, vielleicht nur ein kleiner Absatz, irgendeine verfluchte Zeile, die die leere Seite füllt? Ist man wirklich glücklich, wenn man ganz und gar allein ist? Niemand im Herzen, niemand im Sinn? Wenn man wirklich alles abgeschlossen, jede Beziehungskiste auf den Dachboden getragen, jeder Träne nachgeweint und jede Tasse zerschlagen hat? Wenn man sich ganz esoterisch ausgependelt hat, wenn man so scheißglücklich in seiner Welt und in seinen Vorstellungen angekommen ist und jedes blöde Detail im eigenen Leben zum anderen passt, dann hat man verflucht noch mal keinen Bock mehr darauf, einsam zu sein.

Ich bin einsam und doch nicht allein. Daniel geistert durch meine Gedanken. Er ist bei mir und hat doch beschlossen, nicht für mich da zu sein. Das muss ich heute Abend alleine machen. Mich warm halten, meine Seele pflegen und ein paar Träume sortieren. Die Liebe hat 'ne harte Linke. Gute Nacht.

FAZIT: Im Leerlauf

Mir geht's beschissen. Während ich das dreizehnte Päckchen Tempos vollheule, muss ich ein Fazit für den letzten Monat schreiben: Verkuppelt werden ist toll.

Vielleicht bin ich gerade nicht die glaubwürdigste Zeugin, aber es hat durchaus Vorteile, vorab verkuppelt worden zu sein, wenn einem wieder einmal das Herz gebrochen wird. Denn diesmal war nicht meine schlechte Vorauswahl schuld. Sondern, und das ist wirklich viel, viel besser und verschafft mir ein wenig Genugtuung: meine Eltern. Der Begriff »Erbschuld« bekommt da eine ganz neue Bedeutung. Sie schulden mir viel, sehr viel. Ein richtig großes Erbe. Nicht nur ein paar poplige Fotoalben, sondern mindestens zwei Häuser. Und zahlreiche Bedienstete. Und ein Pony.

Verdammt. Ein gebrochenes Herz kann ich meinen Eltern einfach nicht zur Last legen. Einen schlechten Umgang mit Geld vielleicht. Oder mein gestörtes Essverhalten (viel & deftig). Aber an meinem gebrochenen Herzen ist immer noch Daniel schuld. Nicht meine Eltern. Leider.

Sie haben es ja gut gemeint. Und sie haben leider auch recht gehabt. Sie haben eine echt gute Wahl getroffen. Vielleicht kennen sie mich doch besser, als ich dachte. Vielleicht ist deswegen Verkuppeltwerden eine gute Sache. Die Menschen, die dich kennen und trotzdem lieben, suchen dir einen Mann, der dich mindestens ebenso toll finden soll wie sie dich. Und wenn dann so ein toller Mann wie Daniel dabei rauskommt, ist das ja eigentlich ein Riesenkompliment.

Blöd nur, dass Komplimente mich abends nicht in den Arm nehmen können.

SPEEDDATING
Dezember

Ein paar Tage später geht es mir nicht phänomenal besser, aber ich habe immerhin einen neuen, verwegenen Plan. Denn, wie sagt der Papa immer: Pflaster muss man schnell abreißen. An Daniel werde ich ohnehin noch eine Weile rumdoktern. Ich kenne mich. Ich werde noch unzählige Male das Daniel-Herz-schmerz-Daumenkino durchlaufen lassen. Aber wie ich die Zwischenzeiten fülle, oder die Sekunden, in denen der Film zurückgespult wird, das darf ich Gott sei Dank selber bestimmen. Ich habe mich für Galgenhumor entschieden. Und für Ablenkung.

Am Sonntag gehe ich Speeddaten. Das ist erbärmlich. Ich zahle Geld dafür, dass mir Männer vorgestellt werden. Das habe ich nicht nur nicht nötig, das ist natürlich auch vollkommen überflüssig. Trotzdem, trotz allem: sieben Männer. Eine Eieruhr. Sehr viel Spannung.

Die grundsätzliche Idee der Veranstaltung gefällt mir: Man trifft in sehr kurzer Zeit sehr viele Männer und ist ganz automatisch dazu gezwungen, intuitiv und spontan zu handeln. Mit jedem Date verbringt man sieben Minuten, in denen man sich kennen und im besten Fall auch lieben lernen soll.

Ich frage mich allerdings, ob sieben Minuten tatsächlich den Kohl fett machen – ist es wirklich so, dass man nach sieben Minuten jemanden, den man normalerweise links liegen lassen würde, aufgabelt? Findet man sein Gegenüber nach sechseinhalb Minuten dann doch so nett, dass man es weiter kennenlernen möchte, obwohl der erste Eindruck dringend zum Weitergehen animierte?

Und: Wirke ICH in sieben Minuten? Gehöre ich nicht zu genau jenen Frauen, die so schwer einzuordnen sind, dass sie in die Schublade, die man ihnen anbietet, einfach nicht hineinpassen?

Außerdem stelle ich mit Erschrecken fest, dass die Männer, die ich attraktiv finde, selbst kaum in eine Schublade hineinpassen. Wie soll ich also in sieben Minuten das Gesamtkunstwerk meines Gegenübers aufnehmen, verarbeiten, interpretieren und mögen lernen? Sind nicht die größten Liebesgeschichten der Welt die, in denen sich zwei am Anfang gar nicht leiden können? Braucht Zuneigung nicht Zeit?

Mein Wecker klingelt. Ich habe mir erlaubt, sieben Minuten über mein neues Motto nachzudenken, danach wird die Kopfmaschine aus- und die Flirtmaschine angestellt.

Kleine Abhandlung über das Wesen des Singles
Mittwoch, 02. Dezember um 00:16 Uhr

Das neue Motto bekommt mir. Ich habe nicht aufgehört, Daniel für mein Elend verantwortlich zu machen, aber ich habe aufgehört zu heulen. Und noch einmal über das grundsätzliche Wesen des Singles nachgedacht.

Es gibt glückliche Singles. Ganz bestimmt. Es gibt bestimmt Menschen, die lieber alleine als zu zweit sein wollen. Die lieber alleine glücklich als zu zweit unglücklich oder gar zufrieden sind. Trotzdem denke ich, dass der Mensch ein natürliches Bedürfnis nach Zwei- bzw. Mehrsamkeit hat. Freunde sind dafür ein guter Ersatz. Sie sind wie eine gute Beziehung ohne Anspruch auf Monogamie und ohne Fremdgeherei, ohne blöde Kompromisse und Streit über offengelassene Zahnpastatuben. Freunde sind wie eine selbstgewählte Familie. Mein Schreibprogramm wollte das Wort »Familie« gerade zu »Familienpizza« erweitern. Okay, Freunde sind wie Familienpizza. Sie sind für dich da, wenn du sie brauchst, und manchmal wird dir schlecht, wenn du zu viel von ihnen bekommen hast, aber du hast unheimlich Lust drauf, wenn du schon lange keine mehr hattest. Und das Wichtigste: Sie kommen, wenn du anrufst. Und das tun die Mädels. Ich schleppe meine Hühner auf Konzerte, ins Kino, lasse mich einladen, lade sie ein – und es gibt sie, die kleinen Momente, in denen ein Lied im Radio läuft, das wir zwei Tage vorher noch mehrstimmig und sehr atonal mitgesungen haben, aber dann, in diesen Momenten, bin ich meistens allein, und niemand ist da, der meinen Blick auffängt und die Erinnerung teilt. Was mir fehlt, gerade in der letzten Zeit, das ist ein Erinnerungspoesiealbum, das ich ab und an gemeinsam mit jemand anderem durchblättern kann. Denn meistens bin ich alleine, wenn eine Erinnerung hochblubbert, angeregt durch ein Bild oder ein Lied. Und dann kommt dazu, dass alle meine Hühner ja auch jemand anderen haben, mit dem sie ihr Poesiealbum durchblättern, und praktischerweise ist das auch derjenige, der ihnen die Winterreifen wechselt und dem sie die Arme um den Hals legen, wenn sie geküsst werden wollen.

Mir fehlt die Person, mit der ich teilen kann. Ich liebe meine

Hühner, und ich liebe die großen Momente mit ihnen, aber ich werde ganz klein und grün vor Neid, wenn ich die Blicke sehe, die sie ihren Liebsten zuwerfen. Diese kleinen Selbstverständlichkeiten: Wenn Cora die Oliven von Kais Pizza pickt oder Bastian sein Handy in Tines Tasche fallen lässt, die sie ihm bereits wortlos entgegenhält. Kleiner Kram eben, der das einsame Herz manchmal ganz knittrig macht.

Ich glaube, dass man vorsichtig sein muss mit dem Glücklichsein allein. Ich kenne genug Menschen, die mit viel Mühe, viel aufgebuddeltem Sand, mit Tränen und Schweiß dieses Singleleben meistern. Die mit so viel Kraft an jedem Abend der Woche eine andere Verabredung, ein anderes Hobby, eine andere Veranstaltung haben und die so lange geübt haben, alleine glücklich zu sein, dass sie es schließlich geworden sind. Doch genau diese Menschen sind irgendwann vollkommen unfähig, mit jemand anderem zusammenzusein. Es war so mühsam, das alles aufzubauen, das wird nicht mehr hergegeben. Nicht mal ein bisschen. Nicht mal für dich. Da muss vor lauter Liebe schon die Hütte wackeln, damit man den Lebensplan noch mal umwirft.

Und das finde ich schlimm. Single sein ist okay, aber das Glücklich-Single-sein-Müssen ist eine Krankheit, die nicht nur wahnsinnig anstrengend und belastend ist, sondern auch ganz schön vernageln kann. Sicher, es hat keinen Sinn, sich jeden Tag vor die Klagemauer zu schleppen und sein Schicksal zu beweinen. Es hat vielmehr Sinn, der Situation etwas Gutes abzugewinnen. Man sollte aber nicht vergessen, worum es eigentlich geht, die Sache mit dem Fortpflanzungsauftrag zum Beispiel oder die mit den Winterreifen, oder die Sache mit dem Erinnerungspoesiealbum. Irgendetwas, was das Leben als Herdentier eben ein klein wenig kuschliger macht.

Die Entdeckung der Langsamkeit
Freitag, 04. Dezember um 23:10

Zurück vom Freak-Daten. Seit einigen Stunden sitze ich leicht katatonisch in meiner Wohnung und starre Löcher in die Wände. Was war das?! Es war … seltsam. Ich kann keine wirkliche Meinung darüber verkünden, außer vielleicht, dass ich heute Abend überproportional viele Thomasse und Ingenieure kennengelernt habe und dass – zumindest in meiner Wahrnehmung – eine Reihe sehr attraktiver Frauen auf eine Reihe gar nicht so unglaublich attraktiver Typen getroffen ist.

Richtig demütigend war es direkt am Anfang. Ich stiefele in ein Lokal mit dem zweideutigen Ambiente einer spanischen Hazienda. Laut Informationsmail soll ich dort meinen »Dating-Engel« treffen. Ich sehe aber niemanden, keinen mit Flügeln, keinen ohne, weit und breit, wohin ich auch blicke. Ich schleiche zur Bar und frage den Barkeeper flüsternd und hustend, ob hier und heute Abend Speeddating stattfände. Ein mildes (bedauerndes?) Lächeln, und ich werde von ihm in die Mitte des Restaurants geführt, wo eine Dame in weißem Polo-Shirt (flügellos) vor einem Stapel Unterlagen sitzt und mich mit einem Glas lauwarmem Prosecco begrüßt. Dann platziert sie mich an einem der Nachbartische, dort sitze ich ganz alleine ein paar Minuten rum und versuche mir schnellstmöglich mit dem Prosecco die Lichter auszuschießen.

Bevor ich dazu komme, geht es los. Sieben Männer werden im Sieben-Minuten-Takt an meinen Tisch geführt. Nach dem fünften Mann weiß ich nicht mehr, wie der erste aussieht, geschweige denn, was der dritte beruflich macht. Im wahrscheinlichsten Fall ist er Ingenieur. Oder Controller. Oder Marketingsau. Ich bin freundlich, lache viel, zeige niemandem, ob ich ihn gut oder furchtbar finde. Das geht auch gar nicht. Das geht alles viel zu schnell! Mit Mühe schaffe ich es, meinen ersten Eindruck mit einem Kreuzchen in das JA- oder NEIN-Feld des Beipackzettels, der mir von meinem Dating-Engel ausgehändigt wurde, festzuhalten. Zwei Kandidaten sind tatsächlich attraktiv, während der Rest irgendwo in der Mitte (Tendenz nach unten) rangiert.

Irgendwie ist es wie überall: Die, die mir optisch ganz gut gefallen, sind hemmungslos unlustig. Die, die ich spontan und intuitiv für die Partnerwahl ausschließe, sind die besseren Gesprächspartner. Irgendwann im Laufe der zehn Dates schicke ich ein Stoßgebet ins Universum, dass Daniel bitte eine sehr schlimme und extrem verunstaltende Krankheit bekommen soll, dafür, dass er mir DAS HIER antut.

Auf der Fahrt nach Hause kann ich mir kein Urteil bilden, genauso wenig drei Stunden später. Was zur Hölle war das? Meine Kreuzchen, wen ich wiedersehen möchte, werde ich erst morgen online abgeben. Vielleicht habe ich ja bis dahin kapiert, was das war, denn: Normal war das nicht.

Wahlverwandtschaften

Samstag, 05. Dezember um 10:42 Uhr

Ich habe mir ein paar schlaflose Stunden Zeit genommen, um das Speeddaten wirken zu lassen. Von wegen, spontane Eingebung und Intuition. Von sieben Männern haben mir zwei gut gefallen. Nicht nur aus wissenschaftlichem Interesse, sondern auch für den Hausgebrauch. Bei einem bin ich mir unschlüssig, mit Tendenz nach oben, deswegen hat auch er ein JA-Kreuzchen bekommen. Auf Platz vier und fünf in den Speeddating-Charts stehen zwei, die eigentlich nicht für die Zukunftsplanung in Frage kommen, aber so unglaublich nett und witzig waren, dass ich sogar Alter und Jackett übersehen habe. Meine Intuition sagt mir, dass ich da zuschlagen soll, auch

47

wenn ich keinen von beiden auf der Straße wiedererkennen würde. Geschweige denn mich an ihre Namen erinnern.

Ich muss mich auch an gar keine Namen erinnern. Denn gerade sieht es so aus, als hätten mir die beiden Schnuckelchen auf der Pole Position KEIN KREUZCHEN gegeben, der Mittlere ebenso wenig. Das trifft. Online haben alle Teilnehmer bis heute Abend um 20 Uhr Zeit, sich zurückzumelden. Da Nummer vier und Nummer fünf ihre Bewertung schon abgegeben haben, weiß ich, dass sie mich wiedersehen wollen. Immerhin!, jubiliert der Optimist und lässt die Korken knallen. Na toll, muffelt der Pessimist und wirft mit einer leeren Bierflasche. Was für ein dämliches Gefühl, dass die, die man selber gerne wiedersehen will, einen nicht wiedersehen wollen.

Zugegeben: Die Konkurrenz war hart. Die Frauen sahen erstklassig aus und haben sich auch dementsprechend verhalten. Und seien wir ehrlich: Männer bewerten, gerade wenn nur sieben Minuten Zeit sind, oberflächlicher. Wenn da die blondgelockte Grazie mit schweren Wimpern klimpert, kann ich noch so sehr strahlen und schlechte Witze reißen, noch so eloquent und interessiert und herzlich sein – dann krieg ich am Ende eben kein Kreuz an der richtigen Stelle. Bei Frau Merkel ist das anscheinend anders, die kann aussehen, wie sie will, und hat am Ende trotzdem mehr Kreuzchen. Das ist ein bisschen unfair, aber anscheinend hat mich das Universum grade auf dem Kieker. Falls es da oben jemanden gibt, der meinen kleinen Wunsch trotz Ladenschluss noch aufnehmen kann, wäre ich sehr verbunden: Einer von den ersten drei Plätzen soll mir ein JA geben. Bitte.

Germany: deux points
Samstag, 05. Dezember um 20:52 Uhr

Nu isses offiziell. Ich bin unbeliebt, hässlich und fett. Meine Ausbeute: zwei Übereinstimmungen. Prima. Wenn ich daran denke, dass ich noch gezögert habe, den beiden auf Platz vier und fünf überhaupt ein Kreuzchen zu geben, dann kann ich nur sagen: Danke, Universum, dass du mir zumindest diese Schande erspart hast. Sonst hätte ich nämlich gar keine Übereinstimmung, dann hätte ich 30 Mäuse für lauwarmen Prosecco und sieben feuchte Hände bezahlt.

Zweimal tief durchatmen. Nochmal. Und nochmal.

Ich bin müde. Kaputt. Gedemütigt. Weggeschubst. Abgeknickt. Ausgemustert. Nicht gewollt. K.o. in der dritten Runde. Da kann der Ringrichter gerne bis zehn zählen. Traurig.

Mein Haus in Cornwall
Sonntag, 06. Dezember um 17:00 Uhr

Während ich hier mit meinem zimtlastigen Weihnachtstee aus dem Fenster schaue, fühle ich mich ein wenig wie in einem Rosamunde-Pilcher-Roman. Leider habe ich keinen naturweißen Lammwollpullover an, und es fehlt auch die stürmische See, aber wenn ich mir das Grau in Grau da draußen so betrachte, befallen mich doch einige Gedanken über die Liebe. Wer oder was ist das überhaupt? Kenne ich sie? Und: Will sie mich kennenlernen? Warum versteckt sie sich denn so? Ist sie am Ende der Heilige Gral? Und: Kann ich sie übers Speeddaten finden?

In meiner romantisierten Stimmung, in der ich gewillt bin, mir einen Kaschmirschal umzuwerfen und einsam, aber in mir ruhend, durch rustikale Landschaften zu wandern, finde ich die Worte »Speed« und »Daten« gerade schwer inkompatibel. Liebe braucht Zeit und Geduld und all dies, und dann muss ich in ein paar Minuten erkennen, wer zu mir passt. Ich, die Verfechterin des zweiten Blicks, die Verurteilerin der Oberflächlichkeiten! Ich wirke erst später. Wie guter Wein. Oder Käse. Mir fallen sicher auch Vergleiche ein, die nichts mit Essen zu tun haben … Van Gogh! Wo ist sie hin, die Zeit der Briefe, der Umwerbungen, des langsamen Kennenlernens? Aus Briefen sind E-Mails geworden, die mir mitteilen, ob ich ein Kreuzchen bekommen habe. Die Umwerbungen beginnen mit »ha-« und enden bei »-lo«. Das Kennenlernen beschränkt sich auf die Beurteilung der primären Geschlechtsmerkmale und das Ausschließen schwerwiegender Sprachfehler.

Nee. Mir ist heute nach Cornwall, nach Tee und einem raubeinigen Tierarzt, der ein weiches Herz hat und meines im Sturm erobert. Mir ist nach einem Sonntag auf der Couch. Mit einem, der die Uhr heimlich zurückstellt, damit der Tag nicht zu schnell vergeht. Und das ist wohl das genaue Gegenteil von Speeddaten.

Noch ein Scheibchen?

Freitag, 11. Dezember um 00:49 Uhr

Mir ist gerade etwas wirklich Erschreckendes aufgefallen: Nicht mal Nummer vier und Nummer fünf meiner Speeddating-Charts haben sich bei mir gemeldet, obwohl sie mir ein Kreuzchen gegeben und damit Interesse bekundet haben. Nicht mal DIE!

Ich bin beleidigt. Nicht mal die, die ich nicht wollte, wollen mich. Das Schlimme ist, dass ich viel zu oft weiß, was ich nicht will, und viel zu selten weiß, was ich will. In einer Zeit, in der ich noch wusste, was ich wollte, war das alles viel einfacher. Gut, da war ich 15. Da hat man mit jemandem rumgeknutscht und –

schwups! – man war zusammen. Und wenn es nicht passte, dann hat man sich halt wieder getrennt. Heute ist das alles viel komplizierter. Man probiert erst mal, testet sich ein paar Wochen, und wenn einer von beiden es wagt, das Wort »Beziehung« in den Mund zu nehmen, wird sofort zum Rückzug geblasen. Interessanterweise hat man dann »Schluss gemacht«, obwohl man ja nie zusammen war. Komisch.

Ich frage mich, wo sie geblieben sind. Die Männer, die ich will und die mich zurückwollen. Die gab es doch früher auch. Wo sind sie hin, die Männer mit Hirn, Herz und Humor? Die mich zum Lachen bringen, die mich aufreiben und zur Ruhe kommen lassen, die mir Himbeermarmelade-Herzen auf mein Frühstücksbrötchen schmieren, die mir erlauben, in Pfützen und Dummheiten zu springen, die mir heiße Schokolade kochen, die bei mir weinen, sich anlehnen, auflehnen, die meine schärfsten Kritiker und größten Fans sind. Will ich zu viel? Aber ich bin doch auch so. Zu viel? War ich früher weniger? Weniger kompliziert, so wie die Beziehungen eben auch unkomplizierter waren? Darf's sonst noch was sein? Nein, danke. Ich bin schon bedient.

Paradigma
Mittwoch, 16. Dezember um 19:46 Uhr

Entgegen allen Annahmen, Spannungsbögen und roten Fäden habe ich doch wieder ein Date. Ein speediges. Das Experiment braucht noch ein paar Versuche, sonst sind die Ergebnisse nicht aussagekräftig. Und werden in der Forschung nicht anerkannt. Ein Reinfall genügt nicht, gerade jetzt zur Weihnachtszeit.

Nächsten Sonntag ist es so weit, ich habe mich diesmal in einer anderen Stadt angemeldet. In einer etwas größeren, etwas weiter entfernten. Ich habe nämlich beschlossen, dass es am

Kleinstadt-Mief lag, dass beim ersten Speeddating nichts Passables dabei war. In Großstädten sind die Menschen offener und an Schnelligkeit gewöhnt, da können sie in fünf Sekunden das Oberflächliche abchecken und in den nächsten 6 Minuten und 55 Sekunden feststellen, dass ich super bin.

Danach ist Heirat nicht ausgeschlossen, Trauzeugin wird der flügellose Dating-Engel sein, den ich zur Feier des Tages in ein unvorteilhaftes, lachsfarbenes Brautjungfernkleid stecken werde. Ich bin also ganz und gar tiefenentspannt. Das Glück kann nicht mehr lange auf sich warten lassen. Ideale Voraussetzungen, meine ich.

Eine wie keiner

Montag, 21. Dezember um 14:11 Uhr

Ich bin immer noch entspannt. Selbst als das zweite Speeddaten nicht mehr abzuwenden ist. Mehr als desinteressiert hänge ich mich diesmal an die Theke und betrachte die betont entspannten und betont von sich überzeugten Menschen, die nach und nach in das Etablissement einlaufen. Ich nippe am Kaltgetränk, erspähe nichts Außergewöhnliches und fühle mich wie ein alter Profi auf dem Speeddating-Parkett.

Plötzlich spüre ich Anwesenheit neben mir und drehe mich fast schon angewidert um. Also wem schon das Speeddaten zu langsam geht, wer nicht abwarten kann, bis das Glöckchen bimmelt, und direkt zum Angraben losschießt, der kann ja nicht ganz knusper sein!

»Früher dachte ich ja noch, es sei erniedrigend, sich Männer im Internet zu suchen.« Ich muss lächeln. Neben mir sitzt ein hübsches, freundlich aussehendes weibliches Wesen, das sich als Mona und beinahe ebenso verzweifelt wie ich vorstellt. Wir bestellen Long Island Iced Tea, checken die Auslage, überlassen uns großzügig die »Nicht-so-behämmert-aussehenden-Typen« und sind fast traurig, als das Glöckchen erklingt, das uns zur ersten Runde einlädt.

Mit einem zweiten Long Island Iced Tea am Start datet es sich erfreulich entspannt. Einige Kandidaten lasse ich gar nicht zu Wort kommen, andere frage ich nach einem drei-Minuten Monolog: »Entschuldige, was hast du gesagt?« Einen lache ich von Anfang an aus, bis das Glöckchen wieder klingelt. Klingt gemein, war aber angemessen: Er hatte die Augen verdreht, als er zu mir den Platz wechseln musste. Strafe muss sein.

Während der ganzen Zeit zwinkern Mona und ich uns zu, erheben die Gläser und verbreiten gute Laune. Mona, dem Alkohol noch mehr erlegen als ich, schreit irgendwann ihren Gesprächspartner an: »Samma, packst du misch grad an, odda was?« Ich kugele mich weg, die anderen grinsen, Mona guckt, soweit in ihrem Zustand möglich, damenhaft pikiert, der Übeltäter schämt sich und wird knallrot. Es wundert mich nicht, dass es derselbe Typ ist, der bei mir schon die Augen verdrehte. Was Hänschen nicht lernt, lernt Hans nimmermehr.

Nach dem Trauerspiel gehen Mona und ich noch böse einen heben und tanzen bis in die Morgenstunden. Ich habe mich ein kleines bisschen verliebt. Nein. Nicht SO verliebt. Sondern so: Mona ist mein lebender Beweis dafür, dass es geht. Dass man eine Person direkt in sein Herz schließen kann. Dass man sich sofort und sehr schnell und absolut intuitiv für jemanden begeistern kann, unabhängig von Geschlecht, Lokalität oder Sehstärke. So soll das sein, beschließe ich, so einfach, so selbstverständlich.

Und das Daten? Heute habe ich im Internet ein einziges Kreuzchen gesetzt. Bei Niko. Ich fand es so herrlich bescheuert, dass ich um die Weihnachtszeit einen ganz echten, bartlosen

Kerl kennenlerne, der im wahren Leben Nikolaus heißt und es auch nach fünf verkorksten Minuten noch schafft, die Katze aus dem Sack zu lassen. Bis zu diesem Zeitpunkt stellte er mir sehr aufrichtige, sehr ernste und sehr langweilige Fragen. Fünf Minuten lang musste ich einen Gähnkrampf verbergen. Fünf Minuten lang schielte ich zu Mona rüber, die einen Industriekaufmann mit Tequila abzufüllen versuchte. Um nicht gar zu unhöflich zu erscheinen, fragte ich Niko irgendwann: »Und, was machst du so?«

Und er antwortete: »Ich bin Astronaut.«

Zum ersten Mal merkte ich auf. Astronaut? So ein Blödsinn.

»So ein Blödsinn«, äußerte ich auch prompt relativ einfallslos.

»Irgendwie musste ich deine Aufmerksamkeit ja mal vom Nachbartisch lenken.« Oha. Ganz schön frech. Ich musste lächeln. Und dann sah ich genauer hin. Hübsches Gesicht, markante Nase, Haarschnitt verbesserungsfähig. Klamotten irgendwie nichtssagend, aber immerhin kein gestreiftes Oberhemd. Hm.

»So, und jetzt, wo du mir zuhörst: Kreuz mich mal an«, setzte Niko mit einem Grinsen nach.

Da musste ich dann noch mehr lächeln. Und gab ihm meine Erststimme. Setzte mein Kreuzchen heute bei seinem Namen und wurde prompt zurückgeklickt. Nach den Weihnachtsfeiertagen treffen wir uns. Im Planetarium! Sein Vorschlag. Ich muss schon wieder lächeln. Na also.

Major Tom
Sonntag, 27. Dezember um 22:22 Uhr

Die Weihnachtsvöllerei ist überstanden. Nach drei Tagen zu Hause presse ich mich in eine ehemals passende Jeans und tausche auch den ultragemütlichen Wollstrickpullover gegen ein vorzeigbares Obergewand ein. Ich bin ganz ich selbst und gut gepeelt, außerdem fühle ich mich satt, familiär aufgewärmt und angenehm angeheitert, was von den Schnapspralinen kommen muss.

Niko holt mich zu Hause bei meinen Eltern ab, was ich sehr freundlich finde, allerdings hat es den unangenehmen Neben-effekt, dass meine Familie sich hinter einem Fenster im ersten Stock versammelt und sämtliche Daumen in die Höhe reckt, als er in seinem kohlrabenschwarzen und auf Hochglanz polierten Mini Cooper Cabrio um die Ecke biegt. Das ist mal wieder so peinlich, dass ich gerne mit dem Asphalt verschmelzen möchte, aber dafür ist es zum einen zu kalt, und zum anderen schmun-zelt Niko so wissend und nachsichtig. »Nette Familie«, sagt er, und ich schweige vielsagend.

Wir fahren zum Planetarium. Im Auto reden wir angeregt über die Vorzüge der Honigglasur bei Entenbrust, und ich ver-suche, schwer angestrengt, nichts anzufassen. Hier sieht alles sehr neu aus. Auf der Fußmatte klebt noch nicht einmal ein Bonbon. Es liegt auch nichts im Ablagefach. Und sein iPhone, natürlich hat er ein iPhone, ist ohne einen Fingerabdruck, was bemerkenswert ist, da man das Ding ja mit Touchscreen be-dienen muss. Ich wundere mich, dass ich mich dennoch wohlfühle. Muss an Niko liegen.

Im Planetarium angekommen sind wir beide gleichermaßen ungeduldig. Wir wollen nicht auf die nächste Führung um 19 Uhr warten, wir wollen jetzt die Sterne sehen! Niko nimmt mich an der Hand, zieht mich um eine Ecke. »Da hinten ist noch eine Gruppe mit Führung!«, flüstert er, und seine Hand in mei-ner fühlt sich ganz komisch, ganz ungewohnt, aber ganz schön schön an. Sie ist trocken, warm, und sie prickelt ein bisschen in meiner. Wir schleichen uns an die Gruppe heran und mischen uns unter die Leute. Eine Frau vom Planetarium erzählt irgendetwas von Schwarzen Löchern, von Sternbildern, von der Antike und von Lichtgeschwindigkeiten, aber ich kann mich gar nicht konzentrieren auf das, was sie sagt, weil Niko vergessen hat, meine Hand loszulassen und weil seine Wärme durch meine Fingerspitzen genau bis in meinen Bauch krabbelt.

Ein Film wird gezeigt. Keine Ahnung, wovon er handelt. Wir setzen uns in die hinterste Reihe, und Niko vergisst immer noch, meine Hand loszulassen. Wir versinken in den Plüschsitzen und glotzen den Himmel an. Über uns kreisen Sternbilder. In mir startet ein Space Shuttle. Ich verliere die Bodenhaftung, als Niko plötzlich meine Hand loslässt und die Arme über seiner Brust verschränkt. »Du riechst sehr gut«, stellt er einfach so fest, ohne den Blick vom Himmel zu senken. Ich werde verlegen und sehr rot und starre auf die Venus. Falls das die Venus ist. Ich hab ja vorhin nicht zugehört. Ich sitze also nur da und starre und frage mich, wie ich das leere Gefühl im Kopf und das schwerelose Gefühl im Bauch wieder sortieren kann. Und Niko ist noch ein weiteres Mal ganz zauberhaft und nimmt einfach wieder meine Hand, und wir sitzen da und schweigen und starren in den Himmel und probieren ein wenig von der Wärme aus, die diese andere, fremde Hand da ausstrahlt.

Als er mich nach Hause bringt, habe ich knallrote Wangen vor Kälte und Aufregung.

»Wiedersehen?«, fragt er mich und legt den Kopf dabei ein wenig schief.

»Ja«, sage ich und wundere mich, wie einfach es sein kann. Euphorisiert blicke ich in den Himmel und versuche die Venus zu finden. Stattdessen sehe ich meine Mutter, die mir vom Küchenfenster aus zuwinkt. Na ja. Man kann eben nicht alles haben.

Pflück mich!

Mittwoch, 30. Dezember um 00:56 Uhr

Na klar. Es ist wie immer in meinem Leben: Bezahlt wird am Ende. Anstatt mit Niko weiter Asteroiden abzuschießen, treffe ich mich mit Mona. Im Gegensatz zu ihm meldet die sich nämlich bei mir. Wir diskutieren circa zwei Stunden und vier Kannen Kaffee mit ordentlich Schuss lang, warum Niko, der beim Planetariumsrendezvous noch so zielstrebig vergaß, meine Hand loszulassen, sich jetzt nicht meldet. Gut, ja, zwei Tage sind nix. Lächerlich.

Trotzdem. Hab ich irgendwas falsch gemacht? Zu wenig? Zu viel?? Okay, ja. Ich gestehe: Es gab eine SMS von mir nach der Sternenguckerei. Ich habe ihm geschrieben, dass ich den Abend großartig fand, überraschend, schön, (nein, nicht »überraschend schön«, sondern »überraschend *und* schön«!!) und dass ich mich auf den Nachschlag freue. War das zu viel? Hab ich ihn vertrieben, mit einem KOMPLIMENT? Reicht es schon, seine Freude über ein gelungenes Date zu bekunden, um Schweißausbrüche und Fluchtgedanken auszulösen?

Ja, ich möchte mich auch gerne erobern lassen, aber mal ehrlich, wir leben im 21. Jahrhundert, da wird ja wohl etwas Mithilfe erlaubt sein! Muss ich mich wirklich pflücken lassen? Darf ich nicht selbst vom Baum und in seine Hände fallen, wenn ich entscheide, dass ich das will? Ich will mich nicht pflücken lassen! Und vor allem nicht, wenn das so schrecklich langsam vorangeht. Ich möchte mich treffen, und zwar DIESES JAHR NOCH, wenn's recht ist!

FAZIT: Sieben Minuten für ein Resümee

Speeddating gehört zu den erniedrigendsten Dingen, die ich jemals gemacht habe. In einem wirklich gut besuchten Restaurant an einem Sonntagabend öffentlich als verzweifelter Single gebrandmarkt zu werden, ist peinlich und frustrierend. Aber auch überraschend aufregend! Beim zweiten Mal tat's dann auch gleich gar nicht mehr so weh, was an Niko, an Mona oder am Alkohol gelegen haben kann.

Alkohol ist ohnehin schwer zu empfehlen, wenn man bei übermäßigem Konsum nicht gerade die Eigenschaft hat, nackt auf einem Tisch die Marseillaise zu singen. Wenn man ein wenig angeschickert den Mut der Verzweiflung als Heldentum feiert, wenn man jemanden bei sich hat, mit dem man sich später über die anwesenden Knallerbsen das Maul zerreißen oder den Schmankerln das Herz und die großen Rosinenträume hinterherwerfen kann, DANN macht das ganze Spaß. Und dann wird man locker und ist plötzlich man selbst, und dann kann es sogar passieren, dass plötzlich jemand vor einem steht, mit dem man gar nicht mehr gerechnet hat.

Trotzdem: Es ist und bleibt ein Schaulaufen. Wenn du ein scharfes Prêt-à-porter-Teilchen bist, wirst du wahrscheinlich auf den ersten Blick (sieben Sekunden, nicht sieben Minuten) einige Fans finden. Ich aber bin ein Designerteilchen. Ich bin Haute Couture, irgendwo an der Schwelle zwischen Mode und Kunst. Haute Couture – das sind Einzel- und Kunststücke, die nicht jeder kapiert. Ich werde bestaunt, angefasst, anprobiert. Aber kaufen will so ein Kunstwerk keiner. Zum einen, weil es teuer wird. Zum anderen, weil es nicht ins normale Reihenhauswohnzimmer passt. Da steckt halt Kunst drin.

GEMEINSAME
INTERESSEN

Januar

Bei dem neuen Motto komme ich natürlich nicht umhin, mich zu fragen, wie wichtig gemeinsame Interessen sind. In meinen vergangenen Beziehungen habe ich mich eher an den Wahlspruch *Gegensätze ziehen sich an* gehalten. Extrem-Couching (ich) gegen Sportbegeisterung (er), Freude an Literatur (ich) gegen Ego-Shooter-Fanatismus (er) und kulinarisch geprägte Gesellikeit (ich) gegen einsame Wanderungen durch den Harz (dreitägig, er).

Ich habe viele Abende und Nachmittage auf der Couch verbracht und Interesse an der Snooker-WM gezeigt (oder geheuchelt), ich habe aufmerksam die Games-World gelesen und mich über die grafischen Verbesserungen bei einschlägigen Gewaltspielen informiert. Nicht ohne Lob zu ernten, aber natürlich immer hinter den Ansprüchen zurückbleibend, da es sich eben um angelernte Informationen handelte und nicht um leidenschaftlich aufgesaugte Daten.

Habe ich versucht, meine Interessen anzupassen, um passend

zu machen, was nicht passend war? Oder wollte ich einfach bestimmte Aspekte an meinem jeweiligen Partner verstehen, um ihm näher zu kommen? Und: Hatte ich überhaupt schon einmal einen Mann, dessen Interessen weitgehend mit den meinen übereinstimmten, und hat es dann besser geklappt?

Für Architektur interessiere ich mich zum Beispiel überhaupt nicht. Das könnte sich aber bald ändern. Und zwar nicht nur, weil ich generell ein sehr aufgeschlossener Mensch bin, sondern weil Niko in Wirklichkeit Architekt ist. Damit verbindet uns immerhin eine Gemeinsamkeit: Er baut Häuser und ich wohne gerne darin.

Doch mein geheucheltes Interesse könnte überflüssig sein, denn Niko meldet sich nicht. Ich sollte mir einen Plan B zulegen. Ich drehe den Spieß einfach mal um: Ich überlege mir, was meine Interessen sind, und suche mir dann den passenden Mann dazu.

Vorsätzlich
Freitag, 01. Januar um 17:27 Uhr

Niko hat sich gemeldet! Mit gutem Blabla fürs neue Jahr und etwas noch viel Interessanterem im Warenkorb, einem neuen Termin! Morgen Abend wird er für mich kochen.

Ich freue mich. Glaube ich. Denn meine Freude ist ein klitzekleines bisschen gedämpft von der Tatsache, dass bis heute Nachmittag gar nichts kam. Nicht mal eine Antwort-SMS auf meinen zaghaften Vorstoß nach dem ersten Date im Planetarium. Hm. Er hatte bestimmt wahnsinnig viel zu tun. Sehr viel Wichtiges. Andererseits: Ich möchte schon auch irgendwann mal das Gefühl haben, dass ich wichtig bin. Um nicht zu sagen: das Wichtigste.

Und wieder andererseits: Ich denke schon wieder zu viel.

Einfach mal treiben lassen! Nichts kaputt denken! Super Vorsatz. (Mir fehlte ohnehin noch einer.) So machen wir das jetzt. Wir werden geduldig.

Chez Bauhaus

Sonntag, 03. Januar um 17:33 Uhr

Ich bin bei Niko. In Socken. Er gibt mir eine Wohnungsführung. Niko ist, das merke ich schnell, sehr stolz auf seine Wohnung. Falsch: Niko ist seine Wohnung. Hier ist alles irgendwie – Architektur. Alles weiß. Alles glatt. Alles schön. Ein runder, weißer Tisch, darauf runde, rote Filzuntersetzer in verschiedenen Größen. Die Bilder hängen nicht an Nägeln, sondern lehnen auf dem glänzendweißen, selbstgestalteten Sideboard. Kein Foto. Keine Pflanze. Nur ein quietschgrün angemaltes Hirschgeweih über der Tür. Designerlampen spenden gedimmtes Licht. De-Phazz säuselt aus den Lautsprecherboxen. Die Wohnung versprüht den Charme eines Museums für Moderne Kunst. Und ich passe hier grundlegend nicht her. Ich bin die Frau, die Gläser umkippt und ihre Jacke nicht an einer Garderobe aufhängt, sondern in die Ecke pfeffert. In meiner Gegenwart hinterlassen Schuhe IMMER Spuren auf dem Teppich, selbst wenn sie gerade aus dem Schuhkarton kommen. Ich bin der personifizierte Albtraum jeder durchdachten Inneneinrichtung, jeder sauberen Oberfläche und jeder Hausfrau.

Mein Weinglas halte ich deshalb vorsorglich nur in der Hand. Wenn ich es absetze, wird es garantiert einen unschönen Fleck auf dem weißen Tisch hinterlassen. Niko, der mir gegenübersitzt, scheint meine Anspannung zu spüren.

»Schmeckt das Sushi nicht?«, fragt er mich besorgt.

Ich stecke mir schnell eine Rolle in den Mund. »Doch, sehr lecker!«, heuchle ich. Ich hasse Fisch. Besonders rohen. Ich entspanne mich, als Niko das Feigenparfait mit filetierten Orangenscheiben bringt. Das schmeckt leider auch nicht besonders. Ich wünsche mir eine Tafel Schokolade, die ich hier aber gar nicht essen könnte, weil ich garantiert alles mit meinen klebrigen Schokoladenfingern vollsauen würde.

Geführt von Niko erreiche ich nach dem Essen dennoch unfallfrei die Couch und lasse mich auf der vordersten Kante vorsichtig nieder. Gleich wird mein Rotwein umkippen. Ich weiß es. Ich weiß es! Niko scheint meine Sorge zu wittern, er lehnt sich vor und nimmt mir mein Weinglas aus der Hand. Jetzt schmeißt er mich raus. Ganz bestimmt.

Nein, tut er nicht. Er stellt mein Weinglas auf den Couchtisch aus Plexiglas, dann wendet er sich mir zu und nimmt meine Hände. Und sieht mich an.

Aha. Jetzt kommt der Kuss. Ich spitze schon mal die Lippen. Nein. Kein Kuss. Niko starrt mich an. Händchenhaltend.

Und starrt. Und starrt. Und starrt immer noch. Wir sitzen jetzt bald 20 Sekunden so da. Ich werde nervös. Meine Hände werden feucht. Meine Augen zucken unruhig. Ich unterdrücke ein Lachen. Niko starrt weiter.

Tja, das kann wohl noch dauern, das mit dem Kuss. Zeit, die Sache selbst in die Hand zu nehmen. Ich lehne mich ihm entgegen. Schließe die Augen. Wenn er das nicht kapiert …

Er kapiert es nicht. Nach gefühlten 15 Minuten öffne ich vorsichtig ein Augenlid. Niko hat auch die Augen geschlossen.

Äh? Und jetzt? Warten wir, bis sich ein Magnetfeld vor uns auftut, das uns zusammenzieht? Hallo? Ist da noch jemand?

Mir wird das zu bunt. Ich seufze leicht, dann greife ich zu. Und küsse Niko so, wie sich zwei erwachsene Menschen küssen. Mit Zunge. Und so. Niko küsst erfreulicherweise mit, er ist demnach nicht eingeschlafen. Wir küssen eine Weile so rum (es

passiert auch nichts weiter, keine Grabschereien, keine Strei-
cheleinheiten, nicht mal von mir, denn Niko hält immer noch
beharrlich meine Hände fest), und langsam wird mir langweilig.
Da unterbricht Niko das leicht monotone Kreisen seiner Zunge,
schiebt mich ein Stückchen zurück und streicht mir eine
Strähne aus dem Gesicht. »Hej, Süße«, sagt er mit leicht belegter
Stimme, »ich muss morgen total früh raus.«

Oh. Okay. Nee, is klar. »Dann geh' ich jetzt wohl mal besser.«
Er lächelt. »Ja, aber komm wieder.«
Ich nicke. Okay. Okay, das mach ich.

Kein Applaus

Montag, 04. Januar um 10:29 Uhr

Hm, eigentlich wäre ich ja drauf und dran zu sagen: Ach, was
brauch ich neue Dates! Ich habe Niko geküsst, ich bin raus aus
der Nummer.

Aber die roten Filzuntersetzer und die nicht zu verachtende
Tatsache, dass Niko sich wieder mal nicht zurückmeldet, nicht
auf meine nächtliche E-Mail reagiert, in der ich ihm schrieb,
dass ich ihn schon sehr bald sehr gerne wieder küssen will,
und natürlich mein mittlerweile öffentlich bekanntes Pech bei
Herzensangelegenheiten, drängeln mich in Richtung neues
Motto – Gemeinsame Interessen.

Ich kann nicht wirklich behaupten, dass ich an Theater interessiert bin, wohl aber bin ich an Theater-Interessierten interessiert, weil ich dem Glauben verfallen bin, dass die sich dann
auch für mich interessieren, weil mein ganzes Leben ein einziges Theater ist. So in der Art.

Ein Theater in der Nähe bietet einen kaum zu glaubenden
Service an: Will ein alleinstehender, theaterbegeisterter Mensch
ein Stück sehen und findet keinen anderen Willigen, kann er

sich beim Sorgen-, nein: Kartentelefon an einem Abend seiner Wahl verkuppeln lassen. Sofern es einen anderen verkupplungsbereiten, alleinstehenden, theaterbegeisterten Menschen in der gewünschten Altersklasse gibt. Für mich gibt es diesen Menschen, und ich bin nur einen Tag später bereits mit ihm verabredet. Stutzig macht mich, dass mein Date »Ernst« heißt. Heißen Menschen unter 39 heute noch Ernst? 39, das war meine persönliche Altersobergrenze.

Im Theaterfoyer mache ich es mir an der Sektbar bequem, da soll ich mein Date des heutigen Abends treffen. Es gongt. Röcke rascheln. Ich bestelle einen Sekt. Mein Date scheint noch nicht da zu sein. Fünf Minuten später gongt es erneut und ich grapsche nach dem Schälchen mit den Erdnüssen. Das kann ein kurzer Abend werden. Es gongt zum Dritten. Da wird plötzlich die Eingangstür aufgerissen und ein Mann hastet herein. Er trägt einen Kamelhaarmantel und einen Hut und zu meinem Erschrecken sogar eine Fliege, und da ich die einzige noch im Foyer sich betrinkende Person bin, hechtet er auf mich zu und japst: »Sind wir heute Abend verabredet?«

Und ich denke nur: Mist. Ernst stellt sich mir ernst mit einer altmodisch-verklemmten Verbeugung vor und haucht einen Kuss auf meine erdnussklebrige Hand. Das ist also Ernst.

Und das ist es wirklich, denn ich werde aufgefordert, meinen Sekt leer zu trinken, schließlich wolle man nichts verpassen, schließlich habe man ja auch für den ersten Akt bezahlt, nicht wahr, haha, ein jovialer Schulterklopfer, jetzt wird es ernst, nicht wahr, gleich noch ein Witz, dieser Mann ist eine lebende Comedy-Veranstaltung.

Wir schleichen auf den ersten Rang und müssen uns, was ich unendlich peinlich finde, durch mehrere Stuhlreihen durchquetschen. Ernst flüstert jeder zerquetschen Person ein »Verzeihung«, »Excusez-moi, Madame« oder »Ich bedaure …« zu. Ich quetsche mich hinterher und denke mir: 39? Im Ernst??? Niemals im Leben ist ein Mann, der »Ich bedaure« sagt, unter 40 – und wenn ich mir Ernst mal genauer ansehe, nicht mal unter 50!! Ich bereite während der ersten drei Akte einen mehrseitigen Beschwerdebrief an die Theaterleitung vor.

Die Pause erlöst mich von einer mangelhaften Inszenierung, wirft mich aber ohne Umschweife direkt in die nächste Katastrophe hinein. Ernst bestellt Sekt und verwickelt mich in ein sterbenslangweiliges Gespräch über Investment-Fonds, mit denen er sich »in seiner Freizeit« beschäftigt. Von dieser Freizeit scheint er eine Menge zu haben, dem Muster seines Jacketts zufolge muss er schon berentet sein. Seinen wirtschaftlichen Exkurs spickt er immer wieder mit dezenten Hinweisen, dass man sich von seiner Seite aus gerne näher kommen könne, am Ende legt er sogar seine Hand auf meine. Sie ist faltig. Und kalt. Eine Hand aus dem Grab. Ich frage Ernst, wie alt er eigentlich ist.

»Ich fühle mich deutlich jünger, als ich aussehe«, raunt er mir anzüglich zu und zwinkert verständnisheischend.

»Ist das auch der Grund, warum du eine jüngere Frau suchst?«, stelle ich ihn zur Rede.

Er grinst nur. Und ich möchte mich spontan auf seinem Revers erbrechen. Schütte den Rest des Sektglases in mich hinein und rülpse gut vernehmlich: »Ernst, das wird mir alles zu blöde. Ich suche keinen Sugardaddy. Und keinen Mann im Kamelhaarmantel!« Dann mache ich mich erhobenen Hauptes vom Acker.

Jour fixe
Dienstag, 05. Januar um 18:09 Uhr

Hat jemand ein Wörterbuch Deutsch-Architekt/Architekt-Deutsch?

JULI ... DU MÖCHTEST MICH BALD WIEDERKÜSSEN? ACH, DU ... LASS DICH NIE MIT EINEM ARCHITEKTEN EIN. 70 BIS 80 STUNDENWOCHE. DAS HAUS MUSS FERTIG WERDEN ... UND ICH MUSS ENTSCHEIDEN ... UND ZWAR HEUTE NOCH, AUS WELCHEM HOLZ DIE TÜRRAHMEN SIND ... MORGEN IST JOUR FIXE, ES MUSS VORANGEHEN, ICH BRAUCHE MEHR ZEIT ... ZEIT FÜR DICH ... FÜR MICH ... ABER ICH WEISS NICHT, WOHER NEHMEN. DIE WOCHE IST KOMPLETT VOLL. SONNTAG? SONNTAG ... DANN KÜSSE ICH DICH WIEDER ... N.

Sonntag? SONNTAG?! Ich lese da immerzu was von Türrahmen und Holz und Haus. DIESES Haus hier muss gebaut werden, mein guter Freund!! Und was sollen diese albernen Punkte zwischen den Sätzen? Juli ... Ja! Hier! Ich bin's! Ohne Punktpunktpunkt. Bis Sonntag weiß ich ja schon nicht mehr, wie du heißt, weil die Interessenten hier Schlange stehen! Noch nicht jetzt, aber bestimmt bis SONNTAG, das ist nämlich noch eine Ewigkeit hin, du Knallerbse!

Das möchte ich schreiben. Und dann schreibe ich stattdessen: ALSO GUT, DANN SONNTAG. EIN LEICHTES SEUFZEN, WEIL HEUTE ERST DIENSTAG IST.

Ach, die Liebe ist doch manchmal echt zum Kotzen.

Sirup
Donnerstag, 07. Januar um 14:20 Uhr

Mein Gott, wie mich die Warterei anödet. Und wie sehr mich das Timing nervt! Immer dann, wenn ich kurz davor bin, das Treffen von Sonntag abzusagen, weil ich entweder vergessen habe, warum wir uns eigentlich treffen wollen oder mit wem ich mich eigentlich treffen wollte, schreibt er eine SMS oder eine klitzekleine Mail. Diese klitzekleinen Mails sind deswegen klitzeklein, weil meistens dasselbe darin steht (keine Zeit, trotz starkem Willen, freu mich auf Sonntag, und ach ja, natürlich: Punktpunktpunkt!) und das in maximal 800 Anschlägen verpackt. Dann schreibe ich wieder, durchaus länger, und dann warte ich wieder, und 4902 Stunden später kommt eine erneute klitzekleine Mail.

Meine Güte! Ich kann mich gar nicht entscheiden, was mich mehr nervt, das nicht vorhandene Tempo oder die nicht vorhandene Intensität – Entschuldigung, aber das soll der Anfang von »Etwas« sein? Nicht falsch verstehen, da IST was. Aber es ist zäh wie Sirup und tropft träge durch meinen Alltag hindurch. Es ist so ziemlich genau das Gegenteil von dem, was ich mir in meiner hochromantisierten Mädchenwolke vorstelle: wildes Begehren, Überraschungen, Impulsivität und Spontaneität.

Ich sehe ja ein, mein Weg ist nicht immer der beste. Meine Vorstellung ist nicht immer die richtige. Gut, ich versuche den anderen Weg, den Nikolaus-Sirup-Weg, das langsame Begutachten, das ruhige Integrieren der anderen Person in das eigene Leben, und nicht die wilde Leidenschaft, die im schlimmsten Fall in Vegas vor einem drittklassigen Priester im Elvis-Kostüm endet. Alles klar. Immer schön langsam. Wie konnte ich so jemanden beim Speeddaten kennenlernen?!

Nouvelle Vague

Sonntag, 10. Januar um 22:41 Uhr

Ich treffe Niko und wir machen das, was Pärchen oder Leute, die vielleicht bald oder irgendwann mal zu einem Pärchen werden, an einem arschkalten Sonntagabend im Januar eben machen: einen Film gucken.

Wir treffen uns vor dem Kino. Ich stehe vor ihm, verklemmt, unsicher. Weiß nicht, wie ich ihn begrüßen soll. Einmal geknutscht heißt ja nicht, dass man sich bei der nächsten Begrüßung gleich um den Hals fällt. Am besten ist immer, zu reagieren. Wie geht er auf mich zu?

Niko scheint eine ähnliche Taktik zu fahren wie ich. Er steht vor mir und glotzt mich an. Die Hände in den Jackentaschen, was ich insofern okay finde, weil er mir allem Anschein nach immerhin nicht die Hand geben will. Niko steht. Und guckt. Und steht. Und ich denke: Äh, hallo?

Und »Hallo«, sagt er irgendwann. Ich könnte schwören, da waren drei Punkte dahinter. Ansonsten macht er keine Anstalten. Keine Umarmung. Kein Küsschen. Nix. Er guckt mir nur ein Loch in den Kopf. Ich gucke eine Weile uninspiriert zurück, bis ich zu schielen beginne. Dann nehme ich mir, obwohl ich mir felsenfest vorgenommen hatte, das nicht mehr zu tun, erneut ein Herz und werfe mich in Nikos Arme. Er fängt mich immerhin auf. Leidenschaftlicher wird es an diesem Abend aber nicht mehr. Wir sehen uns einen französischen Problemfilm (in Originalsprache mit Untertiteln) an und teilen uns eine kleine Tüte Popcorn. Immerhin berühren sich ab und an unsere Hände, wenn wir gleichzeitig in die Popcorntüte greifen. Das ist wenigstens aufregend, weil ich immer noch nicht weiß, wie ich mich ihm gegenüber verhalten soll. Niko nimmt es gelassener. Einmal geht er sogar richtig ran und streichelt mit seinem Zeigefinger über meinen Handrücken. Und das – und da bin ich mir sicher – passiert NICHT zufällig!

Nach dem Film stehen wir draußen vor dem Kino rum. Wie geht's jetzt weiter? Gehe ich noch mit zu ihm? Hab ich mir die Beine rasiert? Ist es überhaupt wichtig, oder werden wir uns weiter mit Händchenhalten abmühen? Ein bisschen knutschen wäre angebracht, um sich in der Evolutionskette des Datings nicht wieder hinten anstellen zu müssen. Niko sieht das ein wenig anders: »Das war ein wirklich schöner Abend.«

War?! Ist er schon wieder vorbei?

»Ich muss morgen früh raus«, sagt Niko und nickt mit dem Kopf. Ich nicke übersprungshandelnd mit, mir fällt nichts Besseres ein, so geschockt bin ich. Ich bin aber auch ein Wunder an Eloquenz.

Einen Kuss zum Abschied bekomme ich dann doch noch. Nach Hause gehe ich aber alleine. Ohne neuen Termin. C'est la vie.

Relative Liebe

Dienstag, 12. Januar um 15:50 Uhr

Wieder nichts Neues. Von Niko tröpfeln im gewohnt erniedrigenden Takt Nachrichten ein. Dass er keine Zeit hat, dass dieses Haus fertig werden muss, dass er sich immer noch nicht für die richtigen Schrauben bei der Heizkörperhalterung entschieden hat, dass er an mich denkt, wenn er Zeit hat, und dass ich das alles bitte nicht persönlich nehmen soll – er fände mich toll, und wir hätten ja noch alle Zeit der Welt, bald würden wir uns wiedersehen. Bald. Aha. Schon Einstein wusste: Zeit ist relativ. Ich mag ja Männer mit eigenem Leben. Ich finde das nicht nur theoretisch, sondern auch ganz praktisch sehr anziehend! Ich möchte gar niemanden haben, der mich auf einen Sockel stellt und als seinen Lebensinhalt abfeiert. Aber das genaue Gegenteil davon? Nach Aufmerksamkeit lechzen. Neue Treffen erfragen. Absagen bekommen. Das reicht mir nicht. Auch wenn mein Herz so gerne für Niko schlagen möchte: Irgendwas in mir sagt, dass die Suche noch nicht beendet ist.

Am Ende

Seit zwei Tagen ist es nun totenstill. Es kommen nicht nur wenige, es kommen gar keine Nachrichten mehr bei mir an. Jetzt hat er mich so weit. Jetzt bin ich mürbe.

»Wir haben ein Problem«, beginne ich eines der seltenen Telefonate. Er kommt gerade von der Baustelle, und obwohl ich ihn fast nicht kenne, höre ich ihm an, wie viel Überwindung es ihn kostet, jetzt zu telefonieren. Er ist müde, er will nur noch ins Bett, aber dieses aufmüpfige Mädchen besteht darauf, zu reden.

»Haben wir?«, fragt er aufrichtig erstaunt.

»Ja, haben wir. Kann ich vorbeikommen? Ich bringe Wein und Gedanken mit.« Ich sollte eine Diplomatenlaufbahn einschlagen.

Als ich bei ihm ankomme, öffnet er mir mit müden Augen die Tür, öffnet die Arme und drückt mich ganz fest an sich, und in diesem Moment ist alles, alles gut. So hat er mich noch nie begrüßt. Ich möchte anfangen zu reden, aber es geht nicht. Ich bin gefangen von seiner Gegenwart, und ich weiß auch gar nicht, was ich vorhin noch verkünden wollte, weil seine Umarmung meine zerknitterte Seele wärmt.

»Welches Problem haben wir doch gleich?«, murmelt er müde.

Und ich nehme all meinen Mut zusammen und frage ihn: »Wann sehen wir uns wieder?«

Und er sagt: »Fragt man das normalerweise nicht eher am Ende einer Verabredung?«

Ich traue mich nicht zu sagen, dass das Ende der Verabredung vielleicht schon näher ist, als er denkt. Niko gibt mir einen Kuss auf die Stirn. »Du weißt doch, das kann ich dir heute noch nicht sagen.«

Ich rücke von ihm ab: »Ich weiß noch nicht einmal, ob du manchmal an mich denkst. Ich spüre dich nicht. Ich verliere ständig die Verbindung zu dir, weil du dich nicht meldest.«

Er nickt. »Aber ich denke an dich. Ich hab nur so wenig Zeit, weißt du, zu wenig Zeit, um dir zu sagen, dass ich an dich denke. Ab März wird es besser.«

Ab März. Oder ab Juni oder September. Oder nächstes Jahr. Es geht nicht um Termine oder ums Vertrösten. Es geht um Platz in seinem Leben. Den hat er nicht. Nicht für mich, nicht für eine Beziehung, für niemanden. Es ist nicht seine Schuld, es ist nicht meine. Es sind verschiedene Auffassungen von »Platz machen«, »Raum geben«. Und ich habe zu oft gewartet; gewartet, dass Platz geschaffen wird, dass ich Raum einnehmen darf.

Ich atme tief durch. Dann erkläre ich ihm ruhig und sachlich, warum ich nicht bleiben kann. Und nicht wiederkommen werde. Er steht nur da und sieht mich an. Er schweigt. Und schweigt. Und sieht mich an. Und als er nach mehreren Minuten Stille immer noch nicht zu Ende geschwiegen hat, nehme ich meine Jacke. Und dann ziehe ich sehr leise die Tür hinter mir zu und verbiete mir zu weinen.

Kein Verlust

Samstag, 16. Januar um 16:39 Uhr

Ich halte mich wacker. Sehr tapfer schlage ich mich weiter durch dieses anstrengende und verwirrende Leben und unterdrücke todesmutig jeden Versuch, alles rückgängig zu machen. Niko meldet sich nicht, weil er entweder noch nicht bemerkt hat, dass ich weg bin, oder aber, was wahrscheinlicher ist, weil er mich doch verstanden hat.

Wenn zwei Menschen so grundlegende und so unterschiedliche Vorstellungen davon haben, was Liebe ist und wie sie aussehen soll, wie man sich sagt, dass man sich vermisst, und wie man sich zeigt, was man sich wert ist, dann helfen keine Gebärdensprache, keine Wörterbücher und auch keine Megaphone mehr. Ich kann mir niemanden zurechtbiegen. Ich kann nichts schöner machen, als es ist. Ab März wird es besser.

Aber jetzt ist Januar. Das Leben ist jetzt, ICH bin jetzt, nicht erst im März. Meine Liebe kennt keinen Terminplaner. Und keine Pausetaste. Ich kenne fast forward und rewind. Ich kenne stop und play. An Pausen glaube ich nicht. Und an tröpfelnde, dosierte Liebe erst recht nicht. Das kann funktionieren, wenn beide gleich ticken. Wenn beide gleich wenig oder viel Zeit veranschlagen wollen und die süße Sehnsucht mindestens genauso lieben wie das Hier und Jetzt. Wenn zwei es miteinander versuchen wollen, müssen sie denselben Zug entwickeln. Dasselbe Tempo. Man spürt das. Man spürt intuitiv, ob der andere dieselbe Geschwindigkeit aufnimmt wie man selbst. Man spürt, ob da Platz ist oder nicht. Hier, in dieser kleinen Geschichte, da war keiner.

Peinlichkeiten

Sonntag, 24. Januar um 12:05 Uhr

Ich schäme mich so. Nicht nur, weil ich bislang mein Monatsmotto schändlich vernachlässigt habe, sondern auch, weil ich mich wieder einmal zutiefst selbst gedemütigt habe. Ganz allein, fast ohne fremde Hilfe.

Zurück zum Motto. Eines meiner großen Interessen ist ganz klar Feiern, gerne auch ohne ersichtlichen Anlass. Höchste Zeit, sich unter den feierwütigen Mitmenschen nach paarungsbereiten Singles umzusehen. Praktischerweise schlage ich damit auch gleich zwei Fliegen mit einer Klappe: Ich bewältige meine Trauer um die verpasste Chance mit Niko und kümmere mich gleichzeitig um meine Großbaustelle. Gestern war ich also auf einer Party bei meiner alten Freundin Maria, die ich seit Jahren nicht gesehen und nur peripher vermisst hatte. Es waren viele Leute aus vergangenen Schultagen anwesend und ich erkannte staunend, dass sich einige Freundeskreise seit dem Übergang in die Oberstufe gar nicht verändert hatten. Ich hingegen habe immer mal wieder meine Freunde neu sortiert, neue gefunden, einige leider und einige zu Recht verloren, bis ich nach langer Arbeit die Menschen um mich geschart habe, die zu mir passen und mir guttun.

Im Laufe des Abends tauchte immer mal wieder ein junger Mann in der Küche auf, der mich freundlich begrüßt hatte und auch weiterhin angrinste. Ich lächelte freundlich zurück, begeistert darüber, dass Maria offensichtlich auch nette Arbeitskollegen eingeladen hatte.

»Angriff ist die beste Verteidigung«, betete ich mein Mantra herunter und trat dem Liebeskummer in den Allerwertesten. Nach der zweiten Flasche Sekt wagte ich es endlich. Ich schlingerte zielstrebig auf den jungen Mann zu, lächelte umwerfend, streckte ihm meine Hand entgegen und sprach deutlich und ein wenig zu laut: »Hallo! Ich finde lächeln reicht nicht, ich bin bereit für Stufe zwei: Sprechen!«

Stolz strahlte ich ihn an und unterdrückte ein Aufstoßen.

»Hallo, ich weiß, wer du bist, und ehrlich gesagt waren wir zwei auch schon wesentlich weiter.«

WAAAAAAS?? Wann? Warum kennt er mich und ich ihn nicht? Habe ich etwa einen meiner Liebhaber vergessen? Nein! Oder? Wer ist der Kerl?

»Aha. Na, dann …«, rette die Situation, sag was, sei lustig!, »… geh ich mal aufs Klo.« Ja. Schon gut.

Ich verschwand, natürlich. WER IST DER KERL? Ich muss ins Internet!

Nachforschungen

Sonntag, 24. Januar um 15:33 Uhr

Dank Facebook und der blöden »Wir bleiben nach dem Abi in Kontakt«-Telefonliste finde ich heraus, dass Sibylle Schenk bereits drei Kinder hat, Sebastian Fromm nach Kanada ausgewandert ist und ich Konrad Paulsen angegraben habe.

Konrad Paulsen, der Streber der Stufe. Der, der immer mit Aktentasche rumlief, der hässliche Freunde hatte (und selbst hässlich war) und nie, aber auch NIE auf eine Party eingeladen wurde. Er war in der Informatik-AG und im Mathe-LK. Das sagt ja wohl alles. Er saß immer mit seinen Freunden auf einer Bank in der Ecke des Schulhofs und unterhielt sich über Atari und Computerspiele. In der Oberstufe ging es dann wohl um Pornos. Man sah ihn nie mit einem Mädchen, einmal war er in dem Club, in den wir alle gingen, besoff sich ohne Ende und kotzte vor die Theke. Er wollte immer zu uns gehören und wurde immer ausgelacht.

Und jetzt arbeitet er bei einer sehr großen, sehr erfolgreichen Computerfirma, verdient viel Kohle und ist international im Einsatz. Und was mache ich? Ich teile meine Männersuche mit der Öffentlichkeit.

Amnesie

Dienstag, 26. Januar um 09:38 Uhr

Ausgerechnet Konrad Paulsen! Beim Spülen, beim Arbeiten, beim Einkaufen, immer wieder blinkt diese Scheißsituation in meinem Kopf auf. Wie eine vergessene Rechnung.

Wie konnte ich den denn nicht erkennen? Na ja, er sieht komplett anders aus, scheint Sport zu treiben, zumindest trägt er keine Fettschürze mehr. Die habe ich inzwischen übernommen. Seine Pickel sind verschwunden, sein Friseur ist wohl glücklicherweise verstorben, und er hat sich an einen mit Ausbildung gewandt. Er muss eine Freundin haben, denn er zieht sich gut an.

Konrad Paulsen sieht gut aus. Und ich habe ihm den Triumph seines Lebens verpasst. Vielleicht ist das nur gerecht. Vielleicht kann er damit seine schlimme Schulzeit besser verkraften. Vielleicht kann mich einfach jemand erschießen?

Konrad Paulsen, was ist aus dir geworden? Ein toller Hecht, jaaaa, jetzt kannst du es allen zeigen, nicht wahr? Besonders mir, die du einmal angeflirtet hast. Da waren wir 14 und ich habe dich mit den Worten abgeschossen: »Also, vielleicht wenn du ein bisschen cooler wärst, aber du hörst ja noch nicht mal Cypress Hill!«

Ich habe auch nicht Cypress Hill gehört. Ich habe Take That gehört. Aber ich wollte einen Freund, der das hört, was man hört, wenn man dazugehören will. Und große Liebe ohne Oberflächlichkeiten gab es damals einfach nicht.

Also Konrad Paulsen, bitte bekomm eine Amnesie und vergiss, was war! Und dann steck mich an.

Kauf dich glücklich

Samstag, 30. Januar um 11:07 Uhr

Das Projekt zwingt mich langsam, aber sicher in die Knie. Ich bin mir sicher, ich habe noch andere Interessen außer Theater (was mich auch nicht wirklich interessierte), Architektur (was mich definitiv gar nicht interessierte) und schlechten Partys. Ich denke nach. Essen! Ich mag essen! Und wo lernt man Leute kennen, die auch essen mögen? Ja, genau: im Supermarkt!

Hochmotiviert fahre ich in das nächstliegende Gewerbegebiet, um mir einen hübschen Single zu kaufen. Schon in der Obstabteilung weiß ich, dass ich hier nicht richtig bin. Um mich herum keine attraktiven Großstadt-Indianer, sondern das, was vom Tage übrig blieb. Wieso sind hier keine attraktiven Menschen? Und keine jungen, attraktiven Menschen? Kaufen die nicht ein? Und wenn doch: wo? Wahrscheinlich nur in der Delikatessenabteilung des KaDeWe oder bei Alnatura. Na toll. Und ich steh bei REWE.

Mir ist zum Heulen. Na ja. Jetzt, wo ich schon mal da bin – Tampons sind alle. Und Schokoladeneis. Und wann habe ich mir zuletzt ein echtes paniertes Schnitzel gemacht? Ich schlendere zur Wursttheke. Sieh mal an, denke ich überrascht, als hätten meine primitiven Gelüste geahnt, dass sich dort der einzige attraktive Mensch in meinem Alter befindet. Leider nicht VOR, und auch nicht IN, sondern HINTER der Theke.

HERR FRISCH steht auf seinem Schild, und ich finde das spontan sehr lustig. Herr Frisch kennt den Witz wohl schon, denn er zieht nur genervt einen Mundwinkel in die Höhe, als er meinen Blick auf seiner Brust bemerkt.

»JA, das ist mein richtiger Name, und JA, ich arbeite wirklich hier, aber NEIN, eigentlich nicht an der Wursttheke«, spult er leicht entnervt runter. »Was darf's denn sein?«

»100 Gramm Bärchenwurst«, versuche ich ihn zum Lächeln zu bringen, weil er gar nicht schlecht aussieht, dafür dass er einen rot-weiß gestreiften Kittel trägt und so ein komisches Hut-Schiffchen auf dem Kopf.

Seine Miene bleibt unbewegt. »Bärchenwurst is' leider aus. Wurstgesicht kann ich anbieten.«

Ich spiele mit. »Dann hätte ich gerne ein Wurstgesicht.«

Und dann können wir beide nicht mehr an uns halten und

müssen sehr herzlich lachen. Und Herr Frisch, der, wie ich später erfahren soll, Peter heißt, reicht mir erst eine Scheibe Wurstgesicht, dann eine Scheibe Serrano-Schinken, ein halbes Würstchen und noch viele andere Leckereien über die Theke, und er erzählt mir, dass er hier eigentlich Marktleiter ist und nur wegen einer Erkrankung der eingeteilten Wurstfachverkäuferin einspringen musste.

Er ist lustig und charmant, und deswegen aktiviere ich mal wieder meine eingerosteten Flirttalente, nehme all meinen Mut zusammen und frage ihn, eine nächste Scheibe Wurstgesicht in den Mund schiebend, um, falls er blöd reagiert, so zu tun, als hätte ich was anderes gesagt: »Und wenn du Marktleiter bist, verkaufst du mir dann in Zukunft keine Wurstgesichter mehr?«

Und er lächelt, schaut verlegen auf das Gehackte und sagt: »Wohl nicht, da hätte wohl auch meine Freundin was dagegen.«

Jackpot! Ich lächle schief. Schlucke das letzte Stück Aufschnitt und meine Enttäuschung runter und mache mein schönstes Wurstgesicht. Dann trete ich den Rückzug an. Das Ganze ist mir so unangenehm, dass ich meinen Wagen in der Getränkeabteilung stehen lasse und mich unter der Absperrung der geschlossenen Kasse durchschiebe. Schnell weg hier. Eis gibt's auch an der Tanke.

FAZIT: Kein Interesse

Zeig mir dein CD-Regal und ich sag dir, wer du bist.

So in der Art habe ich mir das zu Beginn des Monats vorgestellt. Ich dachte mir, wenn ich gezielt dorthin gehe, wo andere, an denselben Dingen interessierte Menschen, na gut: Männer sind, knacke ich den Jackpot. Oder gewinne eine Waschmaschine. Zumindest aber einen Blumentopf.

Ganz und gar blumentopflos schleiche ich mich nun von dannen. Ich habe versucht, an alte Verhaltensmuster anzuknüpfen und mich für Architektur zu interessieren. Das gelang mir leider gar nicht, ganz im Gegenteil, Architektur wurde zu meinem persönlichen Lieblingsfeind. Architektur ist – genau genommen – sogar schuld daran, dass das mit Niko und mir nicht geklappt hat! Na ja. Ein bisschen zumindest. Ich kann aber definitiv sagen, dass ich Architektur nie mochte, nicht mag und auch niemals mögen werde. So.

Ich dachte, ich interessiere mich für Menschen, die sich fürs Theater interessieren. Dann wurde es Ernst. Und ich bemerkte, dass bloßes Interesse nicht ausreicht, um Sympathien zu schaffen. Dass Dinge, die andere Leute interessant finden, die Leute selbst nicht interessanter machen. Jedenfalls nicht für mich.

Und essen? Ja, essen verbindet. Doch bei mir hat's in diesem Monat ja leider nur bis zum REWE gereicht.

Was ist mit meinen anderen Interessen? Ich habe, so stelle ich erschrocken fest, keine besonders kommunikations- oder gesellschaftsfördernden Vorlieben. Ich lese gerne. Und viel. Ich schaue gerne fern. Und ich esse mit Leidenschaft. Allerdings weniger gern in Gesellschaft, es geht nämlich nichts über eine 3-Liter-Packung Schokoladeneis am Abend. Da brauche ich keine Gesellschaft, da bin ich mir selbst genug. Vielleicht ist das letzte Motto ja auch deswegen gescheitert, weil ich zu wenige aktive Interessen habe, also zum Beispiel Kanu fahren oder Rommé spielen oder Sprachen lernen. Vielleicht bin ich einfach ein fauler, nasser Sack, der mal ein bisschen in Bewegung kommen muss.

SPORT
Februar

Liegt's an mir? Diese Frage kommt unweigerlich auf im Geschäft »Mädchen sucht Junge«. Nach trüben, gedankenreichen Bridget-Jones-Abenden auf der Couch, an denen man sich alleine betrunken und viel zu viele Elektrolyte in sich geschaufelt hat, stellt sich die selbstkritische Frau von heute mit einem Chipsrest im Mundwinkel vor den Spiegel und zieht ihr Oberteil hoch.

Und da wird sie offensichtlich, die Wahrheit: Ich bin zu dick.

Zu dick, um angesprochen zu werden, zumindest. Zu dick, um bei all der Konkurrenz der Schönen und Schlanken aufzufallen. Ja, ja, Sprüche wie »Das ist doch total egal, welche Figur eine Frau hat!« habe ich tausendmal gehört. Ich glaube auch, dass es egal ist, solange sie einen BMI unter 24 hat. Und »Der Charakter ist wichtig«? HAHAHA! Ja! Auch! Aber nicht nur! Meinen »Charakter« will keiner im Spitzenhöschen sehen, der wird ausgeladen, da sind meine Kiste und ich am Start, da hilft mir ein gewinnendes Wesen nichts. Nur angemessene Beleuchtung.

79

Ich blicke mir dumpf im Spiegel entgegen. Diese Plauze finde noch nicht einmal ich schön, wer sollte sie also liebevoll umarmen? Mein Busen sah mit 16 auch schon mal besser aus. Mein Busen weiß das und sieht betreten zu Boden. Weiter geht's, schonungslos, Hose runter. Abzüglich der winterlich bedingten rosa-gräulich-quarkfarbenen Hautbeschaffenheit sehe ich zwei traurige Beine, die tapfer mit beiden Füßen auf der Erde stehen. Sie mussten schon viel (er)tragen, vielleicht sind sie deshalb so stämmig? Die Beulen an den Seiten, seien wir ehrlich, die Beulen am ganzen Bein, schwabbeln lustig, als ich zusammendrücke und wieder loslasse. Gut, das macht nun auch eigentlich keiner und unter dieser Festbeleuchtung würde ich auch keinen lassen.

Mein Hintern hüpft mir fröhlich ins Auge, als ich verdreht vorm Spiegel stehe und ihn missgünstig begutachte. Er orientiert sich auch langsam nach unten. Ich seh' so hässlich aus.

Daran liegt's also. Ich bin nämlich schlau und witzig und kenne mich (zumindest oberflächlich) mit total vielen Dingen gut aus. Ich kann charmant sein, mit mir kann man saufen oder schick essen gehen, wandern oder in die Oper, ich geh Fußball gucken oder zeitgenössische Kunst, ich mag Musik und Konzerte und auch ein Wochenende auf der Couch liegen und gar nichts tun. Ich bin so viel!

Auf jeden Fall so viel Bauch! Ich dachte immer, ich kann durch die anderen Werte bestechen, aber mir schwimmen die Felle davon. Ich habe nämlich den Eindruck, dass all die schlanken Häschen, denen ich gerne Charakter, Intelligenz und Ausdrucksfähigkeit abspreche, nachziehen. Kommt es mir nur so vor oder lesen die jetzt auch hin und wieder mal ein Buch? Werden die schlauer, schlagfertiger und witziger, und mir bleibt nur noch, auf einen »fat admirer« zu warten, der mich langsam auf einem verstärkten Bett mit Süßspeisen auf 300 Kilo mästet?

Muss ich wirklich, um mich zu lieben und um geliebt zu werden, an mir arbeiten? Kann ich erwarten, dass jemand das liebt, was ich nicht mag? Ich habe festgestellt, dass mein viel beschworener Charakter und seine Interessen mich bei der Partnersuche nicht weiterbringen. Also gehe ich das Großprojekt mal von einer anderen Seite an, stelle mich Fettleibigkeit und Einsiedlertum und freue mich auf das neue Motto: SPORT!

Ran an den Speck

Mittwoch, 03. Februar um 21:28 Uhr

Nachdem ich nun also weiß, woran mein Misserfolg bisher liegt (zu dick), muss ich, das diktierte mir mein klarer Kopf heute Morgen, etwas an mir ändern. Jahre nach dem Schulsport und Monate nach dem letzten vergeblichen Versuch, auf dem Hometrainer meiner Mutter eine gute Figur zu machen, werde ich also meinem halbwegs gesunden Geist einen gesunden Körper zuteilwerden lassen.

Nun denn. Der Entschluss ist gefasst (und direkt erfasst mich eine leichte Panikwelle), ich werde Sport treiben. Das sollte aber bitte nicht mit Bällen, zu engen Outfits oder der Anschaffung einer kostspieligen Grundausstattung verbunden sein. Außerdem muss ich dran denken, dass mein potenzieller neuer Freund demnächst mit mir gemeinsam diese Sportart trainieren wird, da fallen Reiten und Eiskunstlauf schon mal raus.

Nach langen Mühen und der Erkenntnis, dass es keinen Sport gibt, der nicht anstrengend und schweißtreibend ist, finde ich im Internet die Seite eines Fitnessstudios. Ich weiß, dies ist der einfachste Weg, und Hochsee-Fischen, Kiten oder Snowboarden klingen viel interessanter. Egal, dieses Studio verfügt als

Einziges über eine spektakuläre Saunalandschaft im orienta-
lischen Stil. Saunen, so haben meine Recherchen ergeben, ist
neben schlafen die einzige Tätigkeit, die ohne jede körperliche
Anstrengung Kalorien verbrennt. Ich melde mich postwendend zu einem Probetraining an. Morgen Nachmittag um halb
vier. Ich bin bereit.

D-Day
Donnerstag, 04. Februar um 21:39 Uhr

Mit Sport bin ich seit dem Ende meiner Schulzeit und den
damit verbundenen Erinnerungen an Turnbeutelmief, vorge-
täuschten Menstruationsbeschwerden und Cooper-Test bisher
genau zweieinhalb Mal in Berührung gekommen. Ein Mal, als
ich zwei volle Wochen lang im Februar 2002 krank auf der
Couch lag und mir die kompletten Olympischen Winterspiele
von Salt Lake City ansah. Auch Curling. Ein weiteres Mal, als ich
mir in einem Anfall körperlicher Schwäche und geistiger Um-
nachtung ein paar Nordic-Walking-Stöcke kaufte, euphorisiert
losmarschierte und schon der erste Opa mich dumm an-
quatschte: »Und dabei schneit's noch gar nicht, Fräulein!« Seitdem liegen die Stöcke unbenutzt in der Ecke. Und dann noch
das halbe Mal für das Kreuzworträtsel der Sonntagszeitung, das
wirklich knifflig war und bei dem ich bestimmt einige Kalorien
verbrannt habe.

Ab heute also wird alles anders: Mit meinem neu erstan-
denen Sport-Outfit (schwarz, weit) schleife ich mich in Richtung Fitnessstudio. Ich muss zugeben: Ich hatte schon vor dem
Probetraining Motivationsprobleme und konnte mich nur mit
dem Gedanken an meine zukünftige Sommerfigur antreiben.
Ich sehe mich in weißen Spaghettiträgeroberteilen. Ich sehe
mich in Röcken. Ich sehe mich im Bikini!

Kaum in dem hochmodernen Tempel für *Körper und Geist* angekommen, lerne ich Hendrik kennen. Hendrik entspricht völlig dem Klischee eines Fitnesstrainers: gutaussehend, selbst in Jogginghosen, gesunde Haut, toller Körper und unsagbar freundlich. Ehrlich freundlich, ich fühle mich wohl! Das tue ich aber nur so lange, bis ich an der »Beinmaschine« lande und das ganze Ausmaß meiner jahrelangen Völlerei und meines persönlichen Arrangements »Wer Arsch und Titten will, muss auch ein bisschen Bauch in Kauf nehmen« vor Augen habe. In Bauchhöhe soll mir ein Spiegel als Orientierungshilfe dienen, um meine Bewegungen zu kontrollieren. Ich werde um die Hüfte festgeschnallt und beobachte alles, nur nicht meine Bewegungen. Ich sehe, wie mein Bauch sich locker über den Gurt schiebt, wie meine Brust traurig und irgendwie schief in der Gerätschaft hängt und wie ich, schwitzend und keuchend, meine Beine zusammenpresse und wieder auseinander stemme. Ich möchte weinen. Hendrik gibt mir gute Ratschläge und spornt mich freundlich an. Ich will noch mehr weinen. Und Torte.

»Gibt's hier auch Geräte ohne Spiegel?«, frage ich hoffnungsvoll.

»Nein, es ist wichtig, dass du die Übung richtig ausführst«, sagt Hendrik und legt zwei Pfund nach.

»Kann ich nicht erst zehn Kilo abnehmen und mich dann vor die Spiegel setzen?«, feilsche ich weiter.

»Na ja, das wird aber dauern. Und Muskeln verbrennen viel mehr Fett.« Na toll. Das wird dauern. Klugscheißer.

Schon weniger begeistert ziehe ich das Programm durch und stelle mich bei der Bauchmuskelmaschine erstaunlich gut an, ich habe zwar Schmerzen, aber ich will Hendrik beweisen, dass unter der Plauze ungeahnte Muskelkraft verborgen liegt. Er zeigt sich unbeeindruckt und schickt mich zum Abschluss auf ein Liegefahrrad, für 45 Minuten.

Als ich nach Hause gehe, fühle ich mich gut. Ich lächle und habe das Gefühl, jedem Passanten ungefragt mitzuteilen, dass ich beim Sport war. Beim Sport. Ich gehe zum Sport. Ich bin beim Sport. Klingt irgendwie gut. Klingt nach: Ich habe was vor, ich habe was für MICH vor. Und es klingt definitiv besser als: »Ich gehe zu Aldi und kaufe mir für 200 Mack Schokolade!«

Katerstimmung

Sonntag, 07. Februar um 19:54 Uhr

Mir tut alles weh. Restlos alles. Jeder Muskel in meinem Körper schmerzt, selbst die Muskeln, von denen ich mir sicher war, dass ich sie gar nicht besitze. Aua!! Ich kann mich nicht mehr bewegen. Was gut ist, weil ich so auch nichts mehr esse, denn der Kühlschrank ist in unerreichbare Ferne gerückt. Ich sitze hier an einem windigen Sonntagabend, mein Laptop auf den geschundenen Knien, und schreibe mit letzter Kraft diese Zeilen. Sogar in den Händen habe ich Muskelkater! In den Händen!

Ich muss verdammt vorsichtig sein. Das hier ist der kritische Punkt, den ich schon so oft nicht übertreten habe. In diesen Momenten, in denen mir alles, alles wehtut, in denen ich müde bin und Schüttelfrost bekomme, wenn ich an den nächsten Termin in der Folterkammer denke, in diesen Momenten breche ich eigentlich immer ein.

Wieso SOLLTE ich denn eigentlich Sport machen? Ich bin – trotz der erwähnten Röllchen – immer noch in Form, na ja, in Kontur, ich habe eine Körperform, einen weiblichen, runden, weichen, warmen Körper. Wieso will ich das denn bitte ändern?

84

Ich, die Frau mit Schirm, Charme und Melone? Ich, die Witz-kanone, die Fein- und Scharfsinnige, Warmherzige, Liebens-werte, warum in drei Teufels Namen muss ich jetzt auch noch das Großprojekt Körper in Angriff nehmen?

Ich will doch gar niemanden haben, der oberflächlich ist. Niemanden, der jemand anderen auf den ersten Blick aussor-tiert. Ich will doch nicht mit jemandem zusammen sein, der mich »geil« findet oder »scharf«, also doch, natürlich, schon – auch! Aber nicht: nur.

Moment mal. Selbst wenn ich die Frau des zweiten Blicks bin – auch den muss man ja werfen wollen. Irgendwas muss ja einladen, damit man überhaupt noch ein zweites Mal hin-gucken will – oder? Kann es sein, dass mein jahrelang zurecht-gelegtes Konstrukt, warum ich keinen Sport machen muss, eine Farce ist? Dass ich schlichtweg und ganz einfach nur zu faul bin? Dass ich mich lieber von innen herausputze, schmü-cke, auf Hochglanz poliere und zum Strahlen bringe, weil es für mich eben der leichtere Weg ist? Weil Sport, Bewegung und Mäßigung für mich den größeren Stein darstellen, den ich zur Seite rollen muss?

Hm. Dafür, dass ich dachte, ich lass mein Inneres mal Urlaub machen, zerbreche ich mir grade ganz schön den Kopf.

The Boxer

Freitag, 12. Februar um 20:49 Uhr

Ich habe in meiner persönlichen Folterhölle einen Kurs ent-deckt. Und obwohl mein Muskelkater lediglich am Abklingen ist und sich gerne und unvermittelt meldet (beim Schuhean-ziehen, Treppensteigen, Tasseanheben), erbringt mein nun sportlich interessiertes Hirn folgende Transferleistung: Boxen ist ein Männersport. Beim Männersport machen weniger Frauen mit. Wenn weniger Frauen mitmachen, ist die Konkurrenz geringer. Das ist mein Sport! Da muss ich hin!

Ich kenne drei bis vier Vertreter dieser Zunft, unter anderem auch eine Frau, und obwohl Regina Halmich keine Philosophin ist, hat sie doch einen ansehnlichen Körper. Also: Ich gehe Boxen.

Und ab in den Trainingsraum zum Anfängerkurs. Neben den üblichen mittelalterlichen Halbglatzeträgern, die wie ich in den Kurs reingucken wollen, treffe ich auf ein paar muskelbepackte Randgruppenvertreter. Landläufig als »Assis« bezeichnet, prollen sie auch gleich gekonnt durch den Raum und berichten sich gegenseitig von ihren letzten Schlägereien. Ob das so 'ne gute Idee war?

Ich bleibe die einzige Frau beim Training, und als das »Sparring« beginnt, schnappe ich mir den jungen Mann zu meiner Rechten, der bisher gar nichts gesagt hat und eher unauffällig wirkt. Nicht dass ich später mit heruntergelassenen Scheiben in einem BMW mit Technomucke beschallt durch die Stadt »cruisen« muss. Da halte ich mich doch lieber an den Inhaber einer Monatskarte für öffentliche Verkehrsmittel. So erscheint mir Felix wenigstens.

Wir wärmen uns zunächst mit einem fröhlichen Dauerlauf auf, der mir bereits den Rest gibt. Danach wird erst mal in die Luft geboxt: Es ist Sparring-Zeit! Also wild in die Luft schlagen, dabei die Arme anspannen, einen Punkt fixieren und immer auf die Deckung achten. Deckung? Ich kämpfe hier mit Luft. Und, mal ehrlich, weder ein Windhauch noch tobender Orkan gefährden meinen sicheren Stand. Was gilt es also zu decken?

Nachdem drei Runden dieses bescheuert aussehenden Luftkinos überstanden sind, stellen Felix und ich fest, dass wir zu wenige Aggressionen haben oder zu viele Methoden für einen

gewaltfreien Umgang mit Konflikten kennen, denn der Sand-
sack bzw. das Herumschlagen in der Luft bringen uns nicht
weiter.

Es folgen zwei Runden mit dem Springseil, um die Kondition
zu steigern und uns zu demütigen. Felix begreift, dass wir zu alt
für das Springseil sind, und mir geht auf, dass ich einen Sport-
BH brauche. Am Ende des Kurses haben Felix und ich viel gelacht und beschlossen, uns übermorgen auf dem Liegefahrrad
zu verabreden, ein Gerät, das uns beiden gut gefällt. Besonders
der Teil mit dem Liegen.

Kann denn Liegen Sünde sein?

Sonntag, 14. Februar um 19:46 Uhr

Felix und ich auf dem Fahrrad, der Knüller! Besonders gut:
Unser Pulsschlag darf eine bestimmte Grenze nicht überschrei-
ten, und am besten kann man dies feststellen, wenn man mit
jemandem spricht und dabei nicht »nachatmet«. Also dieses
keuchende, unerotische Geräusch kurz vor dem Kollaps. Felix
und ich lachen allerdings so viel, dass wir nach Luft schnappen
müssen und im ersten Gang, KEINE Steigung nehmend, äußerst
langsam vor uns hin treten. Irgendwann nehmen wir die Sache
allerdings ernst und strampeln konzentriert eine halbe Stunde
nebeneinander her. Macht mehr Spaß, wenn man jemanden
dabei hat, der sich auch abmühen muss.

Nach getaner Arbeit fragt Felix, ob ich noch etwas Zeit habe,
und wir schlendern mit unseren ausgepowerten Körpern in
Richtung Bar. Die Getränkekarte macht mich unsicher, mir
wäre nach einem feinen Weißwein oder wenigstens nach einer
Apfelsaftschorle. Stattdessen muss ich mich zwischen Leckereien wie »Guacamole-Gurken-Shake« und »Eiweiß-Fitness-
Burner« entscheiden. Ich nehme den »Extreme-Power-Drink«,

denn ich habe viel Power bewiesen auf meinem Fahrrad, wie ich finde. Felix schließt sich mir an, und die wortkarge Bedienung schwingt sich an den Shaker. Entgegen allen Erwartungen schmeckt die Sache lecker, und Felix gefällt mir auch immer besser. Nicht dass hier gerade der Blitz einschlägt, aber er ist lustig und nett, und wir unterhalten uns über Gott, die Welt und warum manche Menschen von Natur aus mit tollen Körpern gesegnet sind und wir nicht.

»Was ist denn deine Problemzone?«, fragt mich Felix. Ich huste in meinen Shake. Meine Problemzone ist nicht so einfach einzugrenzen, sie ist eher großflächig verteilt.

»Ist das nicht offensichtlich?«, sage ich, als ich wieder Luft zum Atmen gefunden habe.

Und da sagt Felix etwas Nettes: »Nein, ganz im Ernst. Was ist denn dein Problem? Ich finde, du siehst wirklich toll aus. Im Ganzen und mit allem. Du gefällst mir.«

Oh. Wie lieb.

Oh? Flirten wir? Die Frage lässt sich nicht so schnell beantworten, weil Felix schon wieder über den muskelbepackten Shortsträger, der zum dritten Mal der Bedienung zuzwinkert, lästert. Hach.

Ich werde unsanft aus meinen Träumen von einer schlanken Hochzeit in einem rückenfreien, ärmellosen Hochzeitskleid mit Felix gerissen. Mein Fitnesstrainer steht neben mir und herrscht mich an: »Was soll das denn?«

Ich bin beleidigt. »Ich trinke was? Viel Flüssigkeit hast du doch gesagt!«

»Aber doch nicht DAS!!!«, schnauzt Hendrik mich an. »Das ist für Leute, die eine Stunde lang Gewichte gestemmt haben, das ist ein Protein-Shake, der Energie zuführt. Normale Leute nehmen davon zu!«

»Ich habe aber auch Sport gemacht!«, beschwere ich mich angefressen.

»Was denn, halbe Stunde Liegefahrrad?«, errät er leider auf den Punkt. »Dann machst du jetzt noch 'ne Stunde Stepper, sonst nimmst du zwei Kilo zu.«

Nachdem Felix sich von seinem Lachanfall erholt hat und mich treu für eine weitere Runde begleitet, beschließen wir, das nächste Mal nach dem Training woanders etwas trinken zu gehen.

»Vielleicht kann man da auch rauchen«, vermutet er sympathisch. Ist das ein Date?

Spurlos

Donnerstag, 18. Februar um 22:15 Uhr

Felix und ich waren heute trainieren und danach einen Salat essen. So weit, so unspektakulär. Das ist wohl auch das trefflichste Adjektiv für unser Date, und das ist gar nicht abwertend gemeint. Es war nett, lustig und unterhaltsam, aber ich weiß nicht wirklich, was ich davon halten soll. Können Mann und Frau sich treffen wie Frau und Frau? Oder steht Sex zwangsläufig im Raum, weil er theoretisch und anatomisch eben möglich wäre? Wann klärt sich auf, ob man Kumpel, Liebhaber oder potenzieller Ehepartner wird? Und wer macht die Ansage?

Wer macht sie bei Felix und mir? Ich MUSS zwar nicht unbedingt flirten oder mich zu heißem Sex aufschwingen, aber ich wüsste doch gerne, wenigstens ungefähr, welche Tendenz oder eventuelle Zukunft diese Gemeinschaft hat. Sind wir Trainingspartner, die ab und zu was trinken gehen? Spitze, ich bin dabei! Checken wir uns gerade ab und schauen mal, ob aus dem gemeinsamen Hanteltraining ein gemeinsamer Besuch bei Ikea wird? Würde ich auch mitmachen.

Aber ich weiß es nicht. Immer, wenn ich mich gerade ent-spanne, blinkt er mich von der Seite an oder sagt etwas wie: »Du siehst sehr gut aus!« Flirt! Ich setze mich auf und neige meinen Kopf interessiert, nehme das halbe Baguette aus meinem Ge-sicht, da haut er mir mit voller Wucht auf den Oberschenkel und ruft: »Junge, Junge, das hatte ich dir ja noch gar nicht er-zählt …« Kein Flirt!

Seltsam. Ich torkele nach Hause (Muskelkater) und beschließe, einfach mal abzuwarten. Ich kann das nicht interpretieren. Ich denke, das war ein halbes Date. Ein Vielleicht-Date.

Auf der Couch und mit der Gewissheit, diese nie wieder verlassen zu können, erreicht mich eine SMS von Felix: HEY, WOLLEN WIR SAMSTAG TANZEN GEHEN? SPORT ZUR MUSIK SOZUSAGEN :). WÜRDE MICH FREUEN!

Ich mich auch. Aber das schreibe ich morgen. Habe Muskeln und damit verbundene Schmerzen in meinen Armen entdeckt, die wollte ich gar nicht kennen.

I'm still standing

Sonntag, 21. Februar um 10:27 Uhr

Felix und ich sind also zum Tanzen verabredet. Gestern Abend holt er mich zu Hause ab, er sieht toll aus, ich erfreu-licherweise auch ein bisschen, es gibt zwei Wangenküsschen zur Begrüßung. Wir starten unseren Abend in einer Bar mit Weißwein und kippen uns die ersten Prozente hinter die Binde. Einige Stunden später ziehen wir weiter in einen Club mit sehr teintunfreundlichem Weißlicht, aber wir machen uns nichts daraus und bewegen unsere noch unsportlichen Körper erfreu-lich nah beieinander. Es ist super. Wir haben richtig Spaß, ich bin flirty, Felix auch.

Nach einer Weile und schwer zu versteckenden Schwitzattacken ziehe ich mich für ein Päuschen an die Bar zurück. Felix kommt mit, und wir begutachten die Flirtversuche der anderen Anwesenden. Ich vermisse ein wenig die von Felix, die seit der letzten Berührung meiner Hüfte vor etwa einer Stunde irgendwie weniger wurden.

»Ich geh nochmal tanzen!«, ruft er plötzlich und zieht ab.

»Soll ich mit?«, rufe ich noch und bin froh, dass diese blamable Anfrage zumindest von Felix ungehört bleibt. Der nette Herr neben mir lächelt mich hingegen mitleidig an. Nee, schon klar, wenn man noch nachfragt, ob man mitkommen soll, soll man nicht. Ich hab's verstanden. Ich wundere mich, besonders, als ich nach 45 Minuten immer noch alleine an der Bar stehe. Elton John rockt *I'm still standing*, und ich frage mich, ob der DJ mir damit ein Zeichen geben will. Hier stimmt was nicht. Felix? Strahlend kommt er auf mich zu. »Na, hast du Spaß?«

Leicht angesäuert verziehe ich mein Gesicht zu einer nicht identifizierbaren Mimik. »Geht so. Ich würde dann auch demnächst gehen wollen!?«

»Alles klar, noch einen Moment.«

Der Moment dauert eine halbe Stunde, und schwer genervt stapfe ich schließlich zwischen den tanzenden und inzwischen schwer angetrunkenen Partymäusen umher und suche meine Begleitung.

Schließlich sehe ich Felix, der inzwischen eine Blondine begleitet. Und zwar eng umschlungen, zu *Beat it* tanzend. Ich glaube, mein Schwein pfeift! Sauertöpfisch tippe ich ihm auf die Schulter und erkläre, dass es nun Zeit zu gehen sei. Verschwörerisch zieht er mich zur Seite: »Du, wäre es ein Problem, wenn wir uns doch kein Taxi teilen? Ich meine, nicht dass Nina denkt, da läuft noch was zwischen dir und mir.«

»Nina?«, frage ich und lasse die Naive raushängen, obwohl ich nun eigentlich gerne handgreiflich werden möchte.

»Na, die scharfe Blonde, mit der ich tanze. Süß, oder?«

»Kommt darauf an, womit man sie vergleicht!«, zicke ich ladylike. »Na gut, dann noch viel Spaß!«

Ich rausche aus dem Laden und schnappe mir das nächste Taxi. Damit wären die Signale ja wohl klar: freundlich, freudig, freundschaftlich. Nicht: frivol, fesch, flirtatious.

Aber wieso ist das Felix klar und mir nicht? Wieso werfe ich heiße Blicke, während er denkt, ich habe was in der Kontaktlinse? Versteht er eine zufällige Berührung am Unterarm als mütterliche Geste, ihm eine Fluse wegzuzubbeln? Ich bin Felix' Kumpel. Das hätten wir also geklärt. Schön, dass ich es auch weiß.

Allerlei im Bauch

Montag, 22. Februar um 12:03 Uhr

Ich bin so sauer! Ich komme mir so, so, so blöde vor! Es ist ja an sich schon wirklich keine Geburtstagsfeier, von einem Typen, der einem freundlich entgegenflirtet, plötzlich und ohne ersichtlichen Grund abserviert zu werden. Nicht schön. Ich gebe zu, dass ich selbst noch nicht wusste, ob Felix einer zum Anfassen, einer zum Liebhaben, einer zum Ringetauschen oder ganz profan einer zum Sportmachen werden sollte.

Und doch haben wir geflirtet, hat ER mich angeblinkt, angelächelt und angefasst, und spätestens das Anfassen signalisiert ja selbst dem größten Flirtautisten, dass hier wohl ein wenig mehr passiert als bei Kumpels. Aber allem Anschein nach gibt es keine Naturgesetze mehr. Anscheinend ist die einfache Regel »Anfassen: Ja!/Nichtanfassen: Nein!« obsolet, und man flirtet, wenn man Lust dazu hat, mit Mann, Frau, Hund, Katze, Maus und ist dann zwei Minuten später wieder der beste Kumpel, der dem anderen seine Aufreißergeschichten erzählt.

Natürlich, ja, ich bin enttäuscht. Ich bin einfach gefrustet, weil ich mir eben wünsche, dass da jemand ist, für den sich die Schufterei auf dem Liegefahrrad lohnt. Ich bin traurig, weil mein Stolz in einen Tümpel gefallen und jetzt von oben bis unten mit Schlamm beschmiert ist.

Es geht ja gar nicht um Felix. Es geht ja gar nicht darum, die einzige beteiligte Partei gewesen zu sein, die dachte, da geht noch was. Es geht, wie immer, um die Stille, die kommt, wenn man alleine ist.

Abspann
Mittwoch, 24. Februar um 14:39 Uhr

Bevor der Frust bei mir einsetzt, besinne ich mich auf mein Mantra: Wenn einer blöd zu dir war, streck die Brust raus und zeig ihm die Stirn, das Leben ist schließlich kein Ponyhof. Ich hake Felix ab. Und das ganz ohne Groll. Vielleicht habe ich zwar nichts falsch verstanden, die Zeichen richtig gedeutet, weil sie DA waren, aber Felix meinte das nicht so ernst wie ich, eher spielerisch, kumpelhaft, charmant und nett. Und ich dachte wieder an Traumhochzeit und Linda de Mol und gemeinsame Erinnerungsalben und an mein Happyend.

Vielleicht, so denke ich weiter, ist das mein größtes Problem: Ich kann den Film im Kopf nicht abschalten. Wenn ich einen Mann kennen lerne, denke ich sofort darüber nach, ob mir seine Stimme gefällt, ob ich sie öfter hören möchte, wie es wäre, wenn er mich anruft, mich zum Essen einlädt, mir die Tür zum Restaurant aufhält, die Rechnung bezahlt und mich im Auto fragt, ob ich seine Frau werden möchte. Zu diesem Zeitpunkt weiß ich oft noch nicht einmal, wie er heißt, was er beruflich macht oder – eine nicht ganz unerhebliche Frage – ob er überhaupt Single ist. Vielleicht bin ich genau deswegen so unentspannt und verbissen, weil meine Erwartungen die Realität torpedieren und am Ende nur das leise Summen im Ohr bleibt, das von dem Knall kommt, wenn die Wirklichkeit meine Traumschlösser sprengt.

Ich muss lernen, die ganze Vorstellung zu genießen, das gedimmte Licht, das Popcorn, den Eisverkäufer, die Vorfilme und den Filmriss. Ich wusste noch gar nicht, ob ich Felix will und war schon beleidigt, weil ich ihn nicht kriegen konnte.

Mein neuer Plan: Beim nächsten Mann wird alles anders. Ich zumindest.

FAZIT: Mein Körper, das unbekannte Wesen

Kurt Tucholsky, von dem ich eigentlich sehr viel halte, sagte einmal: *Der Vorteil der Klugheit besteht darin, dass man sich dumm stellen kann. Das Gegenteil ist schon schwieriger.*

Der Nachteil von Klugheit besteht allerdings darin, dass man sich einreden kann, dass Äußerlichkeiten nur für die Dummen von Belang seien. Und genau da liegt die Büchse der Pandora begraben.

Kluge Menschen tun gerne und oft so, als seien sie an Äußerlichkeiten nur partiell interessiert. Als käme es NUR auf das Innere an – grundsätzlich muss man da als Erstes zwischen verschiedenen Zielsetzungen differenzieren. Möchte ich einen One-Night-Stand, ist es sekundär, wenn nicht gar tertiär wichtig, ob der Auserwählte nachts heimlich Dostojewski liest. Möchte ich was für die Ewigkeit (oder einige Haltestellen bis dorthin), macht die Dostojewski-Sache schon mehr Sinn, wenn sie auch dann nicht zwingend erforderlich ist.

Der Vorteil der Klugheit ist nicht, dass man sich dumm stellen kann – der Nachteil der Klugheit ist viel eher, dass man sich dumm verhält, wenn man sich einredet, dass die Verpackung nicht zählt. Der Nachteil der Klugheit ist weiterhin, dass Klugheit jegliche Motivation auffrisst, wenn man ans Eingemachte, also den Körper, gehen muss. Mir fallen ad hoc sieben Milliarden Gründe ein, warum es für den Mann meiner Träume nicht wichtig ist, wie ich aussehe. Und gleichzeitig will ich schön gefunden werden, und zwar nicht theoretisch, sondern ganz praktisch, und das geht vor allem dann ganz gut, wenn man es dem anderen nicht allzu schwer macht. Niemand soll das schön finden müssen, was ich am liebsten verstehen will.

Umgekehrt ist es genauso: Ich möchte selbst niemanden haben, dessen Haupthaar sich auf die Rückenpartie verlagert hat (wie sagt Cora immer so schön: Die Masse bleibt ja gleich, nur der Ort ändert sich) und der mir in der Missionarsstellung die Luft raubt. Nicht vor Ekstase, sondern aufgrund akuter Atemnot. Ich möchte aber auch nicht mit jemandem zusammen sein, der weniger wiegt als meine kleine Nichte Anna. Ich möchte von starken, nicht unbedingt muskulösen, aber gepflegten, schönen Armen gefangen werden, wenn ich ausrutsche, gehalten werden, wenn ich weine, und ich möchte umschlungen werden, wenn ich schlafe.

Trotzdem muss ich ehrlich sein: Das Fitnessstudio ist nicht mein Revier. Ich fühle mich nicht wohl neben Frauen, die trotz Kleidergröße 34 und Körbchengröße 75 C (straff!) beim Duschen gegenüber ihrer besten Freundin ihre nicht vorhandene Cellulite beklagen. Und Männer lernt man hier auch nicht unbedingt kennen. Wenn ich die Muckimänner des Studios betrachte, weiß ich schon recht schnell, dass das nicht meine Zielgruppe ist. Ich möchte ja nicht irgendwann mit dem Fitnessstudio um die Freizeiteinteilung buhlen.

Vielleicht habe ich deswegen auch gar kein schlechtes Gewissen, als ich mein vierwöchiges Probeabo im Fitnessstudio kündige. Hendrik guckt ein wenig betröppelt (und vorwurfsvoll auf meine immer noch gut sichtbare Plauze), aber ich spendiere ihm zur Versöhnung einen Fitness-Shake. Kurz überlege ich, ob ich ihn danach noch auf ein Bier oder ins Kino oder zu einem romantischen Candle-Light-Dinner mit Rohkostsalat einladen soll, winke dem Schicksal dann aber freundschaftlich zu und fahre nach Hause. Mit dem Fahrrad!

COMPUTERLIEBE

März

Ich erinnere mich an eine Zeit, in der es noch kein Internet gab. Ja, doch, so alt bin ich schon. Meine Pubertät verbrachte ich ohne Handy, ohne Internet, ohne Facebook und ohne Online-Dating, das muss man sich mal vorstellen.

Wenn ich auf dem Schulhof einen Jungen entdeckte, in den man sich aus der Ferne verlieben konnte, dann gab es kein StudiVZ, kein Twitter, kein Skype und kein Google, die mir freundlich, schnell und anonym mehr über mein zu stalkendes Opfer verrieten. Ich musste das alles selber machen. Rumfragen, Gerüchte nachverfolgen, Schülerzeitung lesen und bei der Auskunft anrufen. Ich erinnere mich an eine Begegnung der dritten Art, die gegenwärtig definitiv nicht mehr möglich ist und heutigen 16-Jährigen wie ein schlechter Witz vorkommen muss. Ich war 19 und hatte gerade mit meinem Studium in der schrecklichen Einsamkeit der niedersächsischen Provinz begonnen. Auf einer Party lernte ich den bezaubernden Nils Hammert kennen, der am Ende aber leider zu betrunken war, um mir seine Telefonnummer zu geben. Zu dieser Zeit hatte noch nicht jeder ein Handy, Nils Hammert, so stellte ich bei meinen Nachforschungen im Kreise der Kommilitonen fest, jedenfalls nicht. Ich im Übrigen auch nicht. Eine Telefonnummer fürs Festnetz war leider auch nicht über die Komplizen herauszubekommen, aber jemand wusste, dass Nils Hammert wohl noch bei seinen Eltern wohnte. Das an sich würde mir heute schon reichen, um NICHT mehr anrufen zu wollen, aber mit 19 ist man jung und hat noch Zeit für solche Späße.

Ich fand heraus, dass Familie Hammert in einem Kaff namens Mainsche in der Nähe von Pennigsehl bei Nienburg, irgendwo kurz über dem Steinhuder Meer und damit jwd am Arsch der Welt lebte. Auch das schreckte mich nicht ab, vielleicht, weil Nils Hammert der erste Typ war, der mich auf einer Party angesprochen hatte. So was wird belohnt.

Ich schnappte mir also das Telefon und rief noch anständig verkatert am Sonntag nach der Party bei der Auskunft an. Mich begrüßte eine fröhlich Kölsch sprechende Dame und fragte nach meinem Begehr.

»Ja, hallo, ich möchte gerne eine Telefonnummer.«

»Dafür simmer ja da, Schätzelein«, röhrte mir Roswitha, so hieß das Stimmwunder mit Vornamen, entgegen. Eine Frohnatur. Na prima.

»Äh, ja, ich möchte gerne die Telefonnummer von Nils Hammert aus Mainsche«, setzte ich meine Mission mutig fort.

»Himmelherrschaft, wo is dat dann?«, entsetzte sich Roswitha. Ich blieb erst einmal stumm, der Diercke Weltatlas hatte mir nämlich schon verraten, dass ich meinen Liebsten in der Pampa aufzufinden suchte. »Niedersachsen«, murmelte ich verhalten und meinte damit: das Ende der Welt.

»Also, enne Nils hann isch hier nett … Aber enne Marjit und enne Klaus kann isch anbieten …« Hm. Also, die Namen seiner Eltern hatte er bei unserem Gespräch nun nicht erwähnt, wir sprachen ja anlassbedingt eher über Biersorten.

Roswitha kam in Fahrt. »Ach, da jibbet es ja noch mehr mit dem Namen … also, da sind noch enne Egon und enne Heide, enne Gudrun und enne Albrecht – die leben wohl allein, die hann enne eijene Eintrach, aber Ihrn Nils … Hannen se den uff Jück kennen jelernt?«

Ich war etwas verwirrt, weil Roswitha und ich uns näher kamen, gab es aber zu.

»Aha!«, kombinierte Roswitha blitzgescheit. »Und nu wollense de Telefonnummer.«

Ich sagte jetzt erst mal gar nichts mehr. Alles, was ich sagte, konnte schließlich gegen mich verwendet werden. Plötzlich zog Roswitha gut hörbar die Luft zwischen den Zähnen ein. »Obacht, Schätzelein!«, raunte sie mir in verschwörerischem Tonfall zu. »Die Hammerts, die wohnen alle in derselben Straße in demm Mainsche! Dat is so enne Inzuchtverein, Schätzelein, dat lässte mal besser sein. Außerdem, isch seh dat hier grade: Die kommen aus de Landwirtschaft! Bauern, Frollein! Finger weg, glaubett mir!«

Aus Nils Hammert und mir wurde nichts. Roswitha hatte mir zwar am Ende alle Telefonnummern der gesamten Familie Hammert durchgegeben, aber ich habe mich nicht getraut, bei allen anzurufen und am Ende bei Onkel Albrecht zu landen, der alleine lebt, neue Kartoffelsorten züchtet und darauf wartet, dass ein Mädchen sich zu ihm verirrt. Nä, nä, nä!

Heute bin ich jedes Mal, wenn ich mehr über einen neuen Interessenten erfahren will, verdammt froh, dass ich nicht wieder für kostengünstige 1,85 D-Mark pro Minute mein Liebesleben mit Callcenteragenten teilen muss. Heute gehe ich ins Internet, erstelle mir ein Profil und suche nach der Liebe. Auf geht's!

Pfundskerle

Samstag, 06. März um 13:24 Uhr

Ich fühle mich gut. Ich bin endlich und ganz offiziell ein »Single mit Niveau«! Wie lange habe ich DARAUF gewartet. Der Ritterschlag: Du hast Nivcau. Jawohl, das habe ich. Und weil ich dazu auch noch über Schamlosigkeit verfüge, verpasse ich meinem Profil einen frechen und ehrlichen Anstrich. Früher kreuzte ich bei Profilen an: Rauche gelegentlich. Und meinte: Nutze jede Gelegenheit. Es war schon so schwer, ein WG-Zimmer als Raucher zu finden, dass ich mir dachte, einen Mann als Raucher zu finden, kann nur unmöglich werden. Ab heute mache ich das anders. Ich rauche. Basta.

Und weil ich gerade so ehrlich unterwegs bin, stelle ich mich auch den Fragen zu meinem Körper. Ich gebe nicht, wie sonst, nichts an, sondern setze mein Kreuzchen mutig bei »ein paar Pfunde zu viel«. »Mollig« klingt so großmütterlich, kuschelig, nach Sahnetorte, Eierlikör und Schnapspralinen, und das möchte ich schon mal gar nicht. Und über die Bezeichnung »Rubensfigur« verliere ich an dieser Stelle auch kein Wort.

Meine neue Ehrlichkeit scheint gut anzukommen. Oder die Tatsache, dass ich hier neu bin, denn mein Profil wird in den ersten Tagen von unglaublich vielen Nutzern angeklickt. Auf meinem Profilfoto (Ganzkörper!) ist oben rechts ein kleines Sternchen, dass den Besuchern meiner Seite verrät, dass ich mich erst vor ein paar Tagen angemeldet habe. Dieses Symbol hat dieselbe Wirkung wie Pheromonfallen bei Motten: Es zieht an. Ungefähr drei Duzend Männer haben mich und meinen digitalen Bauchladen bisher besucht. Circa die Hälfte davon schrieb mich an. Ungefähr ein Drittel beherrschte die deutsche Sprache zumindest grundlegend, drei Kandidaten haben es in die engere Auswahl geschafft und dürfen mir weiter schreiben.

Ulf, 29, ist Referendar und kommt ursprünglich aus Baden-Württemberg. Wir schreiben uns seit fünf Tagen, also seit dem Tag meiner Anmeldung. Ulf ist ausgesprochen nett, ausgesprochen höflich, ausgesprochen schüchtern und leider ausgesprochen langweilig. Er sucht eine »liebe« Frau, was so ziemlich alles beschreibt, was ich nicht bin. Er ist verständnisvoll und ruhig, sucht das kleine Glück und schreibt so einschläfernde E-Mails über den Frühlingsanfang, dass ich mir Streichhölzer zwischen die Lider klemme, sobald er sich bei mir meldet. Leider schaffe ich es nicht, Ulf einfach abzuschießen. Das würde eigentlich ganz einfach gehen, das Portal hat eine »Abschieß-Hilfe« in Form eines unpersönlichen Buttons eingerichtet, den man einfach nur drücken muss, wenn man genug hat. Aber obwohl Ulf ganz und gar uninspirierend ist: Sein Kindchenschema (hilflos, überfordert, großäugig) verursacht bei mir Muttergefühle, ich KANN ihn nicht einfach so in die Wüste schicken. Außerdem besteht dazu auch keine Notwendigkeit, denn Ulf wird in den kommenden zwei Jahren sicher keinen ernstzunehmenden Vorstoß in meine Richtung machen.

Arne hingegen, 31, Zahnarzt, ist von der ganz schnellen Sorte und schickte mir bereits in der zweiten Mail seine Telefonnummer mit. In der dritten lud er mich zu sich nach Hause ein und in der vierten wieherte er meinen vorsorglich abgelehnten Heiratsantrag einfach zur Seite. Arne ist ein Stresser, ein ungeduldiges kleines Kind, das an Weihnachten alle Geschenke auf einmal aufreißt. Ich gehöre ja selbst nicht zur bedächtigen Sorte, aber seine Euphorie kommt mir irgendwie spanisch vor.

Patrick zuletzt, der ist mein Liebling. Patrick ist 34, Fotograf, kreativ, eloquent, humorvoll und total kaputt. Bei Patrick klingeln alle internen Alarmsysteme. Denn Patrick entspricht genau dem Typ Mann, vor dem ich augenblicklich Reißaus nehmen sollte.

Mona verkündete vor Kurzem eine Theorie: In unserem Alter lernt man entweder die Kerle *mit* oder *ohne* Vergangenheit kennen. Die *mit* Vergangenheit haben unschöne Anhängsel wie gescheiterte Ehen, bösartige Exfreundinnen, Unterhaltsklagen und Kinder aus verschiedenen Beziehungen. Die haben mehr im Rucksack, als man normalerweise tragen kann.

Die *ohne* Vergangenheit, die haben ein Problem. Wer es mit Mitte 30 noch nicht geschafft hat, wenigstens eine langfristige Beziehung mit Option auf Verlängerung und Elfmeterschießen geführt zu haben, der hat, sagt Mona, ein echtes Problem. Das sind diese großen Jungs mit den Umhängetaschen, die sich weigern, erwachsen zu werden. Denen nicht in den Sinn kommt, dass der Mensch auch einen Fortpflanzungsauftrag hat, solange es die theoretische Möglichkeit gibt, mit dem Bulli eine zweijährige Aussteigertour durch Südostasien zu machen.

Patrick ist genau so einer. Einer, der wegläuft, wenn es ernst wird, und der die Jagd mehr liebt als die Trophäe. Einer, dessen Verhalten mir bekannt vorkommt, der sich in der Hall of Fame meiner gescheiterten Beziehungen einreihen könnte. Ich weiß genau, dass ich verrückt bin nach seiner Unabhängigkeit, seinem eigenen Willen, seiner Ablehnung und seiner Zuneigung.

»Lauf!«, schreit mich meine innere Stimme an und löst in meinem Kopf einen Fliegeralarm aus. Und was macht die Idiotin? Sie bleibt stehen.

Jetzt wird abgerechnet

Freitag, 12. März um 23:54 Uhr

Mein Ringelpiez mit dem Trio infernale geht in die nächste Runde. Ulf schreibt gewohnt meditativ über seine Lieblingsfilme. Arne will mich am liebsten schon gestern getroffen haben, sinniert darüber, wie gut wir uns bestimmt verstehen werden und lässt sich von meiner Zurückhaltung nicht weiter beeindrucken. Patrick fragt, ob wir uns zum Essen treffen, und ich sage eine Sekunde später zu. Zwei Sekunden später bereue ich die Entscheidung, und drei Sekunden später schwöre ich, dieses Mal bestimmt alles anders zu machen.

Ich treffe Patrick in einem thailändischen Restaurant. Er sieht verteufelt gut aus. Ich schmelze augenblicklich dahin. Es ist genau diese Mischung aus Lässigkeit und Stil, die ich wahnsinnig sexy finde. Kapuzenpullover und Jackett, eine perfekt sitzende Jeans und Sneaker. Außerdem die obligatorische Lkw-Planen-Umhängetasche. Das beste Indiz, dass dieser Mann auf die Rote Liste gehört.

Wir unterhalten uns angeregt, Patrick ist witzig, charmant und kurzweilig, wir haben einen tollen verbalen Schlagabtausch, und ich gratuliere mir selbst zu der Entscheidung, heute Abend die gute Unterwäsche angezogen zu haben. Patrick flirtet mit mir, lächelt mich an, macht Komplimente, aber nicht die platten, sondern die versteckten, verborgenen, augenzwinkernden. Ich schmachte. Die Sirenen in meinem Kopf heulen wieder los, und ich drehe die Sicherungen raus. Weil ich mir aber geschworen habe, es dieses Mal anders zu machen, trete ich einen Schritt zur Seite und verlasse die gewohnte Rolle des begeistert klatschenden Fans. Wenn ich normalerweise Männer wie ihn kennenlerne, weiß ich recht schnell, dass hier alles nach seiner Pfeife tanzt. Sein Leben, sein Timing, seine Termine.

Von irgendwoher taucht Niko vor meinem geistigen Auge auf. Das zwickt. Dieses Mal werde ich mir keine Verzögerungen bieten lassen. Dieses Mal werde ich mich nicht ganz hinten anstellen, sondern die Plätze in der ersten Reihe beanspruchen, die ich reserviert habe. Ich werde mich an allen anderen in der Schlange vorbeidrängeln und laut und deutlich an der Kasse meine Reservierungsnummer herausposaunen.

Ich frage ihn, ob er Lust hat, mich wiederzusehen. Er senkt den Kopf und blickt mich durch seine langen, wunderschönen Wimpern an: »Vielleicht.« Dann lächelt er.

Ich übersprungshandle prompt mit einem Wimpernklimpern und schmachte eine kleine Weile. Und rufe mich direkt danach zur Raison. »Wie wär's denn mit Kino?«, hake ich nach.

»Weiß ich noch nicht«, lächelt er wieder und berührt wie zufällig meine Hand. Ich bin verwirrt. Wie immer bei diesen Typen. Hüh oder hott? Was denn nun? Weil ich irgendwie nicht wirklich weiß, was ich als Nächstes machen, tun, sagen oder lassen soll, bestelle ich die Rechnung.

Die Bedienung kommt und fragt: »Zusammen oder getrennt?«

Das ist die Gretchenfrage. Wenn ein Mann an dieser Stelle »Zusammen!« sagt und die Kreditkarte zückt, weiß man, dass man ein gutes Date hatte. Wenn ein Mann an dieser Stelle »Getrennt!« sagt, weiß man, dass das Date nur Mittelklasse war. Soviel zur Theorie. Und nun ab in die Praxis.

Ich blicke ihn an. »Zusammen?«, frage ich mit zur Seite geneigtem Kopf und einem sehr charmanten Lächeln.

»Super, danke. Nett von dir«, sagt er und steckt seinen Geldbeutel wieder ein.

Ich brauche geschlagene zehn Sekunden, um die Tragweite seiner Antwort zu begreifen. Ich bin fassungslos. Ist das wahr?

Passiert das wirklich mir? Und mache ich mir wirklich Gedanken darüber, ob ich dieses Würstchen noch einmal wiedersehen will, lange Wimpern hin oder her?

Ich breche in schallendes Gelächter aus. Dann lege ich einen Zwanzig-Euro-Schein auf den Tisch (knapp etwas weniger als meinen Anteil), stehe auf und sage, immer noch glucksend, in sein verwirrt blickendes Gesicht: »Danke für den Abend. Ich verzichte gerne auf die Rückrunde.«

Und dann mache ich mich hoch erhobenen Hauptes vom Acker.

Arnes Triumph

Samstag, 13. März um 14:34 Uhr

Ich bin immer noch wahnsinnig stolz auf mich, dass ich dieser Flachpfeife Patrick keine Chance gegeben habe, in meinem Leben Chaos anzurichten. Mona findet meinen mondänen Triumph weniger spektakulär, sie fragt, und das leider vollkommen zu Recht, warum ich mich *überhaupt* mit ihm getroffen habe. Ich antworte ehrlich: »Na, warum wohl. Weil Ulf ein Schlafmittel und Arne ein unerzogenes ADHS-Kind ohne Tranquilizer ist.«

Mona möchte von Tranquilizern nichts hören und überredet mich, noch heute Abend dem Ausführgesuch von Arne nachzukommen. Weil Mona bisher den richtigen Riecher hatte, schreibe ich ihm eine kurze, zielorientierte Mail. Keine drei Minuten später ist mein Date klar. Zwei Dates an einem Wochenende. Na, wenn das mal kein Grund zum Feiern ist.

La dolce vita

Sonntag, 14. März um 16:03 Uhr

Ich stelle mich, zugegeben, auf das Schlimmste ein. Für Patrick habe ich mich noch angemessen aufgebrezelt; da Arne mir mit seiner Ungeduld bisher sowieso eher auf den Keks ging, gibt's nur die Aufbrezel-Sparversion. Chucks statt High Heels, und Haare wasche ich auch nicht mehr extra.

Okay, ich muss fair bleiben. Arne ist ausgesprochen witzig. Und als er mich anrief, um mit mir zu besprechen, wo wir uns treffen, klang er auch wirklich richtig nett und gar nicht mehr so Adrenalin-vollgepumpt wie in den E-Mails. Er freut sich. Aufrichtig. Sofern ich das bei jemandem, den ich noch gar nicht kenne, beurteilen kann.

Wieder ein Restaurant. Ein Italiener. Ich treffe Arne vor dem Lokal und bin ehrlich überrascht. Ein gestandener Mann! Gut aussehend. Gut angezogen. Gut riechend. Und er hält mir – Trommelwirbel – beim Reingehen sogar die Tür auf! Meine Jacke muss ich natürlich auch nicht alleine ausziehen, den Tisch sucht er auch aus. Prima, ich muss hier wirklich gar nichts machen, kann mich sehr entspannt zurücklehnen und gucken, was da kommt.

Es wird richtig, richtig nett. Ich bin ganz ich selbst (muss an den Chucks liegen), bekleckere mich mit Spaghetti und mache eine Eins-a-Loriot-Nummer daraus. Arne kugelt sich und sammelt Pluspunkte. Ich trinke mehr als ich sollte, denn das hier ist lustig! Das hier soll lustig bleiben! Schenk nach, alter Freund! Natürlich bestelle ich Dessert. Ich bin ja ganz ich selbst. Ich nehme Tiramisu mit viel Sahne und kratze danach sogar noch Arnes Panna-Cotta-Schälchen leer. Mona hatte recht, der Typ ist klasse!

Ich lehne mich zurück und kann einen satten Zufriedenheitsrülpser gerade noch zurückhalten. Schön, dass ich mich wohl fühle, aber zu privat tut nicht immer gut. Arne räumt die Dessertteller zur Seite. Und die Weingläser. Und die Wasserflaschen. Nur noch Salz und Pfeffer stehen zwischen uns. Aus glasigen Augen schiele ich in seine Richtung.

Arne sieht mich an, nimmt Salz- und Pfefferstreuer, stellt beide zur Seite und legt seine Hand in die Mitte des Tisches. Er greift nach meiner, die mittlerweile zu matt und satt ist, um sich erschrocken in Sicherheit zu bringen. Er beginnt, meine Finger zu streicheln.

»Ich wusste gleich, dass du die Richtige bist«, lächelt er verlegen.

Ich? Die Richtige? Wofür? Beschämt starre ich auf die Stelle, auf der ich noch vor der Hauptspeise ein halbes Glas Rotwein verschüttet habe.

»Ich weiß nicht, ich hatte irgendwie gleich ein gutes Gefühl bei uns«, legt Arne nach.

Immer noch hypnotisiere ich den Rotweinfleck, Arne beugt sich langsam über den Tisch. Schaut mich an, sehr intensiv. Beugt sich weiter nach vorne, die Hälfte der Strecke hat er schon geschafft. Ich muss mich entscheiden. Jetzt!

Innerhalb weniger Millisekunden beschließe ich, dass gegen ein wenig Rumknutschen wenig einzuwenden ist. Gut, ich habe mindestens 2,5 Promille. Ich hatte aber einen unerwartet witzigen Abend und mir gegenüber sitzt ein gutaussehender, humorvoller Mann, der über meine schlechten Witze lacht, sogar über den mit der Wanderine. (*Was ist orange und klettert den Berg hoch? Ich denke, ich habe nicht zu viel versprochen.*)

Arne liegt mittlerweile fast ganz auf der Tischplatte, und ich komme ihm ein Stück entgegen. Unsere Lippen berühren sich, ich schmecke Rotwein, rieche Aftershave, und ist da auch eine

Spur Aioli? Pustekuchen, jetzt wird geknutscht, und erfreulicherweise klappt das trotz Tischplatte sehr gut.

Nach dem ersten Kuss nimmt Arne meine beiden Hände, seufzt, lächelt. »Siehst du!«, frohlockt er. »Wir gehören einfach zusammen!«

Selbst durch den Alkoholschleier ahne ich, dass hier irgendwas schiefläuft, lasse mich aber von seiner selbstverständlich gezückten Kreditkarte und der Tatsache, dass er mir in die Jacke hilft, beeindrucken. Er schlägt vor, mich nach Hause zu fahren, was ich – ich wiederhole es gerne, ich bin betrunken! – sehr nobel finde.

Vor meiner Wohnung stellt er den Motor ab. Lehnt sich zu mir herüber und will wieder küssen. Mir ist in seinem Sportwagen aber schlecht geworden, deswegen reiße ich nur panisch die Autotür auf. Er hat ja meine Telefonnummer. Das muss reichen.

Nachdem ich aus Arnes Auto gestolpert bin, kann ich gerade noch lange genug die Luft anhalten, bis Arnes Rücklichter um die Ecke verschwunden sind, dann gebe ich mein erknutschtes Abendessen an den natürlichen Kreislauf des Lebens zurück. Rückwärts. Es geht mir beschissen. Ich falle ins Bett, in voller Montur, noch nicht mal die Turnschuhe habe ich ausgezogen. Ich schlafe ein, noch bevor ich darüber nachdenken kann, ob in meinem Alter Abschminken wichtig wäre.

Ich falle in einen traumlosen Alkoholschlaf. Nach drei Minuten, jedenfalls fühlt es sich so an, werde ich von meiner Türklingel geweckt. Unsanft. Im Intervall. Nur mühsam kann ich mich hochhieven, schleppe mich zur Tür. Als ich am Spiegel vorbeikomme, wird mir gleich wieder schlecht. Mein Gott, seh' ich scheiße aus! Mit letzter Kraft greife ich nach dem Hörer der Gegensprechanlage. »Hallo?«, lalle ich auf die Straße.

»Hallo, mein Herz!«, trompetet es mir gutgelaunt entgegen. Arne. Das ist Arne. Wie viel Uhr ist es?

»Wie viel Uhr ist es?!«, brülle ich entsetzt auf die Straße.

»Acht! Ich dachte, wir könnten zusammen frühstücken?«, frohlockt es von der anderen Seite.

Ich verstumme. Acht Uhr? An einem Sonntagmorgen?

»Ich habe Brötchen dabei!«, legt Arne noch einen oben drauf.

Ich schüttele entsetzt den Kopf. Das kann er nicht sehen, aber ich hoffe, dass er meine Abneigung spürt. Meine Kräfte schwinden, meine Wut aber wächst.

»WARUM??!«, donnere ich in den Hörer.

»Weil ich dich liebe.«

Ich schließe die Augen und wiederhole im Geiste, was ich hoffentlich nicht gehört habe. Das ist ein Alptraum. Ich schlafe noch! Ich bin mir ganz sicher!

»Ich konnte nicht einschlafen – dass ich dich getroffen habe, hat mich so aufgewühlt! Lass mich hochkommen!«, fleht Arne mich an.

Ich werde sauer. Richtig sauer! »Nein!«, brülle ich entschieden.

»Aber ich liebe dich doch!«, schmettert es erneut.

Ich knalle den Hörer auf die Gegensprechanlage. Arne beginnt wieder zu klingeln. Ich renne zum Fenster, öffne es und schreie hinunter: »Verpiss dich!«

»Aber ich liebe dich!«, brüllt Arne.

Ein Fenster unter mir öffnet sich. »Halt's Maul, du Assi, sonst liebe ich dich gleich auch noch!«, röhrt Joshua aus der WG im zweiten Stock in Arnes Richtung. Der lässt sich aber nicht beeindrucken und klingelt munter weiter. Ich raffe mich ein letztes Mal auf und schleppe mich zum Sicherungskasten. Dort drehe ich alle Sicherungen raus, auch die für die Klingel. Sofort überfällt mich die bleierne Stille.

Ich schleife mein restalkoholisiertes Ich zurück ins Schlafzimmer. Arne jault draußen vor der Tür meinen Namen und
lässt gleichzeitig mein Telefon klingeln. Ich schalte Handy und
Festnetz ab, stopfe mir Ohropax in die Ohren und schlafe
augenblicklich ein. Erst spät am Tag komme ich wieder zu mir.
Arne hat mir 14 Zettel in den Briefkasten geworfen, die ich
ungelesen wegwerfe, und mir 23 Mails geschickt. Auch die lese
ich nicht mehr. Ich drücke stattdessen voller Genugtuung den
Button, auf dem steht »Diesen Benutzer sperren« und traue ab
jetzt nur noch meinem Bauchgefühl.

Hi Freaks!

Samstag, 20. März um 11:41 Uhr

Die letzten Tage habe ich gebraucht, um meine Wunden zu
lecken. Nicht dass mich Arne oder Patrick wirklich emotional
berührt hätten, aber die Situationen an sich haben mich schon
ein wenig an meinem Karma zweifeln lassen.

Patrick hat sich nicht mehr bei mir gemeldet, seitdem ich am
Freitag aus dem Restaurant gerauscht bin. Arne hat sich auch
nicht mehr bei mir gemeldet, ich gehe davon aus, dass er schon
am nächsten Rockzipfel hängt. Gut so! Alle beide bestätigen
nämlich leider die These, dass Leute, die im Internet nach der
Liebe suchen, nicht mehr alle Bananen an der Staude haben. Das
ärgert mich etwas, weil ich für Online-Dating bisher immer eine
Lanze gebrochen habe. Heute bin ich mir nicht mehr so sicher.
Vielleicht stimmt es ja doch, dass nur die sozialen Randgruppen
im Netz unterwegs sind, und damit meine ich nicht die Gruftis,
sondern die Freaks, die Spacken, die Bekloppten und Bescheuerten, oder die, die wie Mülleimer aussehen und das wissen und
sich deswegen im normalen Leben nicht auf die Straße trauen. Ist
das wirklich so? Wirklich?

Ich möchte diesen Monat zumindest noch den Beweis erbringen, dass es auch ganz normale Menschen im Netz gibt. ICH bin zufälligerweise nämlich auch normal, also jedenfalls ein bisschen, jedenfalls nicht so sozial auffällig wie Arne oder Patrick. Ich gebe also, obwohl meine Lust weiterzumachen gegen null tendiert, nicht auf und schreibe weiter. Ich fasse mir sogar ein Herz und sage Ulf, dass ich der Meinung bin, dass wir beide nicht füreinander geschaffen sind. Ich schreibe das sehr nett, weil ich weiß, dass er ein Pflänzchen ist und sich so viel Mühe gegeben hat, weil ich mir selbst erhoffen würde, eine freundliche Abfuhr zu bekommen und keine doofe, weil ich weiß, dass ich es zum Teil auch selbst verbockt habe, weil ich nicht früher schon das Maul aufgemacht habe.

Er antwortet eine halbe Stunde später.

DAS IST NICHT FAIR! DU HAST MICH GAR NICHT RICHTIG KENNENGELERNT. LASS UNS DOCH AUF EINEN KAFFEE UNS TREFFEN, WENN DU MAGST – WENN DU DANN IMMER NOCH NICHT WILLST, WERDE ICH NICHT WEITER NACHHAKEN. EINVERSTANDEN?

Hm. Ich weiß nicht, ob ich einverstanden bin. Ich schreibe ihm, dass ich nicht glaube, dass ein Treffen sinnvoll wäre. Dass ich schüchterne, ruhige und liebe Menschen in der Regel nicht attraktiv fände. Und Ulf kuhhandelt weiter.

DANN LASS MICH DIR ZEIGEN, DASS ICH AUCH ANDERS SEIN KANN!

Ich gebe nach. Oder auf. Und verabrede mich mit ihm für Freitagnachmittag. Ist ja, wenn nicht für mich, dann wenigstens für die Wissenschaft.

Frankenstein

Freitag, den 26. März um 18:21 Uhr

Ich habe Ulf getroffen. Ich war mit ihm Kaffee trinken und

hatte die beschissensten zwei Stunden meines bisherigen, kümmerlichen Daseins. Ich habe Lebenszeit vergeudet, und schon das sollte ich ihm in Rechnung stellen, von der Frikadelle, die ich seitdem am Ohr herumtrage, ganz zu schweigen: Ulf hat mich geschlagene zwei Stunden vollgetextet. Er hat ohne Punkt und Komma geredet und das Wunder vollbracht, mir keine einzige (!) Frage zu stellen, ohne dass ich ihn mit vorgehaltenem Zeigefinger bedrohen musste. Er hat nicht einmal gefragt, wie es mir geht, geschweige denn irgendetwas anderes Persönliches. Nicht mal Unpersönliches hat er gefragt. Er hat gequatscht, als gäb's kein Morgen!

Ja, richtig, ich wollte keinen schüchternen Mann. Stimmt genau. Ich kann Leute nicht leiden, denen man alles gewaltsam aus der Nase pulen muss. Ich kann aber auch Leute nicht leiden, die mich vollschwafeln und anscheinend vergessen, dass Kommunikation bedeutet, dass BEIDE mitreden!

Ich sitze also mit Ulf in einem Café zweiter Wahl und lausche seinem inneren wie äußeren Monolog. Er textet mich gerade mit seinen Erlebnissen im Referendariat voll: »… und dann waren wir auf Exkursion, in München, das war vielleicht komisch, direkt zum Oktoberfest, aber keiner hat das vorher geschnallt, und wir wussten das ja auch gar nicht, also sind wir da hingefahren und alles voll mit Lederhosen, echt krass, und dann sind wir also ins Hofbräuhaus, und da gab's echt das beste Bier, das ich jemals getrunken …«

Ich werfe ein, dass ich auch schon mal in München war. Leider hat er das nicht gehört. Wie auch, wenn er ununterbrochen selber redet. Ohne Luft zu holen, fährt er fort. »Ich liebe übrigens Kinder, deswegen werde ich auch Lehrer und nicht Jurist, das hatte ich mir auch mal überlegt, Jura, aber dann dachte ich, ich hab ja die soziale Ader«, ich huste empört ob dieser hanebüchenen Behauptung, »und deswegen werde ich Lehrer, obwohl mein Vater meinte, ich sei ein besserer Jurist, aber da muss man so viel reden, und reden kann ich nur, wenn ich mich echt wohl fühle, so wie bei dir, das hat echt geholfen, da mal über meinen Schatten zu springen, nicht immer nur schüchtern sein und so, aber jetzt traue ich mich und ich glaube, das wird mir auch in Zukunft helfen, weißt du«, erstaunlich: Selbst das sagt er ohne Fragezeichen, »weil ich merke, dass ich früher nur Angst vor der Stille hatte, total bescheuert, Angst, dass niemand was sagt, und dabei hab ich ja nie was gesagt, und dann hab ich mich immer noch mehr gefürchtet, und noch weniger gesagt, Mann, echt bescheuert, wenn man mal so nachdenkt, ich geh grad mal kurz aufs Klo, bin gleich wieder da.«

Er steht auf und verschwindet in Richtung Toiletten. In meinen Ohren rauscht es. Ich habe bestimmt einen Tinnitus, ganz sicher sogar. Ich schaue wieder auf die Uhr, die seit zwei Stunden übrigens kaputt zu sein scheint, weil sich die Zeiger kaum noch von der Stelle rühren. Ich wollte ja eigentlich beweisen, dass im Internet nicht nur Idioten unterwegs sind. Der Versuch muss leider abgebrochen werden. Und zwar jetzt.

Ulf kommt wieder, und er holt Luft, noch bevor er sich setzt. Ich hebe meinen Zeigefinger. Er schielt ihn an. Schweigt aber. Ein guter Anfang.

»So, mein Lieber«, sage ich mit Nachdruck und erhobenem Zeigefinger. »Ich hatte dir ja schon geschrieben, dass ich nicht glaube, dass wir füreinander geschaffen sind. Und weißt du auch warum?«

Er beäugt irritiert weiter meinen Zeigefinger. Schweigt. Ich setze nach: »Frag mich, warum!« Er äugt. Ich werde lauter. »Du sollst mich fragen, warum!!«

Aufrichtig irritiert fragt Ulf: »Warum?«

»Ha! Weil DAS deine erste Frage in zwei Stunden an mich war! Weil es hier tatsächlich keine einzige Sekunde um mich ging, sondern nur um dich, und weil genau DAS das Problem von schüchternen Leuten ist! Wo ich auch hingucke, soziale Inkompetenz! Ich hab's SO SATT!« Ich stehe auf.

Ulf guckt mich verwirrt an. »Aber wir haben uns doch so nett unterhalten!«

Ich schnaube. »DU hast dich unterhalten, DU ZAHLST!!!«

Und dann gehe ich. Ich schäme mich ein bisschen, weil ich das selber heraufbeschworen habe. Weil ich ihn motiviert habe, geradezu dazu aufgefordert, nicht mehr schüchtern zu sein. Ich denke an Frankenstein, und als Nächstes denke ich: Ich habe ein Monster erschaffen! Aber wer kann denn bitte ahnen, dass das am Ende SO ausgeht?

Auch egal. Ich bin müde. Und taub. Ich kann nicht mehr, ich mag nicht mehr. Wer hat sich eigentlich diese Scheiße hier einfallen lassen?

FAZIT: Und heute singt für Sie: Das Niveau!

Meine Oma hat eine recht präzise Meinung, wenn es ums Online-Dating geht: Nur Freaks und Spinner. Meine Oma sagt, dass nur Idioten vor dem Rechner sitzen und nach der Liebe suchen. Meine Oma denkt beim Stichwort Internet allerdings auch an Kinderpornografie und digitale Raubüberfälle. Obwohl sie generell recht fortschrittlich ist, würde sie niemals auf die Idee kommen, eine Überweisung online zu tätigen. Der Weg zu ihrem Bankberater mit dem sorgsam ausgefüllten Überweisungsträger ist ihr heilig. Bücher würde sie sich niemals im Internet bestellen. Auch nicht, wenn sie sich damit den Weg in die Stadt ersparen würde und die Parkplatzsuche, das

Warten in der Buchhandlung und die Möglichkeit, dass das Buch nicht vorrätig ist, bestellt werden muss und sie drei Tage später das ganze Prozedere erneut auf sich nehmen muss. Das macht man einfach nicht.

Wenn meine Oma sich nun also schon so anstellt, wenn es um eine Flugbuchung, eine Buchbestellung oder eine Kinokarten-Reservierung geht, ist ihr die Vorstellung, den Partner fürs Leben im Internet zu finden, natürlich hochgradig suspekt. Sie erzählt mir von Heiratsschwindlern (wobei das in meinem Fall nicht wirklich schlimm wäre, ich habe kein Vermögen und an Heirat glaube ich auch nicht), Pädophilen, Sektenführern, von der Internet-Mafia, die sich in deinen Rechner einhackt und deine Konten plündert.

Ich mag meine Oma sehr, sehr gern. Aber manchmal ist sie echt anstrengend. Es hat mir dennoch zu denken gegeben, dass sie, als ich ihr das Motto des Monats verkündete, meinte, man müsse einen Mann doch ERST sehen und dann kennenlernen. Im ersten Moment dachte ich, meine Oma sei eine verdammt oberflächliche Person ohne irgendeinen erkennbaren Realitätsbezug. Im zweiten Moment dachte ich, ich sollte nachsichtiger sein, immerhin ist sie 83 und zu der Zeit, als sie gedatet hat, lief das alles noch ein wenig anders. Und im dritten Moment dachte ich, dass sie vielleicht doch recht hat.

Wie ist es denn nun? Hätten meine Dates mit Arne, Patrick und Ulf besser laufen können, wenn ich sie vorher an einem anderen Ort kennengelernt hätte? Angenommen, ich hätte Arne im Supermarkt kennengelernt – hätte er nach dem ersten Date und unserem Rumgeknutsche keinen Terror an meiner Klingelanlage gemacht? Wie wäre es gewesen, wenn ich Patrick live und in Farbe kennengelernt hätte? Wäre ich nicht noch viel eher auf mein altes Beuteschema reingefallen, hätte ich mich nicht noch viel mehr blenden und begeistern lassen? Nur bei Ulf, da kann ich sagen: Den hätte mir meine Intuition in der Realität wahrscheinlich wirklich erspart.

Das Internet ist grundsätzlich kein schlechter Ort, um Männer kennenzulernen. Aber man muss höllisch aufpassen, dass man sich nicht blenden lässt. Von Oberflächlichkeiten, Schaumschlägerei und diesem feinen Nervenkitzel, der dem Medium nun einmal innewohnt. Alles ist so herrlich anonym, man kann sagen, sein und vorgeben, was man will. Man kann sich Männer aussuchen, um die man normalerweise große Bögen macht, man kann sein Profil frisieren, sich schlagfertiger, normaler, schöner machen als man in Wirklichkeit ist. Abgerechnet wird zum Schluss. Erst wenn man sich gegenübersitzt, geht das Kennenlernen los. Erst dann entscheidet sich, ob die Vorauswahl gut war, erst dann weiß man, ob man in die Verlängerung gehen will. Ich wollte nicht. Drei Mal nicht. Und was hab' ich nun davon? Ein neues Motto.

SINGLEPARTY
April

Auf geht's in die nächste Runde. Fisch sucht Fahrrad. Mann sucht Frau. Und ich suche die Liebe. Und das auf einer Veranstaltung, auf der betrunkene, verzweifelte, mittelalte, halbattraktive Menschen aufeinander losgelassen werden. Mit Herzen, auf die Brust gepinnt. Mit Hoffnungen im Sektglas. Und wahrscheinlich sehr viel schlechtem Geschmack. Denk ich an Singles in der Nacht, dann bin ich um den Schlaf gebracht.

Wer geht eigentlich auf Singlepartys? Und wieso gehe ich dort hin? Ach ja, richtig, meine Mission, meine göttliche. Ich stelle mir vor, wer normalerweise Singlepartys besucht. Bei einer ersten Umfrage im Freundeskreis stellt sich heraus, dass jeder wohl schon mal auf einer Singleparty war, keiner dieses Vergnügen jedoch wiederholen möchte. Aha. Was sagt das wohl über die Singleparty an sich aus? Dass sie so mies ist, dass man maximal ein Mal hingeht? Dann dürfte es ja eigentlich keine Singlepartys mehr geben. Oder?

Und wer ist eigentlich auf diesen Blödsinn mit »Fisch sucht

Fahrrad« gekommen? Ich frage meinen besten Freund Google. Und der weiß, dass der Begriff aus dem amerikanischen Frauenroman *Every Woman Loves a Russian Poet*, oder deutsch: *Der Fisch ohne Fahrrad*, von Elizabeth Dunkel stammt. Frau Dunkel hat in ihrem Meisterwerk der Frauenbewegung geschrieben: *Eine Frau ohne Mann ist wie ein Fisch ohne Fahrrad.* Aha. Wieder was gelernt. Eine Frau braucht also gar keinen Mann. Und deswegen gehe ich auf eine Singleparty? Frau Dunkel, Ihr Zitat humpelt gerade in eine schiefe Argumentationskette!

Ich bezweifle außerdem sehr stark, dass ich auf Singlepartys überhaupt jemanden kennenlerne. Ich erwarte unschöne Menschen, die das Tageslicht meiden, die in Schlagerscheunen zu Wolle Petri Freundschaftsbändchen knüpfen oder in Großraumdiskotheken auf die Wodka-Happy-Hour warten. Muss ich für meine Vorurteile eigentlich zusätzlichen Eintritt zahlen? Ich kann mir einfach nicht vorstellen, dass auf Singlepartys die Menschen rumlaufen, die ich generell spannend finde. Obwohl. Im Monat *Gemeinsame Interessen* bin ich ja auch glamourös mit meinen Erwartungen gescheitert.

It´s my party and I cry if I want to
Sonntag, 11. April um 05:26 Uhr

Was zieht man an zu einer Singleparty mit einem mehr als fragwürdigen Motto? »Schraube sucht Mutter« weckt bei mir Assoziationen der grobschlächtigen Art, und ich beweine meine vor Jahren verschlissene Latzhose. Damit fiele ich sicher kaum auf. Die Mädels holen mich ab und wir kichern uns in Richtung »Club«, von dem wir bisher noch nie gehört haben, dem wir aber aufgeschlossen begegnen. Die Toleranz schwindet bei Mona schon am Eingang, als eine betagte Wasserstoffblondine uns heimatverbunden in breitem Dialekt begrüßt.

Der Blick in die Garderobe macht klar: Das Publikum scheint eher übersichtlich zu sein. Aber vorwiegend männlich. Ich schöpfe Hoffnung, Mona Verdacht. Die anderen beiden plaudern mit der Clubbetreiberin, die Muttern verteilt. Schließlich soll man hier seine Schraube finden!

Wir steuern in Richtung Freigetränk und verlassen den sicheren Eingangsbereich in Richtung Clubkeller. Ach du Scheiße! Es gibt sicher auch Singlepartys mit Niveau, ganz bestimmt. Diese hier ist aber keine. Tine und Cora – beide sehr glücklich liiert – wischen sich den imaginären Schweiß von der Stirn.

»Was ein Glück«, sagt Cora, »dass wir dich nur begleiten.«

»Ja!«, pflichtet Tine ihr bei. »Stell dir vor, wir würden hier wirklich jemanden suchen!«

Mona und ich tun so, als ob wir das nicht gehört hätten, und stürzen den Willkommensdrink runter. Zur Strafe nicht nur unseren eigenen, sondern auch die von Tine und Cora. Dann wenden wir uns der Versammlung zu. Außer uns sind circa zwanzig Leute anwesend, alle hässlich, alle betrunken, alle sehr, sehr willig. Letzteres trifft wohl auch auf uns zu. Aber nicht hier. Es ist ungelogen eine Ansammlung von Vollpfosten, selbst mit gutem Willen ist hier nichts zu wollen. Der DJ, knappe zwanzig, scheint der Sohn der Eingangsblondine zu sein, anders ist sein Auftritt hier nicht zu entschuldigen. Er wirft schmissige Hits auf, hier und da wedeln vereinzelt selbsternannte »Disco-Foxe« ihre Extremitäten.

»Hej!«, stößt es mich da von hinten in die Rippen. »Bei mir steht reich und impotent auf dem Schild, und bei dir?«

Ich schaue meine Mädels entsetzt an. Dann ihn. »Allein – aber nicht verzweifelt!«

Der Typ guckt ein wenig dämlich und trollt sich dann, die Mädels brechen in Lachen aus. Das hebt die Stimmung. Wir sind hier, wir haben nichts zu verlieren, wir beschließen Spaß zu haben: Wir wünschen uns ein Lied, stellen uns in der Gruppe auf und beginnen zu hotten, was das Zeug hält. Nach einer Minute sind die Step-touch-Groover verschwunden und wir feiern zwei Stunden lang (nachdem wir dem DJ eine Liste mit spielbarer Musik auf einem Zettel haben zukommen lassen) und haben richtig, richtig Spaß!

Irgendwann fordert die Sucht ihren Tribut, und wir kämpfen uns verschwitzt und glücklich in den Raucherbereich.

Aha. Hier sind sie, die Männer. Wir entdecken einen Tisch mit nicht ganz schrecklich aussehenden Jungs, die etwas fadenscheinig über ihren Bieren hängen, aber einen netten Eindruck machen. Mit aufgeschlossener Miene latschen wir in ihre Richtung und lassen uns an den Nebentisch plumpsen. »Auf einer platten Party darf man auch platt flirten!«, sage ich mir und frage nach Feuer. Ich gebe es nach getaner Arbeit zurück, dann fragt Mona nach Feuer. Danach Cora. Und danach Tine. Die Jungs bleiben cool, und wir verwickeln sie in ein Gespräch.

Die sind gar nicht so übel, es ist recht witzig, unser Hauptthema ist die grottenschlechte Party, auf der wir uns alle peinlicherweise befinden. Und als die Peroxid-Tante uns rauswirft, beschließen wir, den Abend noch nicht enden zu lassen.

Wir landen schließlich im Burger King. Im strengen Licht der Fast-Food-Kette und den nun ernsthafter werdenden Gesprächen stellt sich heraus, dass der junge Mann, den ich ins Kreuzverhör genommen habe, schlappe neun Jahre jünger ist als ich, dass Tines Tischnachbar Frau und Kind hat und der Typ, den Cora freundlicherweise für uns abcheckt, demnächst wieder mit seiner Menschenrechtsorganisation nach Afghanistan muss und zu allem Überfluss auch noch Vegetarier ist. Nur Monas Kerl hängt an ihren Lippen, und sie blinkt auch total entrückt in seine Richtung. Ich gähne, schnappe mir meinen Minderjährigen, und wir retten, was noch zu retten ist mit einer Zigarette im Morgengrauen, ein paar blöden Witzen und freundlichen Umarmungen auf dem Parkplatz.

Das Letzte, was wir im Rückspiegel sehen, sind Mona und ihr Prinz, sich anlächelnd und einen Muffin teilend. Und das Letzte, was ich in dieser Nacht sehe, sind eine Aspirin und mein Kopfkissen.

After work? Party?

Mittwoch, 14. April um 16:31 Uhr

Welche work?, fragt sich der lachende Betrachter. Nein, auch als Selbstständige hat man zu arbeiten, und so finde ich es mehr als rechtens, mich bei der »After-Work-Singleparty« morgen Abend anzumelden. Ich halte es zwar für ein wenig ungeschickt, zwei so unfriedenstiftende Begriffe wie »Arbeit« und »alleinstehend« euphemistisch mit »Feier« zu verbinden, bin aber für das Konzept offen und bereit, auch die unangenehmen Dinge des Lebens zu bejubeln!

Morgen Abend also, 18 Uhr. Ich rechne mir gute Chancen aus, da ich nicht abgehetzt im H&M-Kostümchen mit einem in der Bahn aufgemöbelten Make-up erscheinen werde, sondern mir von meinem Arbeitgeber (ich) um 16 Uhr frei geben lassen werde und daher extrem entspannt und gut aussehend auf dieser Veranstaltung zu erscheinen gedenke.

Die Party findet in einer schicken Location statt, mit Bankern und Bürohengsten ist also zu rechnen, da werde ich Sneakers und Kapuzenpulli wohl zu Hause lassen. Auf geht's.

121

After work? Party!

Das war lustig! Ich trudele – weil schwer beschäftigt – natürlich erst gegen 19:00 Uhr auf der Party ein, die Stimmung ist noch etwas lasch. Nach dem Genuss meines Getränks peile ich den Raucherraum an und geselle mich zu den etwas entspannteren Menschen. Nach der obligatorischen Frage nach Feuer komme ich mit Benedikt Hascheuren ins Gespräch, einem Investment-Banker (ich sachet noch!) aus der Eifel. Also ursprünglich. Er hat diesen leicht rheinischen Slang, den ich gerne habe, und ist ein durchweg netter und lustiger Mitmensch, und der Abend lässt sich sehr schön an! Bis …

Bis ich um die Ecke blinzele und einen Rücken erkenne: Konrad Paulsen! Neeeeeiiiiin! Der Schulstreber! Der Stufenpeiner! Der, vor dem ich mich in Grund und Boden blamiert habe! Der ist HIER!!! Auf einer Singleparty – also hat er keine Freundin, die für seinen upgegradeten Kleidungsstil zuständig ist. Trotzdem: Mich darf er hier nicht sehen! Das wäre ja noch schöner: Erst ihn dumm auf der Party anlabern, und dann auf einer Singleparty auftauchen.

»Lasst uns doch woanders hingehen!«, schlage ich Benedikt möglichst locker, aber mit hochroter Birne vor. Glücklicherweise findet das mein neuer Freund gut, und wir ziehen ab zu einem Spanier ein paar Straßen weiter. Konrad hat mich wahrscheinlich beim Rausgehen gesehen, ich habe mich aber an Benedikt Hascheurens Arm gehängt und somit hoffentlich vermittelt: Ich gehe vielleicht auf Singlepartys, verlasse sie aber unter keinen Umständen alleine!

Egal! Mit Benedikt wird es muckeliger, als wir beim Spanier nebeneinandersitzen und uns in die Augen sehen. Er beginnt ein bisschen zu grabschen, ich lasse ihn etwas, bremse aber doch nach einem zu zielgerichteten Zugriff ab. Benedikt scheint das nicht zu stören, denn er schlägt vor, mich heimzubringen. Hoffentlich denkt er nicht, dass da noch was geht. Vor meiner Haustür bleiben wir noch einen Moment unschlüssig stehen, aber gegenwärtige Erfahrungen mit Internet-Stalkern schrecken mich davor ab, ihn mit hoch zu bitten. Außerdem wollen wir das ja nicht! Wir wollen LIEBE! Schließlich küsse ich ihn auf die Wange und stecke ihm meine Visitenkarte zu.

»Gute Nacht, Benedikt!«

»Gute Nacht! Träum süß.« Träum süß. Code für: Ich will mehr. Ich lächele wissend und schließe meine Haustür auf.

Als ich mich noch einmal umdrehe, ist er weg. Okay. Ich gucke nochmal vorsichtig in den Hof. Nee, der ist gegangen. Ein bisschen komisch finde ich das schon, schiebe es aber darauf, dass er morgen ja wieder früh arbeiten muss. Ich für meinen Teil mache meinen Wecker aus und gucke noch den Spätfilm. In meiner Firma arbeiten wir Gleitzeit.

Wiedersehen macht Freude

Freitag, 16. April um 16:02 Uhr

Anstandsgemäß verkatert stehe ich heute Morgen auf. Nicht, weil ich gestern Abend einen über den Durst getrunken habe (gab ja auch nur ein Getränk gratis), sondern weil ich bis vier Uhr nachts Filme mit Meg Ryan angesehen habe.

Das an sich ist schon ein bisschen traurig. Es wird aber noch schlimmer kommen. Das weiß ich zu diesem Zeitpunkt zum Glück noch nicht, sonst würde ich wahrscheinlich schnurstracks wieder unter die Decke verschwinden. Mein erster Blick fällt aufs Handy. Da hat sich keiner gemeldet. Insbesondere kein Benedikt Hascheuren. Muss ja auch nicht. Oder? Nett wäre es schon gewesen. Aber gut, nett will ja auch keiner.

Ich schlurfe in Richtung Kühlschrank. In letzter Zeit fand da nicht mehr so viel statt, aber die Hoffnung schimmelt zuletzt, deswegen wage ich einen hungrigen Blick in das Innere. Was gibt's zum Frühstück? Aha. Nulldiät. Eine ausgequetschte Tube Tomatenmark, einen halben Liter umgekippter H-Milch, eine Avocado, die sich bei näherer Betrachtung als sehr alte Salatgurke entpuppt, und Yogurette aus dem Jahr 1998. Ich jaule mein Schicksal an. Hilft ja nix. Ich muss einkaufen gehen. Weil ich mich heute so schäbig fühle und vor Hunger außerdem kaum noch grade gehen kann, lasse ich die ausführliche Körperhygiene aus, schlüpfe stattdessen in einen abgelegten Riesen-Fleecepullover eines abgelegten Liebhabers von mir, ziehe mir eine Mütze tief ins Gesicht und mache mich auf den Weg zum Supermarkt. Ich hoffe inständig, niemanden zu treffen, den ich kenne.

Ich schaffe es unerkannt durch die Süßwaren-, Gemüse- und Getränkeabteilung, da nimmt mir einer vor der Frischetheke die Vorfahrt. »Rechts vor Links!«, blöke ich. Natürlich bin ich niemand, der mit Wagen einkaufen geht. Entweder stapele ich meine Einkäufe professionell übereinander, stecke mir alles in die Hosentaschen oder stopfe es in eine der Bananenkisten, die ich in der Obstabteilung mitgehen lasse. Heute habe ich mich für die Stapeltaktik entschieden und verliere bei der Kollision selbstverständlich die Hälfte meiner Fracht. Mann! Was für ein Trottel! Kann der nicht aufpassen?

»Oh. Hallo!«, ist seine einfallsreiche Antwort. Ich blicke auf. Mein ganz persönlicher Sargnagel, der tiefste Punkt in meinem See der Peinlichkeiten, das Fettnäpfchen meiner jüngsten Vergangenheit, Konrad Paulsen, steht vor mir und hält mir eine 1-Kilo-Tafel Schokolade hin.

»Die ist wohl runtergefallen«, sagt er, und ich denke erneut über den Einfall von Cora nach, sehr dringend und sehr bald mobile Erdlöcher zu erfinden. Ich werde Großabnehmer.

»Hallo – Konrad«, stammle ich und frage mich, ob ich mir heute schon die Zähne geputzt habe. Seit der Party am Anfang des Jahres habe ich nicht mehr mit ihm geredet, bis gestern Abend habe ich nicht mal an ihn gedacht! Oder nur sehr selten. Aber jetzt steht er vor mir, und er sieht, im Gegensatz zu mir, gut aus, und außerdem spricht das Warensortiment auf meinem Oberarm Bände. Es sagt: Ich bin allein, ich bin allein, ich bin allein, denn niemand ist da, der mich davon abhält, ein Kilo Schokolade auf einmal zu essen.

»Warst du nicht gestern auch auf der After-Work-Party?«, fragt mich Konrad freundlich interessiert. Ich nicke unbestimmt. »Du warst so schnell wieder weg.« Ich nicke erneut. »Tja …«, sagt er da, und dann geht uns auch schon der Gesprächsstoff aus. Ich starre auf seinen Wagen, er auf seine Fingernägel, wir nicken, schweigen.

Schweigen.

Schweigen.

Schweigen.

»Du kannst mich ja mal anrufen«, sagt er. Ich glaub, ich hör nicht richtig. Ich soll ihn mal anrufen? Konrad Paulsen, ehemaliger Stufenfreak, heute erfolgreicher Leckerbissen in Nadelstreifen, will von mir angerufen werden? Ich bin sprachlos. Konrad gibt mir seine Karte. In diesem Moment quietschen hinter mir die Reifen.

»Hi!!«, frohlockt es. Ich drehe mich um. Und sehe Patrick. Der Typ aus dem Internet. Der seine Rechnungen nicht selbst bezahlt. Er kommt auf mich zu, gibt mir einen Kuss auf die Wange. Konrad staunt. Ich auch.

»Entschuldige, dass ich mich nach neulich Abend nicht bei

dir gemeldet habe«, sagt Patrick in einem wirklich zuckersüßen Tonfall.

Nee, kein Ding, Patrick – nett aber, dass du mir DIE Tour hier grade auch noch vermasselst. Überhaupt sehr beeindruckend, wie du aus MEINER Abfuhr eine Retourkutsche basteln kannst, und das ohne Vorbereitung und innerhalb von 0,3 Millisekunden.

Konrad guckt mich mit schiefem Kopf an, und seine Hand zuckt kurz, weil er mir die Visitenkarte wieder wegnehmen will. Ich bin aber schneller und lasse die Karte in der Bauchtasche des wirklich unsagbar hässlichen, anthrazitfarbenen Fleecepullovers verschwinden.

»Wollen wir uns vielleicht mal wieder treffen?«, fragt mich Patrick, immer noch aufgekratzt. Ich glotze entgeistert in die illustre Runde. »Ich weiß nicht«, stammle ich mit einem Seitenblick auf Konrad. Schwer genug, jemandem eine Absage zu erteilen. Aber dann auch noch mit Publikum! Ich bin heillos überfordert, nicht in der Lage, mich selbst, mein Ego, Konrad UND Patrick gleichzeitig zu verarzten. Ich will Patrick eigentlich sagen: Mit so einem Idioten wie dir treffe ich mich nie wieder! Und schaffe ein mickriges: »Warum nicht?«

Konrad guckt verständnislos. Patrick souverän.

»Na dann!«, lächelt Letzterer und küsst mich erneut auf die Wange.

»Na dann!«, zischt Konrad mit Todesverachtung im Blick.

»Na dann«, seufze ich, als beide ihre Wagen in entgegengesetzte Richtungen davonschieben. Na dann.

Nachhaken für Anfänger
Freitag, 23. April um 10:35 Uhr
Konrad Paulsen. Wie schaffe ich es eigentlich immer wieder, mich vor Konrad Paulsen so fürchterlich zu blamieren? Und

dann auch noch mit Patrick? Der hat sich übrigens gar nicht mehr gemeldet. Also ging es ihm doch einfach nur darum, mir bei Konrad die Tour zu vermasseln. Männer! Die haben einen siebten Sinn dafür, genau in den unpassendsten Momenten aufzutauchen! Okay. Weg da, ihr trüben Gedanken. Ich muss mich mit etwas anderem beschäftigen. Oder jemandem. Mit Benedikt, zum Beispiel.

Ich muss zugeben, ich wundere mich schon, warum sich Benedikt so gar nicht meldet. Wir hatten doch einen schönen Abend! Bei Konrad verstehe ich es ja noch, außerdem sollte ich ihn ja anrufen. Aber ich lasse ihn erst die Supermarkt-Anmach-Attacke von Patrick verkraften und werde mich dann, cool und souverän, wie er mich aus Schultagen kennt, bei ihm melden. Ich bastele schon jetzt an meiner spontan-lässigen E-Mail, die ich zu schreiben gedenke.

Leider habe ich Benedikt meine Visitenkarte gegeben, er mir seine allerdings nicht. Glücklicherweise haben wir uns lange über seine Karriere unterhalten (gähn) und daher kenne ich den Namen seiner Bank und seine Position: Er ist Kundenberater, also muss er doch für Kunden erreichbar sein. Ich schmeiße das Internet an. Nach kurzer Zeit finde ich ihn nebst vertrauens-bildendem Profilbild auf der Homepage. Ja, auch ich würde mir einen Kredit von dir aufschwatzen lassen, auch wenn ich die Tendenz der Bankangestellten zu gegelten Seitenmatten und debilem Grinsen nicht ganz verstehe. Aha, da ist auch die E-Mail Adresse, also schreibe ich gleich eine »persönliche Nachricht« an meinen »Partner bei der x-Bank«.

LIEBER BENEDIKT – Nee, blöd. HEY DU! Noch blöder. IST MEINE VISITENKARTE VERLOREN GEGANGEN? ZU ZICKIG. WOLLTE NUR MAL FRAGEN, WIE ES DIR GEHT. Nö, will ich gar nicht. Ich will eigentlich nur wissen, warum er meine Visitenkarte nicht benutzt.

Also: HALLO BENEDIKT, OFFENSICHTLICH BIST DU UNTER EINEN WASSERFALL GERATEN UND MEINE ADRESSE WURDE UNWIEDERBRINGLICH ZERSTÖRT. DAHER HELFE ICH DIR AUS DER PATSCHE UND MELDE MICH BEI DIR. ICH FAND DEN ABEND SEHR NETT UND WÜRDE EIN ÄHNLICHES ZUSAMMENTREFFEN, IN DER GLEICHEN BESETZUNG, GERNE WIEDERHOLEN. EINEN KREDITANTRAG WÜRDE ICH BEI DIESER GELEGENHEIT EVEN-TUELL AUCH ABSCHLIESSEN. LIEBE GRÜSSE, JULI.

Na, das geht doch! Sagt, was sie sagen soll, lässt Raum für Fantasie und klingt freundlich-bestimmt, die Mail. Ich schicke sie ab, die Antwort kann ja nicht lange dauern, es ist halb elf, da arbeitet der Junge doch sicher an den Bausparverträgen der verantwortungsbewussten, zukunftsorientierten Mensch-heit.

...und Fortgeschrittene
Freitag, 23. April um 16:07 Uhr

Ich mag ja klare Ansagen, wirklich, ich bin ein Fan. Aber so klar??

HALLO! SORRY, ABER DA WIRD NICHTS DRAUS. GRUSS.

Das ist ja frech! Kann man mal Gründe anbringen? Vielleicht bilde ich mir das ein, aber die Mail klingt doch so, als sei er an-gefressen? Ich überlege und überlege, aber ich weiß nicht, wann und wo ich ihm auf den Schlips getreten sein sollte. Natürlich schreibe ich zurück: OKAY. WAR IRGENDWAS, DIE MAIL KLANG ZIEMLICH UNPERSÖNLICH, ICH HATTE FAST DEN EINDRUCK, DU BIST SAUER. HABE ICH AN DEM ABEND IRGENDETWAS GE-SAGT ODER GETAN, DAS DICH GEÄRGERT HAT? WENN JA, DANN TUT ES MIR LEID, DAS WAR NICHT MEINE ABSICHT.

Ja, ja, uncool, zu unterwürfig, viel zu interessiert, hätte ich vielleicht lassen sollen.

Drei Minuten später seine Antwort: HÖR ZU, WIR HABEN UNS EINEN ABEND GESEHEN, ES WAR NETT, ABER DAS WAR ES EBEN AUCH. ICH MEINE DAS WIRKLICH NICHT BÖSE, ABER AN MEHR HABE ICH KEIN INTERESSE. BIN AUCH IN EILE. MFG.

Hab ich was nicht mitgekriegt? Und muss ich tatsächlich irgendetwas zu »MfG« sagen?!

Ich gehe in mich und stelle fest: Ich finde zwar Benedikts Ton etwas scharf, und man hätte das Ganze auch netter formulieren können, aber die Ansage an sich ist ja okay. Ihm ging es vielleicht nur um Sex oder einen netten Abend, den man eben nicht wiederholen muss, weil man kein Potenzial sieht. Ist in Ordnung.

In Ordnung? Hat sich mein Zen-Haushalt etwa in eine andere Richtung verschoben? Ich akzeptiere die Menschen, wie sie sind in ihrer Mannigfaltigkeit und schlussfolgere, dass sie vielleicht nicht meinen Weg gehen, wünsche ihnen auf ihrem aber viel Glück? Ist das so?

Ich horche nach. Ja, Benedikt kann und darf mich ruhig nicht so super finden. Ohne Groll. Nicht schlecht, wie ich finde. Den Plan, mich bei Konrad zu melden, verschiebe ich aber trotzdem mal auf unbestimmte Zeit. Sicherheitshalber.

FAZIT: Kater sucht Stimmung

Mal kurz rekapitulieren: Laut einschlägiger Kalender wird es gerade Frühling. Zwischenzeitlich kam sogar die leise Hoffnung auf, dass trotz diverser Klimakatastrophen dieses Jahr auch noch Sommer wird. Die Sonne scheint, es ist warm, die ersten Bienchen summen. Und dann begebe ich mich freiwillig in die Katakomben der Stadt, treffe auf schlecht frisierte, kalkweiße Halbwesen aus der Unterwelt und erwarte, während die Bravo Hits '94 in der Endlosschleife läuft, mein Deckelchen zu finden?

Ganz im Ernst: Eine totale Schnapsidee. Frau Dunkel hatte recht: Kein Fisch braucht ein Fahrrad, und wenn doch, findet er es bestimmt nicht auf einer Singleparty! Ich feiere gerne, und ich feiere ausgiebig, aber dieses Motto war ein totaler Griff ins Klo. Vielleicht liegt es an der Jahreszeit, vielleicht muss man auf Singlepartys gehen, wenn man ohnehin nichts mehr zu verlieren hat. Wenn Winter ist und man selbst depressiv, wenn die Partystimmung zur Lebenseinstellung passt, Zähne zusammenbeißen und durch, der nächste Frühling kommt bestimmt.

Frühling. Gutes Stichwort. Die meisten Paarungswilligen, die ich auf Singlepartys gesehen habe, suchen wohl eher ihren zweiten Frühling. Erstaunlich, wie hoch der Altersdurchschnitt war. War ich auf den falschen Partys? Mag sein. Eine Singleparty am Strand, Cocktails schlürfen und das Barcardi-Feeling genießen ist bestimmt ergebnisorientierter. Leider gibt es hier in meiner Stadt keinen Strand. Und kein Barcardi-Feeling. Deswegen hänge ich auf Partys rum, wo schulterpolstertragende Mittfünfziger eine kesse Sohle aufs Parkett legen. Ich habe genug. Und ich muss raus an die frische Luft. Dringend.

FLIRTEN MIT HUND

Mai

Diesen Monat habe ich Großes vor! Ich werde die Welt der Nachtgestalten ein für allemal hinter mir lassen und mich nach draußen begeben. Ins Freie!

Eigentlich ist das ja so ganz gegen meine Natur. Ich bin ein Drinni. Wenn am Himmel nur eine Wolke aufzieht, entscheide ich, die Wohnung besser nicht zu verlassen. Winterspaziergänge bei Minusgraden? Nicht mit mir. Ich decke mich schon im September mit Nahrungs- und Nikotinvorrat für die kommenden Monate ein. Camping am See? Ich habe kein Problem damit, ein 3-Sterne-Hotel zu buchen. Ich bin nicht gerne draußen. Wenn ich gute Luft riechen will, kann ich das Fenster öffnen.

Ich verfolge aber nach wie vor den Plan, einen Mann kennenzulernen, und dafür muss ich auch mal an meinen Gewohnheiten schrauben. Also überwinde ich alle inneren Widerstände und höre mit dem Gejammer auf. Ich habe mir das Motto »Flirten mit Hund« ausgesucht, weil ich von verschiedenen Leuten gehört habe, dass ein Hund die Kontaktbörse Nummer 1 ist! Mein Plan ist folgender: Ich gehe regelmäßig mit einem geliehenen Hund meiner Wahl, denn einen eigenen besitze ich nicht und möchte ihn mir vorerst auch nicht anschaffen (reicht ja, wenn mein neuer Freund dann einen hat), spazieren, lerne einen tollen männlichen Hundebesitzer kennen, erst verlieben sich die Hunde, dann die Hundehalter, Hochzeit im kleinen Kreis nicht ausgeschlossen.

Einen Nachteil hat das Ganze natürlich. Mit Hund darfst du eigentlich kein Drinni sein, du wirst zum Draußi, ob du willst oder nicht. Der Hund kann kein Katzenklo benutzen, deswegen muss er dreimal am Tag spazieren gehen. Auch bei Regen. Gerade regnet es, wie auch schon die letzten sieben Tage. Vielleicht warte ich mit der Ausführung des glorreichen Plans noch ein paar Tage. Nicht, dass ich am Ende eine Erkältung bekomme.

Bunter Hund

Mittwoch, 12. Mai um 16:53 Uhr

Das Wetter hat sich gebessert. Höchste Zeit, aus dem Quark zu kommen. Ich leihe mir endlich einen Hund. Von Marcel, dem Cousin meiner Mutter. Seit heute gehe ich mit einem Jack Russel namens Winnetou um den Block, ein dreifarbiges Energiebündel, das morgens schon sabbernd und schwanzwedelnd auf mir herumhüpft und Spaß haben will.

Diese Hundesache ist noch viel schlimmer, als ich dachte. Winnetou ist nicht mit »ma eben umme Ecke« zufrieden, er will das volle Programm: keine Leine, Bällchen werfen, schnüffeln, rennen, toben, um die Wette laufen, schwimmen, jagen und dreckig machen. Das morgendliche Gassi dauert geschlagene zwei Stunden, nach meiner Erholungszigarette und dem ersten Kaffee des Tages steht Winnetou schon wieder strahlend mit einem Ball im Maul vor mir. Der ist nicht müde zu kriegen.

Fröhlich stimmen mich allerdings die zahlreichen Kontakt-aufnahmen, die ich verbuchen kann. Drei ältere Damen mit altersschwachen Dackeln: »Das ist aber ein Wilder!« Ein älterer Herr: »Nehmen Sie das Vieh hier weg!« Eine junge Mutter: »Die Hundescheiße räumen Sie aber auf, sonst zeig ich Sie an!« Ein junger Mann: »Tussenhund!«

Das kann es noch nicht gewesen sein, denke ich und be-schließe, zum »Gassi-Treff« zu gehen, bei dem Marcel normaler-weise seinen bunten Hund an die frische Luft führt. Dort treffen sich junge Menschen, die wohl aufgrund von abwesenden menschlichen Beziehungen eine zu einem Vierbeiner aufge-baut haben. Na denn los, da passe ich ja super rein!

Auf den Hund gekommen

Samstag, 15. Mai um 10:41 Uhr

Winnetou macht mich fertig. Heute Morgen wache ich auf, weil etwas auf mir steht. Ich zwinge mich, ein Auge zu öffnen. Winnetou steht mit seiner Leine im Maul auf meinem Bauch, den Kopf schiefgelegt und fiepst zärtlich. Ich schaue auf den Wecker: 6:30 Uhr. Ich hasse Hunde. Winnetou japst vor Freude, als ich meinen leidgeplagten Körper aus dem Bett quäle.

Und dabei waren wir doch erst Gassi. Gestern Abend! Und zwar mehrere Stunden lang! Um kurz nach sieben trafen Win-netou und ich an der Gassi-Treff-Sammelstelle im Stadtpark ein, und mein kleiner Freund fand das Getümmel sofort groß-artig. Er stürzte sich auf das Hundevolk und ward nicht mehr gesehen.

Bei uns Menschen dauerte es ein bisschen länger, wobei ein Hund ein großartiges Einstiegsthema ist, und bereits nach kur-zer Zeit unterhielt ich mich angeregt mit meinen Mitläufern über die Macken unserer Tiere. Ich wurde zwar nicht ganz für voll genommen, weil Winnetou nur ein Leihhund ist, aber viel zu lachen gab es trotzdem.

Unter den Gassigängern, das hatte mir Marcel schon angekündigt, war auch ein attraktiver Single mit seiner Hundedame Edna, einem Cockerspaniel. Ednas Besitzer heißt Kasimir und sah in seinem Freizeitoutfit sehr lecker aus! Winnetou – ganz Profi – versuchte direkt, Edna zu begatten und fing sich eine, was für Kasimir und mich der Startschuss für eine nette Unterhaltung über die Zahlung der Alimente war. Über eine Stunde spaßten wir herum, bevor wir schließlich auch auf wesentlichere Dinge zu sprechen kamen.

Die Fakten: Kasimir ist Schreiner mit eigener Werkstatt, er baut und entwirft hauptsächlich Möbel. Er ist privat eine Sofakartoffel und hat sich deshalb einen Hund angeschafft, um mal vor die Tür zu kommen. Seit drei Jahren ist er Single und macht sich keine größeren Sorgen darüber. Männer. Kasimir ist eher ein trockener, ruhiger Typ, aber hat etwas an sich, das mich interessiert. Wir flirteten nicht offensiv, aber es schwirrte was in der abendlichen Frühlingsluft, und am Ende des Spaziergangs fragte er, ob ich nächstes Mal wieder mitkäme. Ich lächelte und sagte natürlich: »Natürlich!«

Auf dem Heimweg in der Bahn durfte Winnetou trotz dreckiger Pfoten auf meinem Schoß mitfahren und bekam zu Hause ein Käsewürstchen für seinen Einsatz. Ich verzieh ihm sogar das mitternächtliche Gassi, das er einforderte, OBWOHL wir drei Stunden im Feld gewesen waren. Ich konnte ohnehin nicht schlafen. Ich muss Kasimir nett finden.

Wie der Herr

Dienstag, 18. Mai um 13:01 Uhr

Gestern Abend habe ich Winnetou seinem rechtmäßigen Besitzer zurückgebracht. Winnetou hat das sehr gefreut, und mich, wenn ich ehrlich bin, auch, denn Winnetou ist das anstrengendste Stück Fell, das ich jemals an der Leine geführt habe. Nun brauche ich einen neuen Hund, denn am Freitag werde ich Kasimir wiedertreffen! Bei meinem ersten Miethund habe ich gar nicht darauf geachtet, ob er auch optisch zu mir passt. In der Tat ist es immer wieder erstaunlich, wie ähnlich sich Hund und Halter zum Teil sehen. In den letzten Tagen habe ich besonders darauf geachtet: Wer führt welchen Hund mit sich? Und welchen Hund sollte ich mitführen?

Am liebsten würde ich mir ja einen Mops leihen, aber a) kenne ich niemanden mit Mops und b) darf ich aufgrund oben erklärter visueller Ähnlichkeit keinen Mops an meiner Seite entlang spazieren lassen. Ein Mops, nein danke, das wäre mir dann doch zu heikel, denn schließlich muss ich davon ausgehen, dass ich nicht die Einzige bin, der aufgefallen ist, dass Frauchen und Fellknäuel sich oft ähnlicher sehen, als ursprünglich vielleicht beabsichtigt.

Ein Windhund scheidet deswegen auch aus, zu offensichtlich, dass ich mich mit ihm schlanker machen will. Bernhardiner strahlen zu viel Gemütlichkeit aus, Pinscher sind tussig, Dalmatiner affektiert. Vielleicht muss ich weg von den Markennamen und eher nach einer Promenadenmischung Ausschau halten. Und genau bei dieser Gelegenheit fällt mir Tiffy ein.

Tiffy wohnt ein paar Häuser weiter, in der WG von Cora. Tiffy ist also ein WG-Hund und Elend gewohnt. Weil in einer WG öfter mal niemand so recht Lust hat, mit dem Hund rauszugehen, hat sich Tiffy das »Alleine-Gassi-Gehen« beigebracht. Das finde ich schon mal klasse. Außerdem kann Tiffy sich laut Zeugenaussagen auch alleine Nahrung beschaffen, wahrscheinlich kann sie auch aus einem Kugelschreiber und einem Wecker eine Atombombe bauen.

Gut, Tiffy ist nicht die Schönste. Und es hapert auch ein wenig an ihren Umgangsformen, aber irgendwo muss ich Abstriche machen. Morgen Abend hole ich Tiffy zu mir. Es läuft!

Matchmaker

Mittwoch, 19. Mai um 21:47 Uhr

Tiffy ist nicht die Schönste. Haha, ich höre mein schadenfrohes Echo im Innenohr. Tiffy ist nicht die Schönste?!

Ich klingele an der Haustür, Thoren, Coras Mitbewohner, macht mir die Tür auf. »Ach hi, da bist du ja – cool, dass du Tiffy mitnimmst.« Dann drückt er mir einen Beutel mit Tiffys Habseligkeiten in die Hand und pfeift kurz. Tiffy kommt, drückt sich an Thoren, der Tür und mir vorbei und trabt in Richtung Straße. Ein »Alleine-Gassi«, nichts wie hinterher.

Ich hole Tiffy ein, nehme sie an die Leine. Das findet sie nicht so cool, aber ich möchte nicht gleich in den ersten fünf Minuten den Hund verlieren. Sie weiß ja auch gar nicht, wo ich wohne und wird deswegen bestimmt an der falschen Tür klingeln, wenn sie von ihrem »Alleine-Gassi« zurückkommt.

Als ich Tiffy an der Leine halte, kann ich sie mir erst mal in Ruhe angucken. Tiffy ist ein mittelgroßer Hund, ihr Fell war wohl mal weiß, jedenfalls zu der Zeit, als sie noch in Griechenland gelebt hat. Tiffy ist nämlich eigentlich Griechin und wurde von Thorens Freundin vor ein paar Jahren bei einem Urlaub gekidnappt. Man riecht, dass sie am Meer gelebt hat. Tiffy liebt Kadaver und stinkt immer leicht nach totem Fisch. Deswegen wird sie auch, wenn Thorens Freundin nicht da ist, Hafenschlampe genannt.

136

Sie verhält sich übrigens auch wie eine. Davon kann ich mich direkt an der ersten Ecke überzeugen. Wir marschieren los, Tiffy schnurstracks voran. Mit einer Hand jongliere ich meine Handtasche und Tiffys Beutel, mit der anderen versuche ich Tiffy festzuhalten. »Bei Fuß!«, hasple ich optimistisch, aber der Hund würdigt mich keines Blickes. Stattdessen läuft Tiffy ein wenig schneller, die Leine surrt in ihrem Gehäuse. Dann biegt Tiffy ab. Nach rechts, obwohl wir eigentlich links müssen. Ich kann sie nicht mehr sehen, nur noch die Leine, die sich straff an einem Gartenzaun entlang spannt. Dann höre ich jemanden fluchen. Laut.

Ich laufe. Die Leine trullert ins Gehäuse zurück, ich biege um die Straßenecke. Und sehe Tiffy, die einem wildfremden Mann die Nase zwischen die Beine steckt.

»Blödes Vieh! Geh da weg!«, schimpft der Fremde wütend, und seine Stimme kommt mir merkwürdig bekannt vor.

»Tiffy!«, schreie ich und zerre an der Leine. Der Mann blickt auf.

»Du!«, stöhnt Konrad Paulsen und ich sehe die nassen Flecken, die Tiffy auf seiner Hose hinterlassen hat. Mitten im Schritt. Tiffy hat genug gesehen und trottet an meine Seite zurück. Ja. Genau. Dieser Hund gehört zu mir.

»Hallo – Konrad«, knirsche ich zwischen meinen aneinanderklebenden Zähnen hindurch. Bemerkenswert, wie oft ich Konrad in letzter Zeit treffe und dann auch immer so stilsicher!

»Was ist das?«, fragt Konrad entgeistert und zeigt auf Tiffy.

»Tiffy«, lächle ich gezwungen.

»Du hast einen …«, doch Konrad weiß nicht, welcher Tierart er Tiffy zuordnen soll.

»Einen Hund. Ja«, gebe ich zu und schieße direkt hinterher: »Aber nur geliehen.«

»Geliehen?« Konrad schaut mich mit großen Augen an. Das muss in seinen Ohren total bescheuert klingen. Immerhin weiß er nichts von meinem Experiment, er weiß nichts vom Motto, überhaupt, Konrad weiß GAR NICHTS über mich, mein Leben und die unendlichen Peinlichkeiten, die mir ständig passieren, wenn ich ihn treffe!

Ich zögere. Was soll ich Konrad erzählen? Und wäre es nicht viel wichtiger zu erklären, warum ich mich nicht gemeldet habe? Immerhin hat er mir beim letzten, zufälligen Treffen seine Karte gegeben und gesagt, dass ich mal anrufen soll. Ich entscheide mich für den direkten Weg. Und versenke meine zertrampelte Persönlichkeit wieder einmal in einem ozean-großen Fettnäpfchen.

»Ich habe übrigens nicht angerufen, weil …, also weil …, also weil da noch dieser Typ war, aber das ist jetzt vorbei. Also das mit dem Typen. Also, es hat eigentlich auch nie angefangen.« Ich frage mich, ob Konrad es so genau wissen wollte. Er guckt verständnislos. »Ooookay«, zieht er lang wie Kaugummi. »Du bist mir ja gar keine Erklärung schuldig. Höchstens eine Rei-nigung«, sagt er und sieht an seinem Hosenbein hinunter. Dann blickt er auf.

Und lächelt. Wieder einmal verstehe ich die Welt nicht mehr. Ich verstehe nicht, wie ich mich regelmäßig so daneben be-nehmen kann und er mich trotzdem nett behandelt. Und ich verstehe auch nicht, warum mein Herz gerade zu einer kleinen Steppeinlage ansetzt. Brauche ich einen Herzschrittmacher?!

»Hast du am Freitagabend schon was vor?«, fragt mich Kon-rad, und weil ich so erschrocken bin, dass er mich NICHT zu-fällig treffen will, vergesse ich fast den Gassi-Treff.

»Freitagabend ist schlecht – Samstag?«, schlage ich vor.

Konrad nickt und lächelt weiter. »Dann Samstag – wollen wir mit … ihr in den Park gehen?« Ich nicke. Und habe ein Date. Mit Konrad Paulsen. Da wird doch der Hund in der Pfanne verrückt.

Ein ganzer Kerl

Freitag, 21. Mai um 23:55 Uhr

Die letzten beiden Tage mit Tiffy waren erfreulich unaufgeregt. Zumindest, was Tiffy so angeht. Ich selbst drehe fast am Rad, weil ich an nur einem Wochenende gleich zwei Dates haben werde! Gut, Tiffy wird bei beiden Dates dabei sein. Das verunsichert mich ein bisschen, weil Tiffy als größtmögliche Unbekannte bestimmt ihren Teil zum desaströsen Ende mindestens eines der Treffen beitragen wird. Persönlich tippe ich darauf, dass sie das Date mit Konrad torpediert. Andererseits scheint den ja auch nichts mehr zu schrecken.

Ich mache mich vorsorglich auf das Schlimmste gefasst und tänzele am Freitagabend, Punkt 19:00 Uhr zum Parkeingang, wo meine neuen Gassi-Treff-Freunde schon auf mich warten. Wie schon beim letzten Mal ist das Gelächter groß, und ich muss mir eine Menge schlechter Witze gefallen lassen, weil ich schon wieder einen neuen Hund geliehen habe.

»Neuer Hund, neues Glück, was?!«, frotzelt Heidrun, die genau wie ihr Terrier aussieht. Michael, der einen lauffaulen Schäferhund hinter sich herzieht, quasselt mich damit voll, dass ich bei der Frequenz, mit der ich Hunde wechsle, kaum in der Lage sei, eine innige Beziehung zu dem Tier aufzubauen. Hunde, denke ich, und pruste lautlos. Hunde wechsle ich auch schnell, ja, aber du solltest mal meinen Männerkonsum kennenlernen!

Apropos Männer: Mit kleiner Verspätung treffen Edna und Kasimir ein. Kasimir stichelt nicht wegen Tiffy, sondern freut sich, dass ich gekommen bin.

Wir schlendern durch den Park und lassen die Hunde von der Leine. Es bellt, knurrt, fiepst, johlt und hechelt zwischen unseren Beinen, die Viecher rennen, die Herrchen schlendern. Ich unterhalte mich, wie schon beim letzten Mal, ausschließlich mit

Kasimir. Er erzählt mir von seiner Schreinerei, seiner Ausbildung und seinem Gesellenstück, einer riesengroßen Anrichte für die Küche aus weiß lasiertem Lindenholz. Wenn er erzählt, benutzt er beide Arme, beschreibt mit Händen und Füßen. Der ganze Kerl ist am Zappeln, so leidenschaftlich ist er bei der Sache. Ich schmelze dahin. Hach, was für ein Mann. Außen so spröde und innen so begeisterungsfähig, das finde ich ganz, ganz toll!

In meiner stillen Schwärmerei merke ich gar nicht, wie schnell die drei Stunden wieder vorbei sind. Die anderen verabschieden sich schon voneinander, Kasimir schaut mich an.

»Dann also bis Freitag?«, fragt er mich mit einem Lächeln. Schade, denke ich, ich hätte dich gerne schon früher wieder gesehen. Aber ich nicke.

»Bringst du dann Tiffy wieder mit, oder einen neuen Hund?«

Oh. Wo ist der Hund? Den habe ich seit Stunden nicht mehr gesehen!! TIFFY! Panisch blicke ich mich um. Mein Miethund ist verschwunden!

»Oh Gott!«, entfährt es mir, und Kasimir, Edna und ich machen uns sofort auf den Weg zurück, quer durch den Park. Wir schreien Tiffys Namen, rennen, stolpern, keuchen. Nach einer Stunde geben wir auf. Mir ist kalt. Ich hasse Draußensein!

»Ihr ist bestimmt nichts passiert«, versucht Kasimir mich zu beruhigen. »Du hast doch erzählt, dass sie ein Hafenhund ist?«

»Hafenschlampe«, korrigiere ich leise.

»Ich glaube, sie hat den Weg alleine nach Hause gepackt. Sie wartet bestimmt schon auf dich«, sagt Kasimir und bugsiert mich in sein Auto. Gemeinsam mit der verwirrt dreinblickenden Edna fahren wir zu mir. Vor meiner Haustür angekommen springe ich aus dem noch rollenden Wagen.

Tiffy sitzt vor meiner Haustür. Neben ihr liegt eine zerfledderte McDonalds-Tüte. Die hat Tiffy auf ihrem Nachhauseweg wohl aufgegabelt. Ich falle ihr, trotz Fischgestank, um den Hals. Sie hat den Weg zu mir gefunden! Zu mir zurück! Tiffy, du bist wirklich McGyver! Tiffy, du ganzer Kerl! Ich bin gerührt.

»Tiffy. Du alte Drecksau«, mache ich meinen Emotionen Luft. Tiffy haucht mich mit todesverachtendem Atem an und leckt mit ihrer ketchupverschmierten Schnauze meine Hand ab.

Ich blicke mich um. Kasimir winkt mir durch die Autoscheibe zu, einen Daumen reckt er in die Höhe. Dann gibt er Gas. Tiffy und ich blicken den davonfahrenden Rücklichtern hinterher. Also bitte! Auf einen Kaffee hätte er sich ja wohl einladen dürfen!

Tiffy to go

Samstag, 22. Mai um 16:22 Uhr

Tiffy und ich machen uns schön für unser Date mit Konrad. Ich sehe nach einer Stunde gut aus, Tiffy nach dreißig Minuten bürsten keinen Deut besser. Also gehen wir, ich lässig, gassimäßig in Kapuzenpulli, Turnschuhen und Jeans; Tiffy wildsaumäßig, schmutzig-weißes Fell und leicht elektrisiert vom vielen Kämmen.

Wir sind mit Konrad direkt am Park verabredet. Ich kann Tiffy gerade noch davon abhalten, eine Mülltonne leerzuräumen, da biegt Konrad um die Ecke. Der war wohl noch nicht so oft mit Hunden spazieren. Und ganz offensichtlich noch nie mit Tiffy. Konrad trägt eine leichte, weiße Hose, ein khakifarbenes Hemd und Leinenschuhe, Typ Segelturn. Na denn.

Konrad und ich steuern aufeinander zu und begrüßen uns ungelenk mit Küsschen links und rechts. Mein Herz gerät dabei irritierenderweise erneut ins Stolpern, ich sollte unbedingt einen Termin beim Kardiologen ausmachen. Nun zum heiteren Teil. Tiffy losmachen (sie ist auch lieber alleine unterwegs, und Reisende soll man nicht aufhalten) und Konrad abchecken.

Konrad hat – wie es zu erwarten war – lange Zeit im Ausland verbracht, macht in seiner Freizeit ein wenig Sport und interessiert sich für Literatur. Schmacht. Irgendwann plaudern wir über Schulzeiten, und es wird richtig witzig, wir lästern, erinnern uns an Lehrer, an Mitschüler und Spickzettel und kringeln uns vor Lachen. Ernste Themen, wie das schulinterne Kastensystem und unsere Zugehörigkeit zu den verschiedenen Gruppen sparen wir sicherheitshalber aus.

Wir lächeln uns gerade strahlend an, als Tiffy um die Ecke schießt. Wie in Zeitlupe forme ich das Wort »NNEEEEEEIIIIII-INNNNNN!«, als sie mit allen Vieren geradeaus auf Konrad springt und sein elegantes Outfit durch riesengroße Matschpatscher ergänzt. Ein Schrei, Tiffy flüchtet, betretenes Schweigen.

»Sie hat sich gefreut, dich zu sehen«, flüstere ich mutlos.

»Ganz meinerseits«, knurrt Konrad. Ich grinse innerlich. Da steht er, der perfekte Typ, der immer alles im Griff hat und dem ich in letzter Zeit nur mit Peinlichkeiten begegnet bin. Er hat Lehm, Dreck und deutliche Pfotenabdrücke auf seiner Segelgarderobe. Ich sollte in der Reinigung unbedingt nach einem Abo fragen.

Ungeschickt säubern wir das Gröbste, Konrad kriegt sich wieder ein, aber ein wenig verhagelt es ihm schon die Stimmung. Ich versuche zu retten, was zu retten ist, und beginne ein neues, unverfängliches Thema zur Ablenkung, als Konrad in einen Hundehaufen tritt. Mit Leinenschuhen. Und der Hund war kein Pinscher. Konrad schweigt. Tiffy bleibt weiter unsichtbar. Ich vermute, es war ihr Werk. Ich reiche Taschentücher.

Ein wenig stiller als vorher schleichen wir von dannen. Ist er wirklich so unlocker? Natürlich ist das peinlich, aber hey, ich habe mich wochenlang blamiert, da muss er doch jetzt nicht so dramatisch werden!? Konrad schweigt sich aus, er stinkt allerdings auch atemberaubend.

Wir kommen an der Ecke an, an der sich unsere Wege trennen. Konrad sieht mich an: »Sei mir nicht böse, eigentlich hatte ich geplant, dich zum Essen einzuladen, aber ich stinke nach Unterholz und Hundescheiße, ich möchte jetzt nur in die Badewanne. Wollen wir nächste Woche ausgehen?« Ich nicke begeistert. »Aber vielleicht ohne Tiffy?« Ich nicke verständnisvoll.

Konrad zieht ab. Ich betrachte die hechelnde Lehmkugel neben mir. Alles richtig gemacht, Tiffy, nun ist er der mit dem peinlichen Auftritt.

Nachdenken über K.

Dienstag, 25. Mai um 20:58 Uhr

Konrad scheint sich weiterhin zu schämen, denn er meldet sich nicht bei mir. Tiffy meldet sich auch nicht, und sie schreibt auch keine Karte. Sie ist wieder in ihrer WG und hat mich wohl vergessen. Undankbares Mistvieh. Na ja, *ich* sollte wohl etwas dankbarer sein, immerhin habe ich dank Tiffys freundlicher Mithilfe bei Konrads und meinem ersten beabsichtigten Zusammentreffen endlich mal die Oberhand gehabt. Jedenfalls äußerlich. Wer kommt schon auf die Idee, weiße Leinenhosen beim Gassigehen anzuziehen? Immerhin hatte er keine Sandalen an, als er in den Fladen trampelte.

So. Und nun meldet er sich nicht. Schämt er sich noch? Oder hat er es sich anders überlegt? Seit Samstag sind drei Tage vergangen! Ich könnte heute schon für die ganze Woche verplant sein, wenn ich nicht vorsorglich alle Abendtermine abgesagt hätte. Ich könnte am Mittwoch mit Cora ins Kino, mich am

Donnerstag mit Mona betrinken und am Freitag zum Hunde-gassi gehen. Auch ohne Hund. Und tagsüber fände ich auch noch Termine und seien sie mit meinem Versicherungsmakler.

Oh, wie ich das hasse. Dieses Warten, dieses nicht wissen, was ist, ob überhaupt irgendwas ist. Und selbst wenn da nichts ist, durch das Warten wird es zu etwas. Ich denke an Konrad und an seine entzückend korrekte Art, Tiffys Hundehaufen auf-zuheben, und in meinem Bauch wird es ein wenig wärmer.

Krank. Ich bin krank. Ehrlich.

Todesanzeigen
Donnerstag, 27. Mai um 09:43 Uhr

Nichts Neues von Konrad. Na klar.

»Ich würde dich gerne zum Essen einladen«-Blabla. Mann! Ich bin sauer. Ich habe doch ausnahmsweise einmal nichts falsch gemacht, mich nicht mit Soße bekleckert, keine Dosen-pyramiden umgefahren, mich in kein Kaugummi gesetzt und keine allzu peinlichen Witze erzählt. Es war ein ganz normales, zugegeben: ganz unnormal sehr entspanntes und schönes!, ers-tes, richtiges Date mit Konrad Paulsen, dem Stufenfreak a. D., heute recht ansehnlicher und äußerst kurzweiliger Schwieger-mutterliebling. Was habe ich DIESMAL falsch gemacht?

Vielleicht ja nichts. Vielleicht habe ich ausnahmsweise alles richtig gemacht, und das macht ihn nervös. Oder er ist krank. Oder tot. Eine kleine, während des Spaziergangs zugezogene Erkältung entwickelte sich zu einer 1-a-Lungenentzündung, Krankenhausaufenthalt, künstliches Koma, multiples Organ-versagen, Herzstillstand, Tod. Wann ist die Beerdigung? Ich brauche eine Zeitung.

Ach. So ein Schmu. Wahrscheinlich ist etwas viel Schlimme-res passiert. Er hat mich vergessen.

Ungezügelt
Freitag, 28. Mai um 13:55 Uhr

Vor sechs Tagen habe ich mich mit Konrad Paulsen getroffen, er wollte mich diese Woche anrufen und mit mir essen gehen, das hat er nicht gemacht, und jetzt gibt's HAUE. So nicht, mein Lieber! SO NICHT! Nicht so. Das macht man nicht, jedenfalls nicht mit mir. Ich bin auf 180 und genau mit diesen Stundenkilometern schreibe ich ihm eine saftige Mail.

HERR PAULSEN,

MIT GROSSER WAHRSCHEINLICHKEIT WIRST DU MIR JETZT SAGEN, DASS DEINE OMA IM STERBEN LIEGT, DEIN FINANZBERATER DICH SPONTAN AUF EINE AFFENJAGD IN DEN KONGOLESISCHEN DSCHUNGEL EINGELADEN HAT, DIE WELTWIRTSCHAFT ZUSAMMENBRICHT, DU ALS ÖLBOHRSPEZIALIST IM GOLF VON MEXIKO ANGEHEUERT WURDEST ODER AM DIENSTAG DAS ACHTE WELTWUNDER AUSGEGRABEN HAST UND GERADE DEINE DANKESREDE FÜR DEN NOBELPREIS VORBEREITEST – IRGENDETWAS SEHR, SEHR WICHTIGES WIRD ES WOHL GEBEN, WAS DICH DAVON ABGEHALTEN HAT, DICH BEI MIR ZU MELDEN UND MICH ZUM ESSEN EINZULADEN. ABER WEISST DU WAS? ES IST MIR EGAL! SO! HA! SEHR BELEIDIGT: JULI.

Ich schicke die Mail ab, bevor ich sie noch einmal durchlese. Das »So! Ha!« hätte ich mir eindeutig sparen können. Auch das »Es ist mir egal!« Verdammt, diese ungezügelte Leidenschaft! Ich hab mich einfach nicht unter Kontrolle, das ist zum Kotzen.

Ein Emo allein zuhaus'
Freitag, 28. Mai um 23:54 Uhr

Letzter Stand der Dinge: Ich -> grantige und hochgradig aufbrausende Mail an Konrad. Keine Reaktion. Ich hake die Sache – soweit emotional überhaupt möglich – ab und bereite mich auf einen herrlich deprimierenden Single-Freitagabend auf dem Sofa vor. Zum Gassi-Treff will ich jetzt auch nicht mehr gehen. Kasimirs Abgang letzten Freitag fand ich weniger prickelnd, und einen Hund hab ich auch nicht mehr. Ich zieh schon mal die Jogginghose an und schmink mich ab, ich geh heute nicht mehr vor die Tür. Menno.

Da klingelt es an der Tür. Ich hab doch gar keine Pizza bestellt, denke ich, und drücke auf, weil ich hoffe, dass mir der Pizzadienst trotzdem eine bringt. Meine Gegensprechanlage ist seit Arnes Belagerung kaputt, ich höre nicht mehr, was der unten auf der Straße sagt, aber der unten auf der Straße hört mich, und das hat zuweilen schon zu so blöden Missverständnissen geführt, dass ich seit neustem einfach öffne, ohne zu fragen. Mit der Vorgehensweise habe ich mir schon die Zeugen Jehovas eingefangen, außerdem den Malteser Rettungsdienst, das Deutsche Hilfswerk und den Glühwürmchen-Schutzverein. Und jetzt auch noch Konrad Paulsen.

Ich glaube, ich sehe relativ dämlich aus, wie ich da stehe und ihn anglotze, als er die Treppe zu mir hochkommt. Und scheiße. Na klar, ich sehe scheiße aus. Abgeschminkt, ungekämmt und in Jogginghosen. Vielleicht gewöhnt er sich ja langsam dran.

»Hallo!«, hechelt Konrad mir entgegen. Dritter Stock, freut mich sehr, dass auch er schwer zu atmen hat.

»Äh – hallo«, sage ich in Ermangelung eines kreativen Konters. Konrad kommt auf dem obersten Treppenabsatz an, stellt sich vor mich. »Um mal was klarzustellen. Ich HABE mich bei dir gemeldet. Ich habe dir E-Mails geschrieben, sieben Stück, um genau zu sein. Du hast auf keine einzige reagiert. Eine Telefonnummer hatte ich nicht von dir und blöderweise stehst du auch nicht im Telefonbuch. Als deine Mail heute Nachmittag ankam und mir klar wurde, dass du meine Nachrichten nicht erhalten haben kannst – oder«, und dabei zwinkert er leicht spastisch mit dem linken Auge, »ein wenig zu blöde bist, deinen Spamorder ab und an mal durchzusehen oder dich einfach selbst bei mir zu melden, habe ich die halbe Stufe abtelefoniert, um wenigstens an deine Adresse zu kommen.« Okay. Ich schaue betreten zu Boden. Das saß.

»Und noch was«, setzt er zu einer zweiten Standpauke an, »ich fände es mehr als bescheuert, wenn es dir wirklich egal wäre, ob ich mich melde oder nicht.«

Oh Mann. Heute kriege ich aber 'ne Abreibung. Ich nuschle eine Erklärung vor mich hin. Ich fühle mich so blöde. Ich kann ihm nicht mal in die Augen sehen, so sehr schäme ich mich. Verfluchte Emotionen! Kann ich mich nicht einmal zurückhalten?

Konrad schaut mich weiter an. Lächelt. »Andererseits: Gut, dass du die Mail geschrieben hast. So wusste ich immerhin, dass meine Nachrichten nicht bei dir angekommen sind, und vor allem wusste ich, dass es dir überhaupt ganz und gar nicht egal ist, ob ich mich melde oder nicht!«

Und dann fängt mein Herz plötzlich wieder an zu klopfen. Ganz leise verfällt es in einen gemäßigten Galopp, und ich schaue Konrad an, und er mich, und es ist ein bisschen wie in den amerikanischen Liebesschnulzen, die Zeit bleibt stehen, die Geigen beginnen –

Nein. Keine Geiger. »Darf ich reinkommen?«, fragt Konrad.

NEIN!, denke ich, und sage: »Ja.«

Und dann betritt Konrad zum ersten Mal mein chaotisches, bunt zusammengemixtes und vor allem massiv unaufgeräumtes Reich. Er streunt durch die Wohnung, sieht sich meine Bilder an den Wänden an, bestaunt fachmännisch den alten Apothekerschrank und wechselt mir rasch die Glühbirne in der Abstellkammer, die seit zwei Jahren schon kaputt ist. Auf seiner Erkundungstour streift er auch den Kühlschrank und stellt fest, dass ich seit unserem Treffen im Supermarkt wohl nicht mehr einkaufen war.

»Schade – ich hab Hunger«, sagt Konrad. »Soll ich schnell was einkaufen gehen, und dann kochen wir was?«

Ich nicke begeistert. Konrad rast zum Supermarkt, ich unter die Dusche. Er nimmt, als er geht, meinen Wohnungsschlüssel mit, damit er wieder reinkommt, wenn ich noch duschen sollte, und das finde ich hochgradig sympathisch. Ich höre ihn schon in der Küche werkeln, als ich mir gerade die bequeme, nicht die schlank machende, Jeans anziehe.

Wir haben einen sehr entspannten, sehr lustigen und sehr, sehr schönen Abend. Konrad hat so lecker gekocht, dass mein Sättigungsgefühl sich vollkommen verabschiedet hat, ich futtere wie ein Scheunendrescher und gebe mir keine Mühe, meinen Appetit zu verbergen. Konrad findet das gut, er freut sich wie Bolle, dass mir sein Essen schmeckt. Zum Nachtisch gibt's Panna cotta mit Himbeeren, die essen wir auf dem Sofa. Um elf fangen wir beide an zu gähnen, und Konrad beschließt zu gehen.

Als wir an der Tür stehen, halte ich Konrad schon erwartungsvoll meine linke Wange hin. Aber erneut überrascht mich Konrad. Er zieht mich an sich, nimmt mich in den Arm. Drückt mich, fest. Dann sieht er mir in die Augen und gibt mir einen kleinen Kuss auf meine linke Augenbraue. Er lächelt, dreht sich um und stolpert die Treppe runter. Und die kleine Stelle über meiner Augenbraue, die Konrad geküsst hat, kitzelt. Bis jetzt.

Sieben

Samstag, 29. Mai um 10:59 Uhr

Sieben Mails. Ich dachte ja, dass Konrad mich veräppelt. Aber es stimmt. Sieben Mails hat er mir geschrieben, in sechs Tagen.

148

Samstag, 22. Mai um 19:23 Uhr

HALLO JULI UND GUTEN ABEND!

NA, ÜBERRASCHT, JETZT SCHON VON MIR ZU HÖREN? NA-
TÜRLICH HABE ICH DEINE GOLDENEN REGELN NICHT VERGES-
SEN. WAS ES BEDEUTET, DASS ICH MICH NICHT FÜNF TAGE
NACH UNSEREM TREFFEN (IMPLIZIERT BELANGLOSIGKEIT),
NICHT DREI TAGE DANACH (IMPLIZIERT FREUNDSCHAFT),
NICHT EINEN TAG DANACH (IMPLIZIERT INTERESSE), SON-
DERN SCHON WENIGE STUNDEN NACH UNSEREM AUSFLUG
MIT DEINER HAARIGEN FREUNDIN BEI DIR MELDE, WEISS ICH
INZWISCHEN. AUCH WENN DU ES MIR UNVORSICHTIGER-
WEISE NICHT VERRATEN HÄTTEST, WAS DIESE ZEICHEN BE-
DEUTEN – ICH HÄTTE MICH GEMELDET, INTUITIV. HEUTE, SPÄ-
TESTENS MORGEN. WEISST DU JETZT BESCHEID?

NUN, ICH BIN JEDENFALLS WIEDER IN SAUBEREN KLAMOT-
TEN UND MÖCHTE VON DIR GERNE WISSEN, OB DU MORGEN MIT
MIR FRÜHSTÜCKEN GEHEN MÖCHTEST. ALLES LIEBE UND EINEN
SCHÖNEN SAMSTAGABEND. KONRAD.

Sonntag, 23. Mai um 20:47 Uhr

HEJ JULI, SCHADE, DASS DAS HEUTE MORGEN NICHT GE-
KLAPPT HAT. VIELLEICHT HAST DU MEINE MAIL JA AUCH NOCH
GAR NICHT GELESEN? VIELLEICHT MAGST DU GAR KEIN FRÜH-
STÜCK? WAS IST MIT KINO? DONNERSTAG? DAS WÄRE IN ORD-
NUNG. SOLANGE DU TIFFY NICHT MITBRINGST. :) GRUSS, KON-
RAD.

Mittwoch, 26. Mai um 09:15 Uhr

IN DER DARLEGUNG DEINER GOLDENEN REGELN HAST DU
MIR EINES NICHT VERRATEN: WAS ES BEDEUTET, WENN MAN
SICH GAR NICHT MELDET … HOFFENTLICH NICHT DAS, WAS ICH

DENKE. WENN ABER DOCH DAS, WAS ICH DENKE, MUSS DAS
DANN WIRKLICH SO ABLAUFEN? KANNST DU MIR DAS NICHT
AUCH EINFACH SAGEN? RUF MICH DOCH BITTE MAL AN. K.

Mittwoch, 26. Mai um 23:55 Uhr

DANN SCHICK MIR WENIGSTENS DEINE NUMMER. DANN RUFE
ICH AN.

Donnerstag, 27. Mai um 10:22 Uhr

ICH KANN DEINE NUMMER NICHT RAUSFINDEN. WIE KANN
ES SEIN, DASS MAN IM 21. JAHRHUNDERT NICHT IM TELEFON-
BUCH STEHT?!

Donnerstag, 27. Mai um 21:01 Uhr

OKAY, ICH HOLE JETZT NOCH EINMAL ETWAS WEITER AUS,
REDEN WILLST DU JA ANSCHEINEND NICHT MIT MIR. ICH WEISS
WIRKLICH NICHT, WAS PASSIERT IST UND WARUM DU DICH
NICHT BEI MIR MELDEST. ALS ICH DICH LETZTEN SAMSTAG GE-
FRAGT HABE, OB WIR DIESE WOCHE WAS UNTERNEHMEN WOL-
LEN, HAST DU AUF MICH DEN EINDRUCK GEMACHT, ALS WÜRDE
ICH DICH NICHT MIT VORGEHALTENER WAFFE DAZU ZWINGEN
MÜSSEN. GUT, MEIN EINDRUCK KANN DA FALSCH GEWESEN SEIN.
  WARUM HAST DU MIR ABER VON DIESEN KOMISCHEN »RE-
GELN« ERZÄHLT? WELCHE BEDEUTUNG ES HAT, WANN MAN
SICH NACH EINEM DATE MELDET? WEIL DU MIR DA SCHON
SAGEN WOLLTEST, DASS DU KEIN INTERESSE HAST? IST IN ORD-
NUNG, WIRKLICH, ABER MUSS DAS SO SEIN? IST DAS NICHT EIN
WENIG – UND ENTSCHULDIGE DIE FORMULIERUNG – UNER-
WACHSEN? WIR KENNEN UNS SEIT SO VIELEN JAHREN, DU
KANNST MIR DOCH EHRLICH SAGEN, WAS DU DENKST.
  ICH BIN VERWIRRT UND TRAUE MEINER EIGENEN EINSCHÄT-

ZUNG NICHT MEHR. BITTE MELDE DICH KURZ UND SAG MIR, DASS ICH NICHTS FALSCHES GESAGT ODER GEMACHT HABE (AUSGENOMMEN DER TATSACHE, DASS ICH VON DEINEM HUND VON OBEN BIS UNTEN MIT SCHLAMM BESPRITZT WURDE UND ANSCHLIESSEND IN EINE WAGENLADUNG HUNDESCHEISSE GE-TRETEN BIN). KONRAD

Freitag, 28. Mai um 08:12 Uhr
WENN DU DICH BIS SONNTAG NICHT GEMELDET HAST, KOMME ICH BEI DIR VORBEI. ICH HABE DEINE ADRESSE VON SANDRA BEKOMMEN. JA, DAS IST EINE DROHUNG.

Wie wir wissen, kam Konrad schon früher bei mir vorbei. Wie blöd zwei Menschen sich manchmal anstellen können, es ist erstaunlich! Und das alles nur, weil ich nicht im Telefonbuch stehe und er anscheinend nicht in der Lage ist, anständig zu googlen. Und meine Regeln – die hatte ich ja vollkommen vergessen. Da hätte er sich aber nicht so viele Gedanken machen müssen, der Arme. :) Männer!

Acht
Montag, 31. Mai um 09:11 Uhr
Eine achte Mail von Konrad. LUST AUF EINEN KAFFEE?
Ja. Große Lust hab ich. Sehr große sogar.

FAZIT: Mein Partner mit der kalten Schnauze
Endlich! Endlich mal wieder ein positives Resümee! Nach meinen schockierenden Erlebnissen bei Singlepartys und meinen eher durchwachsenen Erfahrungen beim Online-Dating habe ich endlich ein sinnvolles Motto für den Hausgebrauch gefunden! Sinnvoll, weil aktiv. Mit Hund draußen zu sein kann

im November – zugegeben – fies sein. Im Mai ist es das nicht, und die Bewegung an der frischen Luft tut wahnsinnig gut. Es sei denn, man hat sich eine Aktiv-Kugel wie Winnetou ins Haus geholt. Der tat nicht gut, der tat weh, und zwar schon nach knapp drei Stunden.

Der Hund an sich ist eine enorme Flirthilfe. Mit Hund kommt man einfach verdammt leicht ins Gespräch. Keiner würde auf die Idee kommen, mich auf der Straße dumm von der Seite anzulabern. Ein Hund ist quasi das Eintrittsticket für sinnloses Gequatsche. Hundehalter (»Ist der reinrassig?«), Gassiführer (»Mädchen oder Junge?«), Rentner (»Heben Sie gefälligst die Kacke Ihres Hundes auf!«), Pöbler (»Nimm das Dreckviech an die Leine«), Mütter und Väter mit Kindern (»Kann der Pfötchen?«) und schließlich auch Männer. Ja, genau, Männer.

Ich hatte, zugegeben, nie lang genug Zeit, um zu den Hunden so etwas wie eine Beziehung aufzubauen. Langfristig ist das auch eher mit Männern geplant. Trotzdem war es ein richtig schönes Gefühl, an der frischen Luft zu sein. Und abends auf dem Sofa jemanden neben sich sitzen zu haben. Ich fühlte mich die ganze Zeit, in der ich einen Hund bei mir zu Besuch hatte, weniger allein. Das hat sich auch im Feldversuch gezeigt: Ich hab viel weniger nach Männern Ausschau gehalten als normalerweise. Und gleichzeitig habe ich viel mehr mit wildfremden Menschen gesprochen als jemals zuvor.

Und das, und die Tatsache, dass Menschen anscheinend wahnsinnig gerne über Hunde, ihre Verdauung oder ihr Fressverhalten reden, macht den Hund zu dem bisher brauchbarsten Accessoire der modernen, alleinstehenden Singlefrau.

EXFREUND

Juni

Ich brauche ein neues Motto. Und mir fällt keins mehr ein! Ich habe keine Lust mehr auf die Inszenierungen der eigenen Persönlichkeit, das Suchen mit Methode, das richtige Rezept, um garantiert auf den Richtigen zu treffen. Langsam schleicht sich bei mir der Verdacht ein, dass Methoden, die aus meiner Wirklichkeit kommen, also eigentlich gar keine Methoden, sondern die Wirklichkeit selbst sind, sich besser eignen, um Männer kennenzulernen, als Singleparty, Online-Dating und Co. Wenn ich in einem normalen, nicht inszenierten Umfeld Männer treffe, fühle ich mich selbst normaler. Das ist durchaus erfreulich und sollte unbedingt weiterverfolgt werden.

Ich suche also ein neues Motto, das mir und meiner Welt naheliegt. Und werde sehr schnell fündig: Vor ein paar Tagen rief mich meine Studienkollegin Mia an und erzählte mir eine ganz und gar haarsträubende Geschichte. Mia war vor ein paar Monaten auf der Hochzeit einer Schulfreundin. Dort hat sie ihren Exfreund Gustav getroffen, mit dem sie irgendwann spätpubertär in der Oberstufe drei Jahre zusammen war. Gustav hatte sich damals von Mia getrennt, als er studieren ging, irgendwo in den Osten oder so, ohne Bahncard, ohne Telefon-Flatrate, es waren halt die 90er. Nun, jedenfalls dachten beide anscheinend immer mal wieder aneinander, ohne jedoch den Kontakt zueinander zu suchen. Bis sie sich auf der Hochzeit wiedertreffen, die alte Liebe entflammt, Gustav ist gerade frisch getrennt, Mia macht mit ihrem Lover auch gleich Schluss, und fertig ist die Liebesgeschichte. Seit acht Monaten läuft's prima, sie zieht zu ihm nach Leipzig.

Diese Geschichte stimmt mich nachdenklich. Außerdem schwirrt mir immer noch Konrad durch den Kopf. Nicht, dass wir jemals was miteinander hatten. Aber eine gemeinsam erlebte Pubertät verbindet dann schon ein wenig. Ich will mir ein ganz realistisches Motto suchen und stolpere dabei über vergangene Beziehungen und eine beziehungsvolle Vergangenheit. Na, das kann ja heiter werden.

Ein kirschblütenfarbener Albtraum
Dienstag, 01. Juni um 16:58 Uhr

Mit Konrad im Café. Wir sitzen in einer kuscheligen Ecke und trotzen dem bislang ausbleibenden Sommer mit Eistee. Ich gönne mir ein Stückchen Erdbeersahne, allerdings nur das Topping (Sahne) und die Füllung (Erdbeeren), den Rest übernimmt freundlicherweise mein charmanter Begleiter. Konrad lacht sogar über meine schlechten Witze. Zum Beispiel über den: *Was ist grün und steht vor der Tür? Klopfsalat.* Fand bisher nur ich lustig. Konrad gluckst aber so laut, dass ich ihm keine Heuchelei unterstellen mag. Das finde ich gut, ich freue mich immer über dankbares Publikum. Dann plötzlich lehnt er sich zurück, sieht mich an und sagt: »Ach, ich werd dich vermissen, in Japan.«

Ich halte das für irgendeinen Running Gag und lache ein bisschen. Japan. Jaja, witzig. »Oder in Takka-Tukka-Land«, pruste ich in mein Eistee-Glas.

»Nein, Japan«, sagt Konrad.

Ich stutze. Japan? Ich versteh dauernd Japan.

»Erklär mir mal den Witz mit Japan«, hake ich nach, weil ich es leid bin, der Pointe hinterherzuhecheln.

»Hab ich dir doch erzählt«, betont Konrad.

»Du hast mir WAS erzählt?«, frage ich noch skeptischer.

»Dass ich nach Japan fliege«, sagt Konrad leichthin.

»Oh«, sage ich, weil ich anscheinend ein Aufmerksamkeitsdefizit habe. Hat er das erzählt? »Cool. Wann denn?«

»Na, nächste Woche. Hab ich doch erzählt!«, sagt Konrad etwas entrüstet.

»Hast du nicht erzählt! Ehrlich, hast du nicht!«, erwidere ich.

Konrad sagt: »Natürlich, ich hab dir doch erzählt, dass ich manchmal Geschäftsreisen mache.«

»Ach so. Ja, Geschäftsreisen«, gebe ich zu. »Doch, darüber hast du gesprochen. Aber ich dachte innerhalb von Deutschland. Bottrop, Salzgitter, Passau. So was die Richtung.«

»Nee«, sagt Konrad, »in Deutschland bin ich nie unterwegs.«

Ich nicke. »Ach so, jaja. Und wie lange geht deine Geschäftsreise?«

»Drei Monate«, sagt Konrad und schlürft mit dem Strohhalm den Rest aus seinem Eisteeglas. Ich vergesse zu atmen. Mein Blut gefriert in den Adern. Mein Herz-Lungen-System kollabiert. Ich blöderweise nicht. Ich sitze nur da, und mir wird langsam, aber sicher schwarz vor Augen. Mit letzter Kraft bäume ich mich auf: »Das hast du NICHT erzählt!«

»Hab ich nicht? Komisch, ich dachte, ich hätte … Hm«, sagt Konrad und nascht noch einen Krümel von meinem Teller.

»Und jetzt?«, frage ich in meiner Verzweiflung.

»Wie, und jetzt?«, fragt Konrad erstaunt zurück.

»Na ja … äh …«, murmele ich und weiß selbst nicht mehr, was ich eigentlich sagen wollte.

»Ich werde aus Japan ja wieder zurückkommen!«, verspricht Konrad. »Und dann sehen wir weiter.«

Ich nicke. Aha. Und dann sehen wir weiter. Verstehe.

»Und wegen Nadine musst du dir auch keine Sorgen machen.«

Nadine? Who the fuck … Nadine?! Japan? In welche beschissene Geschichte bin ich jetzt wieder reingerutscht?!

»Welche Nadine?«, frage ich Konrad und mir schwillt langsam der Kamm an.

»Na, meine Exfreundin.« Ach so. Na klar. Deine Exfreundin. Sicher. … Exfreundin?!

»Und, äh, wieso muss ich mir wegen der keine Sorgen machen?«

»Weil sie mitfährt.«

»Auf deine GESCHÄFTSREISE?!« Ich werde lauter.

»Hej, wir arbeiten in derselben Abteilung. Die Geschäftsreise war schon lange geplant, und der Urlaub danach auch.«

URLAUB?! Wie viele schockierende Neuigkeiten verträgt ein einziger Mensch über einem Glas Eistee?

»Aber mach dir keine Sorgen!«, versucht mich Konrad ganz entspannt zu beruhigen. »Wir verstehen uns ja noch gut, aber halt nicht mehr SO gut, und da dachten wir, wenn wir den Urlaub im Anschluss an die Geschäftsreise schon gebucht haben, dann machen wir ihn auch.« Aha, denke ich. Und bin wieder mal sprachlos.

»Das Zusammenwohnen klappt ja auch irgendwie.« Äh? Scusi? ZUSAMMENWOHNEN?!

»Du …«, beginne ich vorsichtig, weil ich es wirklich nicht

glauben kann. »Du wohnst noch mit deiner Exfreundin zusammen? Entschuldigung, aber wie lange seid ihr doch gleich
getrennt? Hast du mir das auch erzählt?«

»Äh, nein, habe ich nicht«, gibt Konrad zu. »Ich dachte, dass
du dich aufregst.«

NEIN, Konrad, ich rege mich NICHT auf! Aufregen, pah, das
ist was für Anfänger, ich werde gleich HANDGREIFLICH!

»Also, wir sind schon seit vier Monaten nicht mehr zusammen, leben aber noch in derselben Wohnung. Weißt du, das
lohnte sich finanziell für Nadine irgendwie nicht, sich noch vor
Japan eine neue Wohnung zu suchen.«

Oh. Nein, klar. Verstehe. Ich bin fassungslos. Da treffe ich nach
Monaten mal wieder einen interessanten, spannenden, liebe-
vollen und: an MIR interessierten Mann, und der offenbart mir
kurz vor seiner dreimonatigen Geschäftsreise und anschließen-
dem Honeymoon mit seiner Exfreundin, dass das Zusammenwohnen mit ihr rein praktische und monetäre Gründe hat.

Was stimmt eigentlich nicht mit mir? Oder mit meinem
Leben? Kann mir das mal einer verraten? Womit habe ich DAS
eigentlich verdient?

Rivalitäten

Mittwoch, 02. Juni um 19:58 Uhr

Ich bin immer noch ziemlich geschockt. Konrad wandert
nach Japan aus. Natürlich nicht wirklich, und natürlich bleibt er
nur für drei Monate, aber in Anbetracht der Tatsache, dass seine
EXFREUNDIN ihn bei seinem Trip begleitet, sollte ich wohl mit
dem Schlimmsten rechnen.

Wieder zusammenkommen IST wie auswandern. Und die
KOMMEN wieder zusammen, das ist ja klar wie Kloßbrühe,
immerhin leben sie auch noch in derselben Wohnung. Wenn

Nadine fand, dass sich eine neue Wohnung alleine vor Japan nicht lohnt, findet sie vielleicht auch, dass sich eine Trennung von Konrad nicht lohnt. Finanziell. Und emotional. Perlen vor die Säue, warum kompliziert, wenn's auch einfach geht? Und überhaupt. Wer ist eigentlich diese Nadine? Bestimmt so ein blondes, kleines Schneckchen. So eine Tussi, mit der ich in anderthalb Millionen Jahren nicht konkurrieren kann. Nicht konkurrieren will, so, ja, das sollte ich vielleicht mal klarstellen. Und dann der Anruf: Herr Paulsen bittet zur Abschiedsparty.

Also wandert er doch aus, denke ich mir, denn welcher vernünftige Mensch organisiert eine Abschiedsparty, wenn er nur für ein paar Wochen weg ist. Ich lächle schief am Telefon, das kann Konrad nicht hören und auch nicht sehen, aber meine lasche Begeisterung merkt er bestimmt. »Ja. Klar. Samstagabend. Super. Gerne. Hmhm«, nuschle ich lustlos in den Hörer.

»Super! Freut mich sehr! Nadine freut sich bestimmt auch, wenn du kommst«, frohlockt Konrad.

Sicher. Na SICHER! Und wie die sich freut. Ich lege mit einem faden Gruß auf, und mein Kleinhirn schaltet sich ein. Wer hat sich eigentlich von wem getrennt? Es muss ja Konrad gewesen sein, sonst wäre er heute nicht so fröhlich. Wer lebt denn bitte freiwillig mit dem Menschen zusammen, der dir das Herz aus der Brust gerissen hat? Das kann ja nur eine Frau sein, die neigen ja ohnehin zur Selbstzerfleischung.

Sie wird mich hassen. Und ich werde mich unendlich unterlegen fühlen. Und dann wird ihr einfallen, dass SIE ja mit ihm in den Honeymoon fährt, und ich sitze hier im verregneten Deutschland, das sich noch nicht mal einen Sommer leisten kann. Toll. Echt toll.

Das Model und der Freak

Sonntag, 06. Juni um 1:16 Uhr

Ich laufe zu Konrads Wohnung, korrigiere: Konrads und Nadines gemeinsamer Wohnung. Schon auf der Straße dröhnt mir die ausgelassene Feierstimmung entgegen. Ich möchte nicht dahin gehen! Ich habe wirklich keine Lust, Nadine zu treffen, aber umso größere Lust, Konrad zu sehen. Also wanke ich tapfer zur offiziellen Grablegung einer Geschichte, die niemals angefangen hat und auch niemals anfangen wird, weil Konrad in ein Flugzeug steigt und aus meinem Leben verschwindet. Ich will heulen.

»Hallo! Endlich kommst du!«, schreit es mir vom Balkon entgegen. Konrad steht an der Brüstung, und mir sinkt das Herz in den Keller. Ja, endlich bin ich da. Endlich.

Mit schweren Beinen und noch schwererem Herzen erklimme ich die Stufen in den dritten Stock. Konrad steht an der Tür, nimmt mich in die Arme und drückt mich ganz, ganz lange, und da stehen mir schon die Tränen in den Augen, weil ich nicht will, dass er geht. Er soll hier bleiben. Hier, bei mir. Ich schlucke. Schwer. Konrad strahlt mich an. »Ich dachte schon, du kommst nicht mehr. Wollte Tiffy nicht mitkommen?«

»Tiffy? Sag bloß, das ist noch eine Freundin von dir!« Die eiskalte Stimme, die hinter Konrad aus der Wohnung dringt, fährt mir bis in die Knochen. Ich muss Nadine nicht sehen, um zu wissen, dass ich sie nicht mag. Konrad zuckt die Achseln, lächelt aufmunternd, dann geht er zur Seite und macht den Weg frei. Ich sehe Nadine.

Und ich sehe, dass sie mich hasst. Sie ist nicht blond. Sie ist nicht klein. Sie sieht aus wie ein beschissenes Supermodel. Nadine trägt ein winziges schwarzes Hängerkleidchen, das nur mühsam ihre perfekte Figur und erst gar nicht ihre endlos langen

Beine verhüllt. Sie ist braungebrannt, so als wäre sie gerade im Urlaub gewesen – nicht so solariumgetoastet, sondern eben richtig gesund braun. Sie schüttelt ihre spektakuläre, dunkle Mähne und klappert ein paar Schritte mit ihren riesigen Absätzen auf mich zu, mit denen sie mich gleich erdolchen wird. Ich stehe einem wahr gewordenen Albtraum gegenüber. Cruela lebt, und in wenigen Sekunden wird sie sich aus meinem Fell einen Mantel schneidern. Ich bekomme einen trockenen Mund. Nadine verzieht den ihrigen zu etwas, das wohl ein Lächeln sein soll.

»Hallo … Juli!« Sie betont meinen Namen, als würde sie gleich auf ihr teures Hängerkleidchen erbrechen müssen. »Möchtest du etwas trinken?«

Ich winke ab. »Ich muss erst mal ankommen.« Glücklicherweise konnte ich mir meinen ersten Gedanken verkneifen: Ja, klar, natürlich möchte ich etwas zu trinken haben, besonders von dir, und wenn du einen vergifteten Apfel hast, sag ich auch nicht nein.

»Konrad, Liebling, sei kein so schlechter Gastgeber, gib Juli etwas zu trinken!«, zwitschert sie Konrad an. *Liebling.* Jepp. Ich möchte nach Hause. JETZT.

Das geht aber leider nicht, weil Konrad mich in die Wohnung schleift. Die gemeinsame Wohnung. Die gemeinsame, topdurchgestylte, sauteure Megawohnung mit Induktionsherd, begehbarem Kleiderschrank und fußballfeldgroßer Partyterrasse. Ich möchte weinen. »Also komm, du musst doch was trinken! Was möchtest du?«, fragt mich Konrad, als er mich durch das Spa führt. Es muss ein Spa sein, denn ein Badezimmer unterwirft sich anderen Größenordnungen.

»Ich möchte weinen«, sage ich stockend.

»Wein? Haben wir!«, frohlockt Konrad und zieht mich an der Hand in die Küche. Überall in der Wohnung sind totschicke, schwarzgekleidete Menschen, die aufsehenerregende Cocktails in der Hand halten. Sie lächeln mich an, leicht irritiert, was die Vogelscheuche in der H&M-Jeans und dem Little-Miss-Sunshine-T-Shirt hier zu suchen hat. Ich fühle mich wie ein schlechtes Abziehbild von Lisa Plenske.

»Das sind Arbeitskollegen«, erklärt Konrad.

»Dann möchte ich lieber doch ein Bier«, erwidere ich ohne ersichtlichen Zusammenhang. Konrad drückt mir eine Flasche Bier in die Hand, dann führt er mich weiter, auf den Balkon. Dort stehen immerhin Menschen, die etwas netter aussehen, legerer gekleidet sind. Okay. Besser. Konrad stellt mich einer Gruppe Jungs vor, alles Freunde vom Hockey. Die Jungs haben alle irgendwelche nordischen Modenamen der Endsiebziger und sind wirklich sehr nett. Konrad bleibt ein Weilchen neben mir stehen, integriert mich, erzählt den anderen begeistert, was ich beruflich mache (er weiß wohl noch nicht, dass ich nahezu kein Geld damit verdiene und mich nur knapp über Existenzminimum halte). Ich entspanne mich langsam. Als mein Bier leer ist, bietet Konrad sich an, neues zu holen. Janne, einer der Hockeyspieler, dreht gerade einen Joint. Gut, zugegeben: Hier gefällt's mir. Die Party ist streng zweigeteilt, kaum einer der Schwarzgekleideten verirrt sich zu uns nach draußen. Und wenn doch, bleibt er nur ein Weilchen da, tut so, als genieße er die Aussicht und macht sich dann wieder ab in das klimatisierte Innere. Bloß keinen Grillgeruch im Angorapullöverchen einfangen.

Nach einer Dreiviertelstunde (meine Zunge klebt schon am Gaumen fest, das kann vom Durst oder vom Zug an der Tüte kommen) steht Konrad auf einmal wieder neben mir.

»Das ist aber ein langsames Bier!«, schmunzele ich, denn das Gras beginnt zu wirken.

Sven sagt: »Wo warst du denn so lange? Nicht, dass es mich stören würde, wenn du uns Juli überlässt.« Und dann lächelt er mich an. Ich grinse angemessen beschämt zurück. Konrad schüttelt genervt den Kopf, dabei verdreht er die Augen. »Nadine!«, stöhnt er, und die anderen Jungs verstehen anscheinend sofort.

Janne ist entrüstet. »Wieso lässt du dich von der Alten eigentlich noch schikanieren?«

»Ach, ich weiß auch nicht«, zuckt Konrad die Achseln. Ich spitze die Ohren. Es wird interessant hier, und ich weiß jetzt schon, dass die Hockeyspieler auf meiner Seite sind. Ich trinke Bier und trage Buttons an der Jacke. Ich bin nett und habe mit ihnen gekifft.

Mattis, der dritte im Bunde, mischt sich ein. »Das geht jetzt schon seit Monaten so. Dauernd will die was von dir.«

»Sie tut mir leid, irgendwie«, gibt Konrad zu.

»War die Trennung für sie so schwer?«, melde ich mich endlich mal zu Wort. Mattis, Sven und Janne brechen in schallendes Gelächter aus. Janne kriegt als Erster wieder Luft. »Nein, die Trennung war überhaupt nicht schlimm für sie! Immerhin hat SIE sich ja von Konrad getrennt!«

»Ja«, ergänzt Sven mit Lachtränen in den Augen. »Nachdem sie ihn vorher sechs Monate lang mit einem anderen betrogen hat. Seinetwegen hat sie mit Konrad Schluss gemacht.«

»Aber weißt du, was das Beste ist?«, wiehert Mattis. »Der Typ hat sie nach vier Wochen abgeschossen! Und dann ist sie wieder bei Konrad angekrochen gekommen!«

Konrad guckt mich zerknirscht an. Ich gucke sensationsgeil zurück. »Ja und?!«, stelle ich die Gretchenfrage.

»Keine Chance«, sagt Konrad bestimmt. »Ich hab ihr gesagt, dass sie bis nach der Japanreise wieder hier wohnen kann – mit getrennten Schlafzimmern, natürlich – aber für mich ist die Sache gestorben.«

Und dann zwinkert er wieder so komisch mit seinen Augen. Und die Pferdeherde in meinem Herzen galoppiert um die Wette. Mattis unterbricht Gezwinker und Pferdewettrennen. »Aber lass dich echt nicht mehr einwickeln, Konrad. Die Alte hat dich ja weggeschlossen! Dich hat man ja gar nicht mehr vors Haus gekriegt.« Aha. Das erklärt auch, warum ich Konrad – obwohl er relativ nah bei mir wohnt – nie irgendwo getroffen habe.

Den Rest des Abends verbringe ich mit den norddeutschen Jungs und Konrad. In regelmäßigen Abständen kommt die böse Hexe und bietet mir vergiftete Schnittchen an. Mattis empfiehlt mir, nur geschlossene Bierflaschen anzunehmen. Als ich beschließe zu gehen, möchte Konrad noch ein paar Schritte mit mir laufen. Nadine hat gerade mutwillig den Eiscrusher demoliert und fordert Konrad lautstark auf, ihr zu helfen. Konrad lächelt sie an, sagt »Nachher!« und zieht mich ins Treppenhaus.

Er bringt mich bis zu meiner Bahn. Wir stehen ein wenig bescheuert und mit den Händen tief in den Hosentaschen vergraben an der Haltestelle rum. Keiner hat was Sinnvolles zum Gespräch beizutragen. Als die Bahn um die Ecke biegt, wird Konrad nervös.

»Jetzt ist es wohl so weit, was?«, murmelt er in seinen Hemdkragen.

Ich nehme mir ein Herz und werfe Konrad meine Arme um den Hals. Meinen Kopf vergrabe ich in seiner Schulter und nuschle ein verlegenes »Du wirst mir fehlen«.

»Du mir auch«, sagt er leise, und dann gibt er mir einen Kuss auf den Mund, und dieser Kuss dröhnt so laut, dass der Boden unter meinen Füßen wackelt, und erst da merke ich, dass die Bahn einfährt. Ich steige ein. Ohne mich noch einmal umzusehen. Ich sehe mich nie um, wenn ich von jemandem Abschied nehme, den ich richtig mag. Weil ich mich fürchte, dass der andere schon gegangen ist.

Als die Bahn langsam losruckelt, beschließe ich, meiner alten Angst in den Arsch zu treten und schaue mich doch noch einmal um. Und da steht Konrad und starrt zu mir rein, beide Hände in den Hosentaschen, und zieht die Schultern hoch. Er lächelt noch einmal schief. Meine Bahn biegt links ab. Weg ist er.

I just call to say ...

Donnerstag, 10. Juni um 04:15 Uhr

Ungewöhnliche Uhrzeit. Äh, ja. Seit Sonntag ist Konrad weg. Seitdem denke ich an ihn, ununterbrochen und zehntausendmal schlimmer als jemals zuvor. Klasse. Seit Sonntag ist Konrad weg, und seit Sonntag höre ich keinen Ton von ihm. Nix, nada, niente. Kein Lebenszeichen, keine Brieftaube, nischte. Wieso auch? Wir sind nicht zusammen, er ist verreist, und seine Exfreundin hat er praktischerweise gleich mitgenommen. Und was war da schon? Zwischen mir und Konrad? Ein lächerlicher, postpubertärer Kuss an der Haltestelle der Tram. Nichts, worüber man sich Gedanken machen müsste. Nichts, rein gar nichts.

Und trotzdem kreisen meine Gedanken um Konrad wie die Motten um das Licht. Konrad, warum gerade Japan? Ich hatte Großes mit dir vor. Trübselig ziehe ich meine hässlichste Jogginghose an und verkrieche mich ins Bett.

Mitten in der Nacht klingelt in meinem Traum ein Telefon. Erstaunt stelle ich fest, dass es denselben Klingelton wie mein Apparat zuhause hat, und noch erstaunter bin ich, als ich aufstehe und den Hörer abnehme.

Ich: Ga? Hä? Hage? gähn.

Stimme: Ja hallo? Juli?

164

Ich: Hallo? Was? Hä?

Stimme: Ich bin's! Konrad!

Ich: Konrad? Hä?

Konrad: Ja, hallo! Ich bin's! Hab ich dich geweckt?

Ich: *(hellwach)* Näää!

Konrad: Wie spät ist bei euch?

Ich: Halb vier!

Konrad: Und da bist du noch wach?

Ich bin fassungslos. Konrad ruft an, und zwar aus Japan, und zwar nachts um halb vier. Ihn stört die Uhrzeit recht wenig und ich bin ganz schnell milde gestimmt, als Konrad auf meine Frage, warum er zu nachtschlafender Zeit bei mir anruft, antwortet: »Ich wollte halt deine Stimme hören.« Hach.

Wir plaudern ein paar Minuten, besser gesagt: Konrad plaudert, ich suche verkrampft nach meinen Zigaretten und muss mir am Ende doch eine selber drehen, was geradezu absurd ist, wenn man zwischen Kinn und Schulter einen Telefonhörer einklemmt.

Die Verbindung ist gut. Sehr gut. Ich hab das Gefühl, Konrad steht direkt neben mir. Konrad erzählt mir davon, wie toll Japan ist, wie schön die Natur, wie nett die Menschen, dass er versucht, von irgendwoher noch einen Kirschblütenzweig für mich zubekommen, und gerade möchte ich mich entspannen und anfangen, das überraschende Gespräch zu genießen, da säuselt es von hinten in Konrads Hörer: »Hase, wo bleibst du denn?«

Nadine. Jetzt ist es offiziell: Ich hasse diese infame Person! Konrad wird am anderen Ende nervös. »Ich muss Schluss machen.«

Und dann zischt er leiser in den Hörer: »Es ist nicht so, wie du denkst. Wirklich nicht.«

Und ich denke: Is klar. Und sage: »Is klar.«

165

Und da sagt Konrad, mit so einer ganz weichen Stimme: »Du fehlst mir.«

Dann ist die Verbindung unterbrochen. Ich verdächtige natürlich Nadine, die Leitung durchtrennt zu haben. Ich bin zu aufgedreht, um zu schlafen. Deswegen mache ich mir einen sehr starken Kaffee und entscheide, gleich wach zu bleiben. Um nachzudenken. Über Konrad.

Die Ex-Akten

Freitag, 11. Juni um 11:46 Uhr

Heute Morgen beim täglichen Frühstück-Facebook-Stalking fiel mir Mia wieder ein. Mia, das ist die mit dem Exfreund. Und vor allem: die mit dem Happy End.

Also los, die Mission muss erfüllt werden – selbst wenn ich es gerade gar nicht so richtig ernst meine, weil ich ja eigentlich nur Konrad im Sinn habe. Aber der ist ja gerade am anderen Ende der Welt. Mit seiner Exfreundin, wohlbemerkt! Was also, wenn an der Sache mit den Exfreunden was dran ist? An der Theorie, dass alte Liebe nicht rostet? Dass wir zu schnell aufgeben? Was, wenn ER schon da war, aber ich war zu jung, zu verblendet oder zu betrunken, um das mitzukriegen?

Der Erste, den ich bei Facebook finde, ist Christian, mit dem ich Mitte 20 vier unspektakuläre Monate verbracht habe. Mit Christian habe ich regelmäßig Kontakt, weil er eine Ausbildung zum Informatiker gemacht hat und ich einen sehr alten Rechner besitze. Doch auch wenn ich Christian unter dem Aspekt der möglichen Neuverliebung betrachte, kann da nichts passieren. Das wäre mir aufgefallen. Schon als wir zusammen waren ... dat isses nisch! Ich habe mich redlich bemüht, aber Christian ist nett und laaaangweilig. Er kann meine Festplatte neu formatieren, ein neues Betriebssystem wird aber nicht installiert.

166

Ich glaube, ich muss tiefer graben, nach Männern suchen, denen ich vor langer Zeit begegnet bin. Mit dem zweiten Kaffee und der dritten Kippe an diesem Morgen sitze ich am Frühstückstisch und gehe meine Exfreunde durch. Mein erster Freund war Joachim, ich war sechs und er sieben. Wir gingen bis zur dritten Klasse miteinander, bis er mich für eine Schlampe vom Campingplatz verließ. Seine Eltern waren Dauercamper, meine Spät-Hippies mit VW-Bus, das konnte nicht gutgehen. Er blieb bei seiner beständigen Vorzelt-romanze, ich kurvte verlassen zu Bob Dylan durch die Py-renäen.

Mein zweiter Freund ließ etwas länger auf sich warten und war schwul. Er war mein Alibi-Freund, damit meine Eltern nicht dachten, ich sei lesbisch (was sie »total in Ordnung« gefun-den hätten« – ich aber zu diesem Zeitpunkt nicht), ich war seine Alibi-Freundin, damit seine Eltern nicht dachten, er sei schwul. Wir waren 15. Im Prinzip war das meine beste Beziehung. Nie wieder habe ich mit einem Freund so gelacht, so viele gemein-same Themen gehabt und so viel über Männer erfahren. Es war hochinteressant und ist es heute noch, wir sind immer noch gute Freunde. Daher weiß ich auch: Ich komme definitiv als Leihmutter in Frage, aber »um Himmels Willen« mittels künst-licher Befruchtung.

Bleibt mein erster ernsthafter Freund. Michael. Ein Riesen-arschloch. Und hier spricht nicht mein verletzter Stolz, sondern mein ganzer Freundeskreis, zwei Jahre Therapieerfahrung und insgesamt drei Jahre Reflexion. Ob der sich vielleicht gebessert hat?

Na ja, ich habe mich gebessert, aber ist es wirklich clever, mich wieder in die Höhle des Löwen und damit in Gefahr zu begeben? Was, wenn ich mich wieder blenden lasse? Ich habe lange gebraucht, um von ihm loszukommen, ist es das Experiment wert, mich so in Gefahr zu begeben?

Ja, ist es! Konrad sitzt mit seiner Hexen-Ex in Japan, da brauch ich auch ein bisschen Abenteuer! Ich werfe nochmal Facebook an und werde fündig. Ich atme durch und schicke ihm eine Freundschaftseinladung.

ex-orbitant

Samstag, 12. Juni um 15:15 Uhr

JUUUUUUULIIIII! Ach ja, ich hatte ganz vergessen, Michael spricht meinen Namen immer mit ganz langgezogenen Vokalen aus. Fürchterlich. Cool, dass du wieder mit mir redest! Gequält schreibe ich zurück: JA, HÄTTE ICH AUCH NICHT GEDACHT.

Wie kann ich Michael und die Zeit mit ihm beschreiben? Er ist ein kleiner Mann mit kleinem Selbstwertgefühl und noch kleinerem Anstand. Er kann sehr charmant sein, dir das Gefühl geben, die einzige und wichtigste Person in seinem Leben zu sein und ohne dich nicht leben zu können. Besonders konnte er mir dieses Gefühl geben, wenn ich ihn »von einem Kumpel« nachts abholte, wobei sich später herausstellte, dass dies eine seine Gespielinnen war. Er war so nett, mir ein Getränk in einem Club zu holen, vögelte aber auf dem Weg zur Bar die 16-jährige Schwester seines besten Freundes im Getränkelager. Und das waren noch die netteren Geschichten. Michael also.

WOLLEN WIR UNS TREFFEN? Er kommt gern schnell zur Sache. JA, WARUM NICHT, schreibe ich zurück, obwohl ich das Gegenteil denke.

Wir treffen uns also. Morgen Abend im Pub in der Altstadt. Da gibt's laut Michael das beste Bier. Und keiner meiner Freunde geht dorthin.

ex-traordinär

Sonntag, 13. Juni um 13:53 Uhr

Pfui! Ich habe gesündigt! Es muss gleich raus, denn ich schäme mich so und weiß überhaupt nicht, was mit mir los ist: Ich habe mit Michael rumgemacht! Abgesehen von meinem grauenhaften Ekel hatte die Aktion aber auch was Gutes: Ich konnte Michael Sex-and-the-City-mäßig abbürsten und das ganz ungeplant.

Aber von vorne. Wir trafen uns im Pub, und ich war erschrocken, wie fett er geworden war. Das passte gut, ich ja auch. Wir unterhielten uns zunächst über die Dinge, die wir seit unserer Trennung erlebt hatten und kamen schließlich auf den Punkt: Michaels Wurf in den Staub vor mir. Fast zwei Stunden entschuldigte er sich, bewunderte mich, feierte mich, machte sich selbst klein und mich zur Göttin. Und da, genau da, hätte ich gehen sollen, hätte ich mir nehmen sollen, was ich immer gewollt hatte: Genugtuung. Ich nahm aber: noch einen Pint Guinness. Und ihn mit nach Hause. Denn trotz aller Einsicht saß er nun mal da. Und hatte noch einen winzigen Rest von dem, was ich damals mochte. Sein Lächeln, seine schönen Hände und die Fähigkeit, den Knopf bei mir zu drücken, der alles Logische aussetzt.

Wir landeten bei mir auf dem Sofa und küssten uns lange. Küssen mit ihm war schon immer wunderschön gewesen. Dann ging es weiter, und mir fiel wieder etwas anderes ein: Der Sex mit ihm war schon immer schlecht gewesen. Hatte mich aber weiter nicht gestört. Ihn auch nicht, er hatte ja aushäusig die Möglichkeit, auf seine Kosten zu kommen.

Wir dokterten eine gute Weile aneinander herum, als Michael plötzlich handgreiflich wurde. Er packte meine Bluse an der Knopfleiste und riss sie in einem Rutsch von oben bis unten auf.

Die Knöpfe sprangen lustig nach allen Seiten weg, und ich zog in Windeseile den Bauch ein. Was unter normalen Umständen als leidenschaftlicher Akt wilder Begierde ausgelegt werden könnte, rief bei mir nur einen einzigen Gedanken hervor: Mist, die muss ich morgen alle wieder annähen. Okay. Das war's. Was tat ich hier eigentlich? Mit einem gut vernehmbaren Seufzer wandte ich mich von Michael ab. »Lass gut sein. Ich möchte lieber schlafen.« Ich warf ihn höflich raus: »Muss früh aufstehen.«

»Bist du nicht selbstständig?«

»Ja, eben. Mein Chef ist ein Arschloch.« Und ich überließ ihn mit dummem Gesicht dem dunklen Flur.

Heute Morgen kamen dann Kater und schlechtes Gewissen. Ich hoffe, beides vergeht. So bin ich nicht. Konrad, hörst du mich? Das ist Michael. Der macht mich zu jemandem, der ich nicht sein will. Und genau deshalb bin ich auch froh, dass jemand wie er nicht mehr zu meinem Leben gehört und auch nicht mehr reingelassen wird.

Pfui

Mittwoch, 16. Juni um 19:44 Uhr

Je mehr ich über meinen Ausrutscher mit Michael nachdenke, desto mehr vermisse ich Konrad. Konrad, der eigentlich, wenn man das alles mal unfair betrachten will, an allem schuld ist. Wäre Konrad nicht in Japan, hätte Konrad auf mich aufpassen können. Ich hätte mir ein anderes Motto gesucht und nicht diesen bescheuerten Exfreund rausgeholt.

Ich schäme mich. Wenn auch nicht vor Konrad, denn ein langes und aufrichtiges Gespräch mit Mona hat mir gezeigt, dass es vollkommener Quatsch ist, sich selbst zu zerfleischen, weil man mit dem falschen Mann rumgeknutscht hat, wenn der richtige Mann, mit dem man im Übrigen noch nicht einmal zusammen ist, drei Monate lang mit seiner Ex durch Asien tourt und den Kontakt nun vollends eingestellt hat.

Ich schäme mich auch nicht vor Michael, der in der letzten Woche öfter angerufen hat, als in den drei Jahren unserer erbärmlichen Beziehung. Früher, als ich mir für Michael noch ein Bein ausgerissen hätte, hat er mich permanent gedemütigt und zurückgestoßen. Nein, ich habe mich demütigen und zurückstoßen LASSEN, aber hej, wir waren alle mal jung und brauchten das Geld. Heute könnte ich Michael mit einem Fingerschnipsen haben, aber heute will ich ihn nicht, rufe ihn noch nicht einmal mehr zurück, und genau deswegen will er mich haben. Und obwohl ich ihn nicht zurückrufe, vor Michael schäme ich mich auch nicht. Mein geschundenes und zertrampeltes Herz hat sich nicht umsonst jahrelang Racheszenarien ausgemalt. Ein bisschen Spaß muss sein.

Ich schäme mich vor mir. Noch nie kam mir etwas so falsch vor wie mein jämmerliches Geknutsche mit Michael. Pfui. Da denke ich den lieben langen Tag nur an Konrad, wettere gegen Nadine, verfluche mein Schicksal, und was mache ich dann? Ich mache mit dem Schlimmsten von allen rum.

Ich muss weitergehen. Hier kann ich definitiv nicht stehenbleiben. Es riecht nach verbrannter Erde.

Beziehungsweise
Montag, 21. Juni um 18:23 Uhr

Da. Nach mehr als einer Woche schreibt mir Konrad endlich eine lange Mail. Nein, falsch. Konrad schreibt nicht MIR eine lange Mail, er schreibt eine lange Massenmail und hat mich freundlicherweise mit in den Verteiler aufgenommen.

Ich könnte kotzen. Ich lese die sterbenslangweilige Abhandlung über sein japanisches Großprojekt, die Zurückhaltung der

Einheimischen und die Schönheit der Kirschblütenzweige, und ich möchte spontan einen Mord begehen.

Ja, klar: Er hat mich angerufen, und das war äußerst entzückend, denn damit habe ich wirklich nicht gerechnet. Mit Nadine im Hintergrund allerdings auch nicht. Und besonders habe ich nicht damit gerechnet, dass ich jetzt mit allen in einen Mailverteiler geschmissen werde und mich mit unpersönlichem – und dazu dramatisch langweiligem – Blabla herumschlagen muss.

Aber was habe ich eigentlich erwartet? Dass Konrad mir honigsüße und zuckrig-klebrige Mails schreibt? Dass er sich nach mir verzehrt, die Reise abbrechen und Nadine an einen japanischen Geschäftsmann zwangsverheiraten wird? Na ja, nicht so direkt – aber schon so ungefähr, ja!

Wenn wir ehrlich sind, war da ja gar nichts, zwischen ihm und mir. Nichts Konkretes jedenfalls. Nichts, was ein anderes Verhalten als sein jetziges rechtfertigen könnte. Und doch, andererseits: Wo verläuft die Grenze? Muss man denn immer offiziell mit Brief und Siegel, Standesbeamten und Zahnbürste im fremden Zahnputzbecher ZUSAMMEN sein, um sich liebevoll umeinander zu kümmern? Um sich das Gefühl zu geben: Ich vergesse dich nicht?

Für mich fängt eine Beziehung dann an, wenn zwei Menschen damit beginnen, sich umeinander zu sorgen, sich zu kümmern, aneinander zu denken, Zeit miteinander verbringen zu wollen. Wenn man »in einer Beziehung zueinander« steht. Dieser ganze neumodische Kram macht mich verrückt. Ich kenne Paare – die sich selbst nie als solche bezeichnen würden –, die verhalten sich seit Monaten wie zwei Menschen, die eben in einer Beziehung sind: Sie sind treu, sie sehen sich regelmäßig, sie begleiten sich zu Geburtstagen und Taufen, sie lassen den anderen an ihrem Leben teilhaben, sie fühlen sich zueinander hingezogen. Aber so lange nicht einer von beiden die Hosen runtergelassen und geschrien hat: »Eins-zwei-drei: Beziehung!«, sind beide noch Single, maximal »in so einer Geschichte« oder Teil eines »Mal-Sehen« oder »Dingsbums«. Und wenn sie noch nicht mal miteinander in die Kiste gehen, nur ein »Dings« ohne »Bums«. Das ist doch albern. Es ist doch nicht schlimm, das Wort »Beziehung« zu verwenden, selbst wenn das erst der Anfang ist. Es geht doch um das, was innen drin passiert. Ich glaube, dass es nur die Angst davor ist, Schluss machen zu müssen, die diese »Mal-Sehen«-Leute davon abhält, ihre »Geschichte« zu einer »Beziehung« zu machen. Lockere Bündnisse muss man nicht offiziell beenden. Da muss man nicht Schluss machen. Da wird auch nicht mit dir Schluss gemacht. Es passte halt nicht. Basta. Und da kann man später jederzeit sagen: Ach, so wichtig war es ja auch nicht. War ja keine Beziehung, kein Beinbruch, nur ein erstes Kennenlernen – das steck ich weg.

Wenn man es nicht »Geschichte«, nicht »Mal-Sehen«, nicht »Dingsbums« oder »Käsekuchen« nennt, sondern sich einfach mal traut, den Kleber »Beziehung« auf das Paket zu packen, muss man vermeintlich mehr hinter sich aufräumen, wenn es schiefgeht. Und das ist doch Quatsch. Das ist unehrlich und feige. Denn ändert sich das Gefühl tatsächlich, wenn man sich traut, seiner kleinen Geschichte den Beziehungswimpel zu überreichen? Ändert sich innen drin etwas? An den Gefühlen, den Erwartungen?

Ich bin schwer dafür, mehr Beziehungen und weniger Geschichten einzugehen. Wenn man immer davon ausgehen muss, dass man KEINE Versprechen gegeben, KEINE Regeln ausgehandelt, KEINE Erwartungen geschürt hat, dass man bloß nicht zu viel hoffen und erst recht nicht zu viel reininterpretieren darf – wie kann man dann ÜBERHAUPT jemanden finden?

Bei Konrad scheint sich meine Wahrnehmung definitiv von seiner zu unterscheiden. Ich war schon weiter. Das merke ich jetzt. Mein Gefühl sagte mir: Da geht noch was. Das ist keine »Geschichte«. Kein »Mal-Sehen«. Kein Käsekuchen. Das schmeckt nach Sommer, nach Kennenlernen, nach Erklärungen, nach Zuneigung und Risiko. Nach Beziehung. Tja. Das dachte ich wohl allein.

Und ex und hopp!

Dienstag, 22. Juni um 18:56 Uhr

Meine Scham lässt nicht zu, dass ich allzu lange auf dem Fleckchen verbrannter Erde stehenbleibe. Ich muss weitergehen. Ich muss Michael in die Kiste »Bitte nicht öffnen« stecken und meine Enttäuschung über Konrad gleich mit auf den Dachboden tragen. Ich durchforste erneut mein Liebesleben, dieses Mal widme ich mich allerdings den eher kleineren Fällen. Die größeren Beziehungsleichen lass ich lieber liegen. Gescheiterte Beziehungen, das habe ich gelernt, sind kleine, dunkle Phantome, die im hauseigenen, emotionalen Keller wohnen. Sie sind scheu und wollen nicht wieder an die Oberfläche gezerrt werden.

Komme ich zu den anderen. Aus der Kategorie »Ferner liefen«. In dieser Kategorie horte ich zwischenmenschliche Misserfolgsmodelle, die meist eine Dauer zwischen drei Wochen und drei Monaten hatten und als ernstzunehmende Versuche, eine Beziehung einzugehen, begannen. Jedenfalls von meiner Seite aus. Ich startete eine Beziehung, da beendeten die anderen schon die »Geschichte«. Ein klassischer Interessenkonflikt.

Ich schlage mein emotionales Telefonbuch auf. Letztes Jahr

im Sommer, kurz vor meinem grandiosen Einfall, mein Liebesleben in der Öffentlichkeit breitzutreten, habe ich Jean kennengelernt. Mit Jean, das war eine ganz komische Sache. Jean habe ich über einen Freund kennengelernt, auf einer sagenhaft schlechten Grillparty. Jean war unfreundlich und desinteressiert, sah aber so unglaublich sexy aus, dass ich ihn gleich mal blöde von der Seite anquatschen musste. Nach ein paar Minuten Gefrotzel schüttete ich ihm »versehentlich« mein Bier über die Jeans, und das Eis war gebrochen. Wir dateten uns. Und wir dateten. Und wir dateten. Und wir dateten. Ich weiß immer noch nicht, warum es dann einfach so aufhörte. Na gut, es gab diesen etwas miesen Kussversuch, als ich mir nach dem dreizehnten oder vierzehnten Treffen mal ein Herz nahm und die Lippen spitzte. Jean war so erschrocken, dass er fast rückwärts die Treppe runtersegelte. Danach gab es wieder drei Treffen, dann versandete es.

Was ist damals passiert? Warum ist nichts passiert? Und hat Jean in der Zwischenzeit den Vorwärtsgang gefunden?

ex libris

Samstag, 26. Juni um 15:31 Uhr

Ich habe Jean einfach mal angerufen. Bringt ja alles nüschd. Er war ehrlich erschrocken und nicht ausschließlich erfreut, mich zu hören, es schwang eher Panik und Unwohlsein in seiner Stimme mit. Offensichtlich befürchtete er das Einklagen von Alimenten, wobei ich WIRKLICH nicht weiß, wieso und wovon ich schwanger geworden sein sollte.

Eigentlich hatte ich direkt keinen Bock mehr. Also schwenkte ich auch auf missmutig um und schob ein ausgeliehenes Buch als Grund für meinen Anruf vor. Umgehend wurde er freundlicher und versprach nachzugucken, es könne wirklich sein, dass er das noch habe. Kann es nicht, ich sehe es vor mir im Regal stehen, aber gut, mach du mal.

Offensichtlich durch sein schlechtes Gewissen angetrieben, mein Hab und Gut entwendet zu haben, schlug Jean vor, doch mal Kaffee trinken zu gehen. Noch nicht ganz wieder versöhnt erwiderte ich, dass Kaffee dehydriere. Aber Jean, entgegen seiner sonst fluchtorientierten Art, entgegnete ernsthaft, ich könne ja auch ein Wasser oder einen Tee trinken. Das fand ich jetzt fast wieder herzig und lächelte in meine vierte Tasse Kaffee. Na gut, wir treffen uns also am Sonntag. Mal sehen, ob er mein Buch dabei hat.

ex-humiert

Sonntag, 27. Juni um 18:33 Uhr

Jean hat das Buch dabei. Als er es mir überreicht, lächelt er stolz und glücklich und erzählt mir eine lange Geschichte vom Durchforsten seiner Bleibe und dem überraschenden Wiederfinden des Werkes hinter seinen Sofakissen.

Ich lasse ihn auflaufen und zeige ihm mein Exemplar: »Du, tut mir total leid, ich habe meins wieder gefunden, lag auch hinter den Sofakissen. Das muss also jemand anderem gehören.«

So, genug Rache genommen, finde ich. Rache wofür? Für den abgeschmetterten Kuss und die zwei Monate, die ich mit Grübeln verbrachte, weil er sich nie mehr meldete.

»Ach so«, murmelt Jean enttäuscht. »Aber warum treffen wir uns dann heute?«

Gut, dass ich meine Rache direkt abgefrühstückt habe.

»Ich dachte, wo wir nun mal einen Termin gefunden haben, wäre es ganz nett, sich mal wieder zu unterhalten.«

Jean scheint überrascht, aber nicht nach dem Notausgang zu suchen. »Na gut!«, lautet die erfrischende Antwort.

Schließlich tauen wir auf und reden über dies und das. Nach dem Scheitern unserer Affäre zu fragen traue ich mich noch nicht, Jean schnürt dann sicher gleich wieder die Laufschuhe und begeht Fahnenflucht. Überraschenderweise beginnt er jedoch mit dem persönlichen Teil und fragt mich nach dem Stand meines Liebeslebens. Ich gebe Auskunft, was schnell geht, und frage zurück.

»Na ja, ich hatte im letzten Juni eine Freundin, aber wir haben uns vor zwei Monaten getrennt.«

Im letzten Juni? Ich habe mich Ende Mai das letzte Mal mit ihm getroffen.

»Im letzten Juni?«, frage ich zuckersüß.

»Ja, kurz nach unserem … Ding.«

Hier muss ich ein bisschen lachen. Also hat auch Jean Definitionsprobleme. Jean lacht mit, und wir versuchen herauszufinden, was das zur Hölle war. Auch Jean kann es sich nicht erklären, alle Ampeln standen auf grün, aber wir kamen nicht vorwärts. Er erklärt mir freundlicherweise, dass Anne, die Freundin nach mir, ihm weiter keine Wahl gelassen hatte und ihn einfach in eine Beziehung schleppte, was er zunächst auch sehr gemütlich fand, was dann aber doch nicht das war, was er wollte.

Aha, so ist er also. Nichts machen, sondern machen lassen. Hätte ich ihn damals vor vollendete Tatsachen gestellt, wären wir dann ein Paar geworden? Die Antwort bleibt er mir schuldig, denn ich frage ihn nicht. Ich frage ihn nach einem weiteren Date. Und Jean sagt ja. Dienstagabend Kino. Und vielleicht danach die Antwort.

Die Wüste lebt

Mhm. Wir waren im Kino. Ja. Jahaa. Was habe ich eigentlich erwartet? Will ich die Zeit totschlagen, bis Konrad wiederkommt? Will ich mir was beweisen? Denke ich wirklich, dass das Timing nicht gestimmt hat bei meinen gescheiterten Beziehungen und Affären? Oder habe ich die vage Hoffnung, dass der Lauf der Zeit mich und die Jungs verändert hat und wir nun kompatibler sind?

Ich weiß es nicht. Ich weiß nur, dass Jean immer Jean bleiben wird und ich immer ich. Das heißt, dass er offensichtlich wenig Aufregung braucht, ich aber viel.

Allein der Film! Wir betrachten uns drei Stunden lang die Steppe Afrikas (in 3-D!), was ich circa 45 Minuten lang auch echt spannend finde, dann wird mir allerdings schlecht von den Kameraflügen. Jean starrt gebannt auf die Leinwand und flüstert hin und wieder: »Wahnsinn, oder?« Ja, bestimmt, ich kann ja nichts mehr sehen, da ich die Brille abgezogen habe.

Nach dem Film gehen wir noch was trinken, aber irgendwie kommen wir nicht in Fahrt. Das passiert ja manchmal. Ich tendiere dann gern dazu, den Pausenclown zu spielen, und so plappere ich munter eine Stunde alleine vor mich hin, während mich Jean verwirrt anschaut. Doch irgendwann möchte auch ich nicht mehr mit mir sprechen und so keuche ich erschöpft: »Jean, du musst mir irgendwas geben! Ich kann das nicht alleine machen!«

Jean guckt und nickt bedächtig. »Ja, ich weiß. Aber ich bin immer noch ganz gefangen von Afrika. Könntest du dir vorstellen eine Giraffe zu sein?«

WAT? »Äh …«

»Im Ernst, stell dir das mal vor, nur du und deine Herde, die

Natur und keinerlei Verpflichtungen, nur du und dein Instinkt!«

»Ja, und die Großwildjäger!«, versuche ich mal, die Ernsthaftigkeit des Ganzen zu brechen. Leider entwickelt sich aus meinem lustig gemeinten Kommentar eine Diskussion über mich und meine Unernsthaftigkeit und Jean und seine Ernsthaftigkeit. Irgendwann ist der Ofen ganz aus, und ich rufe nach der Rechnung. Wir verabschieden uns nett und verabreden uns nicht wieder.

Aber etwas habe ich dann wohl doch gelernt: Bei Jean zumindest lag es nicht am Timing oder daran, dass ich etwas falsch gemacht habe. Jean setzt einfach andere Prioritäten als ich. Habe ich das damals im beginnenden Gefühlschaos nicht bemerkt? Und was tue ich hier eigentlich? Entwirre ich einfach die Fäden, die ich damals nicht mehr aufgerollt bekam? Versuche ich zu analysieren, woran es lag? Versuche ich auch ernsthaft, daraus zu lernen? Oder will ich mein Ego streicheln und gucken, ob ich die Jungs diesmal kriege? Was zur Hölle mache ich hier eigentlich? Und wo ist Konrad? Wäre er hier, müsste ich mir nicht vorstellen, eine Giraffe zu sein.

FAZIT: Kein RefIEX

So, was haben die Exfreunde gebracht? Erst mal: Viele Erinnerungen, viele Momente, in denen ich mir nochmal mit der flachen Hand gegen die Stirn schlagen musste, wenn ich daran denke, was und wen ich so alles mitgemacht habe. Weiterhin die Erkenntnis, dass es nicht am Timing gelegen hat. Wenn zwei Menschen nicht zueinander passen, dann passen sie nicht. Nicht gestern, nicht heute, nicht übermorgen. Denn wenn sie zueinander passen, finden sie sich. Auch wenn sie sich mal verloren haben. Auch wenn sie kurz vor der Hochzeit stehen,

wenn sie gerade auswandern wollen oder sich auf eine partner-
lose Zeit freuen. Die Liebe fällt, und wo sie hinfällt, wächst kein
Gras mehr.

Es war nicht uninteressant, die Jungs mal wieder zu sehen.
Meinen Fehltritt mit Michael habe ich inzwischen auch gut
verkraftet. Aber wir sind weiter gegangen und weiter in verschiedene Richtungen. Das war damals schon abzusehen und
hätte sich wohl auch nicht geändert, wenn wir zusammengeblieben wären. Man hätte mehr Kompromisse gemacht und es
hätte vielleicht eine kleine Weile länger gehalten, aber wirklich
glücklich wäre wohl keiner geworden.

Ich behaupte nicht, dass Exfreunde keine Option sind, be-
stimmt sind sie es, aber es kommt auf die Art der vergangenen
Beziehung und auf die Gründe für die Trennung an. Eine
schlechte Beziehung wieder aufleben zu lassen macht so viel
Sinn, wie Streichhölzer unter die Fingernägel zu schieben. Eine
Beziehung aufleben zu lassen, die nie lebte, wird wohl nie mehr
Drive bekommen als ein Rollator.

Es lag nicht am Konzept, es lag an den Kombinationen. Was
nie wirklich gut war, wird es auch Jahre später nicht sein. Und
was nie was war, wird auch beim zweiten Anlauf nichts.

LOSLASSEN
Juli

Weiter geht's im Karussell der Liebe. Was darf's denn diesmal sein? Kontaktanzeigen stehen noch aus, Single-Urlaub, osteuropäischer Heiratsmarkt – in meinen Ohren klingt das alles nicht besonders vielversprechend!

Weil ich mich nicht entscheiden kann, nehme ich Monas Einladung zum Brunch an. Dort treffe ich zwischen Rührei mit Speck und selbstgemachtem Apfelkuchen eine interessante Frau, eine Arbeitskollegin von Mona. Sina hat wie ich ein Projekt, das sich rund um das Thema Liebe dreht. Nur eben komplett umgekehrt. Sina ist 34, erfolgreich im Beruf, lebt in einer hübschen Eigentumswohnung und küsst grundsätzlich immer die Frösche. Nein, das ist nicht richtig formuliert: *küsste* grundsätzlich die Frösche, denn seit ein paar Monaten ist alles anders. Sina hat ein männerfreies Jahr. Das muss man sich mal vorstellen. Sina hat sich zwölf Monate lang frei genommen von dem Zirkus, wie sie es nennt. Vergleichbar mit einem Sabbatjahr, das sich manche Beamte nehmen, hat sie in der Vergangenheit wirklich jede Erniedrigung mitgenommen, jede Klatsche kassiert, jede Schlappe mit einem nachsichtigen Lächeln gemeistert, bis sie letztes Jahr an Silvester gesagt hat: »Danke, bis hierhin und nicht weiter. Ich bin dann mal weg.«

Seitdem datet sie nicht mehr. Küsst nicht mehr, vögelt nicht mehr, lässt sich nicht an die Hupen fassen, hofft nicht, trauert nicht. Lebt. Befreit. In Ruhe. Laut eigener Aussage.

»Es ist ja nicht so, dass ich nicht mehr mit Männern rede oder ihnen aus dem Weg gehe. Ich weigere mich nur, mehr zuzulassen. Keine Hoffnungen, keine Enttäuschungen. Nur ich. Du glaubst gar nicht, wie irre das ist.«

Doch. Wie irre das ist, das glaub ich ihr gern. Eine emotionale Fastenkur, das klingt nach einem großen Spaß! Ich komme mir komisch vor, als ich mit ihr rede, weil ich ja quasi der extreme Gegenentwurf zu ihrem Modell bin. Ich schaue ÜBER-ALL nach Männern, rekrutiere potenzielle Partner nicht nur aus dem Internet, sondern auch aus den eigenen Reihen, kurzum, ich date alles, was nicht bei drei auf dem Baum ist. Ich bin getrieben. Ich bin verzweifelt.

»Ich habe losgelassen«, sagt Sina und grinst.

Das will ich auch! Zugegeben, keine zwölf Monate lang. Aber ein Monat würde schon gehen. Besonders schwerfallen kann es ja nicht: Eigentlich muss ich nur das Gegenteil von dem tun, was ich bisher gemacht habe. Also nichts. Das klingt gut. Das gefällt mir. Also los, loslassen!

Erste Schritte
Mittwoch, 07. Juli um 06:50 Uhr

So. Mein neuer Monat. Mein neues Motto. Loslassen. Ja. Ich fang dann mal an. Also mit dem Loslassen. Jetzt, um genau zu sein. Ich lasse JETZT los. Das Universum straft mich mit vollkommener Ignoranz. Ich schließe die Augen und lasse meine Gaumenflügel flattern. Hmmmooooommmmmeeeooo ... Lass los! Das Universum hebt müde ein Augenlid. Wer ist die Bekloppte da unten? Ich summe mich weiter in Richtung Schwerelosigkeit. Hinter meinem linken Ohr kitzelt es. Das ist blöd, weil ich gerade loslassen übe, aber ich kann das nicht in aller Ausführlichkeit tun, wenn es hinter meinem linken Ohr kitzelt. Ich muss mich konzentrieren! Meiner Seele müssen Flügel wachsen! Ich muss mich in die Glückseligkeit ommen, sonst verwandele ich mich am Ende noch in ein Didgeridoo. Es kitzelt, verdammt!! Das Universum kichert und lässt die kleine Feder in seiner Hand noch ein paar Mal an meinem Ohrläppchen vorbeistreifen. Ich packe daran und versuche mit intensivem Kratzen, Reiben und Kopfschütteln das Kitzeln loszuwerden. Das Universum gluckst zufrieden. Ich bin einfach und vollkommen grundlegend ungeeignet für diesen metaphysischen Dreck. Erst Tag sieben des neuen Monatsmottos. Und der Erkenntnis keinen Schritt näher gerückt. Mist.

Zweite Schritte

Montag, 12. Juli um 10:43 Uhr

Loslassen klappt leider nicht sofort ... Das weiß jeder, der nach anstrengenden Arbeitswochen Urlaub hat und den großen Plan verfolgt »nur abzuhängen«. Geht gar nicht. Sobald man sich auf der Couch platziert hat, stellt man fest, dass man noch saugen muss. Drei Stunden später steht man dann neben dem abgetauten Kühlschrank und verkocht das Obst der letzten Saison zu Marmelade. Man kommt nicht so schnell runter wie man möchte. Mir geht's ähnlich.

Das Experiment hat mich über die letzten Monate so in Atem gehalten, dass es mir schwerfällt, nicht bei jedem Mann, dem ich auf der Straße begegne, das übliche Raster durchlaufen zu lassen: Aussehen (seins und meins)? Wirkung (seine meine)? Schuhe, Klamotten, Haarschnitt? Guckt er? Nein? Gut!

Gut! Denn seit ich loslasse, werde ich strahlender angelächelt denn je. Das kennen wir ja. Willst du keinen, wollen dich alle.

Egal. Zum Loslassen gehört natürlich Konrad. Fällt momentan nicht so schwer, da loszulassen, denn er meldet sich nicht. Mir egal, ich habe mich, meine leeren Hände und mein leeres Herz. Ich lasse los, lasse passieren, ich bin vollauf beschäftigt, meine Mitte zu finden. Dann werd ich mal putzen.

Q-Tips
Montag, 12. Juli um 19:44 Uhr
Wahnsinn! Ich habe eben die Tastatur meines PC mit einem Q-Tip gesäubert! Eine ekelhafte und gleichzeitig hoch befriedigende Tätigkeit. Meine Tastatur erfüllt mich mit Stolz. Werde nun noch die Fugen im Bad reinigen (böser Schimmelpilzbelag/ schwarz).

Schimmel-Ex
Dienstag, 13. Juli um 08:45 Uhr
Muss bei dem Titel an Michael denken. Nein, pfui, lasse ja los. Muss aber unbedingt in den Baumarkt, brauche stärkeres Zeug gegen den Fugendreck, normaler Essigreiniger versagt auf ganzer Linie!

Alles neu
Donnerstag, 15. Juli um 23:57 Uhr
Von wegen, Essigreiniger. Im Baumarkt erklärte mir eine nette Dame in Mundart, dass der Schimmelpilz, dem ich mit

umweltfreundlichen Präparaten zu Leibe rücken wollte, so wohl nicht zu entfernen sei. Sie lässt mich Farbe, Streuung und Konsistenz des Pilzes beschreiben, nickt bedächtig und nicht unbesorgt mit dem Kopf und empfiehlt eine Mischung aus harten Chemikalien und »Fugen-Gold«, einer Spritze, mit der ich meine Fugen neu verfugen könne. Notfalls müsse der Fliesenspiegel aber ganz weg. Das trifft mich hart, und ich schrubbe mehrere Stunden lang mit einer Wurzelbürste die Wand ab. Im Anschluss bearbeite ich den Fliesenspiegel mit Fugen-Gold, allerdings nur vier Fliesen. Das muss reichen, ich habe beschlossen, wenn ich das Loslassen endlich hinter mir habe, frage ich Konrad, ob er den Rest macht. Emanzipation ist nur schön, wenn Männer weiter die Drecksarbeit machen.

Weiterhin habe ich meine Versicherungsunterlagen sortiert, meine Bankgeschäfte erledigt und alle Rechnungen (auch GEZ) bezahlt, mein »Mädchen«-Abo gekündigt, da ich seit zehn Jahren das Heft nicht mehr lese, gesaugt (auch unterm Bett), gewischt, alle Kleider vom Wäscheständer in den Schrank gehängt, wirklich den Kühlschrank abgetaut (mit Eisfach), Leergut weggebracht, Fenster geputzt, meine Handtaschen aus- und weggeräumt, die riesige Anzahl von Tampons (aus den Handtaschen) in ein dekoratives Gefäß im Bad gefüllt, das Bad umgestaltet, mein Wohnzimmer zum Schlafzimmer umgeräumt, es eine Stunde lang gut gefunden und dann wieder rückgängig gemacht, Ikea konsultiert, Regale aufgebaut, einen Entsafter gekauft, Kontoauszüge sortiert, meine Steuer gemacht und selbst einen Zimmerbrunnen gebastelt.

Jetzt bin ich fix und fertig und hänge auf der Couch. Aber es geht mir richtig gut! Die Wohnung ist der Spiegel der Seele, sagt man, und wenn ich mir das so ansehe, dann ordnen sich hier gerade nicht nur meine Unterlagen und getragenen Schlüpfer, dann ordnet sich hier auch mein Kopf. Ich habe mein Umfeld sortiert, nun soll die innere Ruhe folgen.

Und tatsächlich. Ich sitze den ganzen Abend in der schönen Küche unter der neuen Lampe, trinke Rotwein und schreibe meine Gedanken auf. Nur für mich. Ohne Radio, ohne Telefon, Internet oder sonstigem. Bevor ich ins Bett gehe, schaue ich noch mal aus dem Fenster auf die dunklen Bäume. Und bin zufrieden. Heute werde ich gut schlafen, denn ich habe nur mich im Kopf.

Gelassen

Freitag, 16. Juli um 21:01 Uhr

Mir geht's prima. Ich bin die Ruhe selbst und mache Zen-Erfahrungen. Ich gehe spazieren, ohne Hund, ohne Erwartungen, ohne Bedenken. Ich kaufe Bio-Produkte und lasse die Schokolade weg. Ich treffe die Mädels, trinke Tee und lache wissend über ihre Männergeschichten. Ja, da war ich auch mal, jetzt bin ich runter von dem Zeug. Ich weiß, ich bin anstrengend, besonders als Mona mich anherrscht, ich solle das debile Grinsen lassen und mich mal mit aufregen.

»Lass los!«, betone ich jede Silbe und nicke mit geschlossenen Augen.

»Ach, du Scheiße!«, schimpft Cora, aber nach weiteren zwei Stunden finden alle meine neue Ruhe gar nicht mehr so schlecht. Mona, die alte Mitläuferin, will auch mitmachen und beweist es, indem sie ihr Handy ausmacht. Cora will nur *Loslassen light*, denn sie hat ja einen Freund, aber sie plant das Wochenende mal ohne ihn und seine doofen Kumpels. Wir werden morgen früh gemeinsam auf den Markt gehen, danach schwimmen und schließlich einen Beauty-Abend mit Gemüsesnacks veranstalten, Sade hören und uns über uns und unsere Träume, Pläne und Wünsche Gedanken machen. Sehr Mädchen, aber etwas für uns, nur für uns, ohne Jungs, und ohne Gedanken an solche.

Als Mona in die Bahn steigt, ruft sie noch: »Hey, jetzt wär dein ›Mädchen‹-Abo doch noch für was gut, da sind immer Tipps drin, wie man sich selbst Gesichtsmasken macht!« Mist.

Überraschungen

Mittwoch, 21. Juli um 23:44 Uhr

Das Mädchen-Wochenende war ein voller Erfolg, ich bin so tiefenentspannt, dass ich mich selbst kaum wiedererkenne. Ein netter Zug meiner männerlosen Phase ist unter anderem auch, dass ich Kontakte zu halb verschollenen Freunden und Freundinnen wieder aufleben lasse. Zum Beispiel Sabine, mit der ich jahrelang gut befreundet war, aber die ich durch Umzüge und unterschiedliche Lebensplanung aus den Augen verloren hatte. Nach einigen langen und lustigen Telefonaten verabreden wir uns zum Essen, denn Sabine hat ein Männerproblem, das ich zu lösen gedenke.

Wir sitzen in der Sonne und speisen lecker. Doch was ich da von Sabine zu hören bekomme, lässt mich stocken, stutzen und stammeln. Sabine hat sich in Rage geredet. Ich antworte immer das Gleiche, wenn ich denn mal zu Wort komme. Die Story in Kurzfassung: Sabine ist in einen verheirateten Mann verliebt, seine Frau hat es mitbekommen und ist ausgezogen, und nun ist er sich nicht mehr sicher, ob er lieber verheiratet bleibt oder seine Affäre mit Sabine zu etwas Festerem machen möchte. Um sich Zeit zu verschaffen, beleidigt er Sabine gerne und sagt Dinge wie: »Hau ab. / Ich will dich nicht mehr. / Ich liebe meine Frau. / Ich habe keinen Respekt vor dir. / Du hast alles kaputt gemacht.«

Ich fasse es nicht. Sabine drängt mich zu sagen, dass das alles

Zukunft hat, ich dränge darauf, dass sie sich von ihm trennt, und so reden wir zwei Stunden aneinander vorbei, sie drückt mir ihr Telefon in die Hand, ich solle ihn anrufen und fragen, ob er sie liebe, ich bin am Rande eines Nervenzusammenbruchs.

Als Sabine auf die Toilette muss, atme ich durch und schüttle den Kopf. In dem Moment lehnt sich der junge Mann, der seit zwei Stunden in ein Buch vertieft neben uns sitzt, zu mir rüber und fragt teilnahmsvoll: »Kannst du noch?«

Ich schaue ihn verwirrt an, muss aber lachen. »Ja, na ja, ich hab das Gefühl, ich komme hier nicht weiter, aber ich hab doch recht, oder?«

»Ja sicher, der Typ ist ein Arsch, der will sie doch nur zum Bumsen.« Er guckt mich an. »Entschuldigung.«

Ich lache wieder: »Bumsen ist in dem Zusammenhang ein gutes Wort, aber wie kann ich sie überzeugen?«

Als Sabine vom Klo kommt, schaut sie verdutzt, da Moritz bereits neben mir sitzt und eine Zigarette raucht. Ich weihe Sabine kurz ein, und sie ist dankbar über einen neuen Zuhörer.

Moritz redet weitere zwei Stunden mit ihr und weist Sabine und auch mich in die Geheimnisse der Männerwelt ein. Männer sind bequem. Und seine (die des bösen Mannes) Situation ist unbequem. Sabine ist der Auslöser dafür, und also wird Sabine verlieren. Erstaunlich einfach und nachvollziehbar. Moritz erklärt, dass Männer sich das nehmen, was sie möchten, da hilft keine Taktik. Wenn ein Mann eine Frau nicht will, dann wird sich das nicht ändern. Ins Bett kann er ja trotzdem mit ihr gehen. Und Moritz schafft es, Sabine zu erklären, dass der böse Mann *sie* nicht will. Sonst wäre er nämlich ausgezogen und hätte nicht gewartet, bis seine Frau das tut.

Sabine ist geschockt und möchte nur noch nach Hause. Ich

bin froh, dass zumindest eine Katastrophe abgewendet ist, und lächele Moritz dankbar an. Er lächelt zurück.

An der Haltestelle, an der wir beide auf verschiedene Bahnen warten müssen, stubst er mich mit der Schulter an: »Hast du noch mehr verzweifelte Freundinnen, die ich geraderücken muss, oder können wir uns das nächste Mal über dich unterhalten?«

Scheiße. Ich habe doch einen männerlosen Monat. Ich überlege kurz. Er ist nett, sensibel, gerade heraus, lustig und geht auf mich zu. Da kommt meine Bahn. Ich gebe ihm schnell meine Karte und rufe ihm aus der sich schließenden Tür zu: »Aber erst nächsten Monat! Erkläre ich dir dann!«

Hoffentlich denkt er jetzt nicht … Nein! Er wird nicht groß darüber nachdenken. Das hat er mir beigebracht: Männer denken nicht halb so viel wie Frauen, sie nehmen die Dinge, wie sie sind. Manchmal haben es Männer leicht. Ich werde doppelt so viel nachdenken müssen, über Sabine und über Moritz. Aber erst morgen.

Fallen gelassen

Donnerstag, 29. Juli um 08:25 Uhr

Still ist es geworden. Still in meinem Leben, still in meinen Gedanken. Die Gelassenheit macht sich bemerkbar, auch wenn meine Metamorphose in einen schillernden, ruhigen und entspannten Schmetterling immer noch ganz am Anfang steht. Ich bin immer noch eine Raupe, und der Kokon der Gelassenheit ist noch lange nicht um mich herum gesponnen. Was nicht heißt, dass ich so panisch wie vorher alles verschlinge, was sich mir in den Weg stellt. Ich sitze eher recht entspannt hier rum und harre der Dinge, die da kommen. Oder auch nicht kommen.

Konrad zum Beispiel hüllt sich in Schweigen, von einigen

freundlich-unverbindlichen Massenmails mal abgesehen. Ich antworte manchmal freundlich-unverbindlich zurück, und manchmal, wenn es mich so richtig packt, betrete ich die einschlägigen sozialen Netzwerke und streune zwischen seinen Fotos rum. Fotos mit Nadine. Fotos vor japanischen Gärten, japanischen Schnellrestaurants, japanischen Architekturwundern. Nadine vergisst nie, Konrad anzufassen, sobald sie vor der Linse stehen. Und Konrad hingegen vergisst immer, sich dagegen zu wehren. Dann kommt halt wieder zusammen und geht gemeinsam durch die Hölle, mir mittlerweile auch egal. So wie ihm wahrscheinlich auch. Okay.

Okay? Darüber muss ich nachdenken. Wie kann es passiert sein, dass ich das mittlerweile »OKAY« finde? Sollte das wirklich der Einfluss des Monatsmottos sein? Warum macht es mir fast nichts mehr aus, dass Konrad sich nicht exklusiv bei mir meldet? Ganz ehrlich, ich fänd es schöner, wenn er es täte, aber da er es nicht tut, zucke ich mit den Schultern. Er fehlt mir nicht. Ich denke hin und wieder an ihn, lese die Mails, checke die Bilder. Aber ich habe nie das Bedürfnis, ihn anzurufen, er fehlt mir nicht, wenn ich etwas Lustiges erlebe, ich will ihm das nicht gleich erzählen, wie ich es normalerweise direkt dem erzählen will, dem ich mein Herz schenken mag. Und manchmal vergesse ich Konrad auch ganz.

Und Moritz? Sagt auch nicht Piep. Streng genommen hält er sich nur an meine Anweisungen. Was für ein Idiot. Wer macht denn bitte, was ich ihm sage?! Das mache ja nicht einmal ich.

Lass dich überraschen
Sonntag, 01. August um 00:27 Uhr
Ich hatte einen wunderbaren, entspannten Samstagabend mit den Mädels, habe guten Wein getrunken und lecker geges-

sen und mich anstands- und monatsmottogemäß verdrückt, als sich die Weiber zum Zappeln-Gehen verabschiedeten. Momentan vertragen sich kleine, stickige Clubkeller und literweise Sex on the Beach nicht mit meiner Stimmung. Ich hab keine Lust, mich aufzuhübschen, ich habe Lust, ich selbst zu sein. Deswegen müssen Cora, Mona und Co. den Weg in die Katakomben ohne mich gehen. Ich radele stattdessen um halb zwölf nach Hause, lasse eine halbe Tafel Zartbitterschokolade auf meiner Zunge zergehen und wühle aus meinem Kleiderschrank die unförmigste und bequemste Jogginghose heraus, die ich finden kann. Gelassen werden ist anstrengend, ich bin total erschlagen. Zähneputzen und dann ab in die Falle.

Selbst das Zähneputzen nehme ich genauer als sonst. Nicht mehr schnell-schnell, sondern in aller Ausführlichkeit putze ich gefühlte 28 Minuten lang meine Kauleisten. In der 29. Minute klingelt plötzlich das Telefon. Ich werfe einen kurzen Blick auf die Uhr. 00:01 Uhr am Sonntagmorgen. Teilnehmer unbekannt. Oh Gott. Ist das – ist das Moritz?

Vor lauter Schreck vergesse ich die Zahnbürste in meinem Mund und hebe ab. »Hhgagfe?«

»Äh, ja, hallo. Moritz hier.«

Ich spucke sehr viel aufgeschäumte Zahnpasta, Spucke und die Zahnbürste gleich noch dazu ins Waschbecken.

»Juli, bist du's? Alles klar bei dir?«, fragt Moritz, und ich kann sein Schmunzeln durch die Leitung hören.

»Ja. Klar. Alles klar. … Äh: Hi!« Wieder einmal stelle ich fest: Schlagfertig ist man nicht, wenn einem die Knallersätze erst hinterher einfallen.

»Hi. Na? Überrascht?«, gluckst Moritz. Alles klar, der hat seinen Spaß!

»Ja, zugegebenermaßen schon. Ich, äh.. also ich, ich war mir nicht sicher …«, stottere ich und trauere meinem kessen Mundwerk hinterher. Überhaupt erinnere ich mich nicht daran, jemals kess auf etwas geantwortet zu haben.

»Du warst nicht sicher, ob ich anrufe? Wegen der etwas seltsamen Ansage, dass ich mich erst nächsten Monat melden soll?«, vervollständigt Moritz hilfsbereit mein lückenhaftes Gebrabbel. Ich nicke. Das kann er nicht sehen, aber selbst dafür fehlt mir momentan das Feingefühl. »Ach, weißt du. War doch irgendwie charmant! So hatte ich ein paar Tage Zeit, darüber nachzudenken, warum ich erst im August anrufen soll – ich hab mir spannende Dinge ausgemalt, weißt du? Dass du zum Beispiel ein international gefeierter Rockstar bist und deine Tournee durch den Pazifik und Mikronesien noch bis Ende Juli geht. Dass du einen wichtigen Geheimauftrag für das FBI erledigen musst. Dass du eine Reise gebucht hast, aber das Reiseziel so peinlich ist, dass du es niemandem sagen kannst … oder vielleicht bekommst du am Monatsende immer einen sehr unschönen, juckenden Hautausschlag – wie ich es in den letzten Tagen auch gedreht und gewendet habe: Es kam dabei heraus, dass es ziemlich spannend sein muss. So wie du, übrigens.«

Meine Fresse. Wie toll! Wie aufregend! Wie … ach!!!

Ich stottere: »Die Wirklichkeit ist viel unspektakulärer. Möchtest du die Wahrheit erfahren?« Und möchte ich dir tatsächlich jetzt schon von meinem Single-Experiment erzählen? Was, wenn du dir dann wie einer von vielen vorkommst? Das muss ich dann sagen, das darf ich nicht vergessen: Ich bin kein Vielfraß! Vielleicht kein Gourmet, zugegeben, aber auch kein Kostverächter! Ich date nicht jeden. Also fast nicht. Also nicht mehr.

»Nein, bloß nicht. Die Ungewissheit ist wahnsinnig sexy, das darfst du jetzt nicht kaputt machen, indem du mir den ganz profanen Grund erklärst, warum ich dich erst heute anrufen durfte.« Och. Soooo profan ist es dann auch wieder nicht … aber ja, ich bin schon ruhig.

»Wie sieht's aus: Lust auf Frühstück?«, fragt Moritz.

»Jetzt?!«, frage ich mittelmäßig entsetzt.

»Schöne Idee!«, frohlockt Moritz. »Ich dachte aber eher an morgen früh. Sagen wir halb zehn?«

Ich nicke, was er wieder nicht sieht, deswegen haspele ich ein »Na klar, gerne!« hinterher.

Moritz verabschiedet sich, und ich stottere noch »Ich freu mich« in das Zeichen vom Amt hinein. Aufgelegt. Na so was. Angerufen!! Na so was. Beschwingt, verwirrt und umwerfend glücklich schwebe ich ins Bett. Hach. Das Leben ist einfach ein Fest!

Und hier ist Ihr Herzblatt

Sonntag, 01. August um 05:01 Uhr

Ich träume. Von meinem Frühstück mit Moritz. Er hat mir ein Herz aus Himbeermarmelade auf mein Sesambrötchen geschmiert und hält mir eine Suppenkelle voll mit purem Nutella hin. »Magst du?«, fragt er mich, und ich öffne meinen Mund, so weit ich kann. Plötzlich tippt mir etwas von hinten auf die Schulter. Nadine. »Du sollst doch nicht mehr jedem hinterherrennen! Und nicht mehr von jedem denken, dass er der Mann deines Lebens ist! Von meinem Konrad erst recht nicht.« Ich drehe mich entsetzt um, doch mir gegenüber sitzt nicht mehr Moritz mit der Suppenkelle, sondern Konrad. Er hat ein Lätzchen um den Hals gebunden. »Ich esse meine Suppe nicht!«, brüllt er mich an. Sein ganzes Gesicht ist mit Nutella verschmiert. Dann beugt er sich nach vorne und sagt: »Rrring, rrring. Rrring, rrring!«

Ich schlage die Augen auf. Rrring, rrring. Scheißtraum.

Rrring, rrring. Kein Traum. Es klingelt! Verschlafen und vollkommen verwirrt tapse ich durch die Wohnung. Ich probiere es zuerst an der Gegensprechanlage, dann an meinem Handy, aber keiner antwortet. Das Handy weiß stattdessen, dass es vier Uhr in der Früh ist. Na warte. Wenn DAS nicht wichtig ist …

Ich finde das schnurlose Telefon. Ich bin – obwohl sehr zerknautscht – total sauer. Ich hebe ab. »Wer wagt es?«, donnere ich in einer Lautstärke ins Telefon, von der sich die himmlischen Heerscharen mit ihren Fanfaren noch eine Scheibe abschneiden könnten.

»Hi, ich bin's!«, ertönt eine mir vollkommen fremde Stimme.

»Ich kenne keinen Ich bin's!« Ich werde wirklich sauer.

»Na ich! Konrad!« jubelt es von der anderen Seite des Erdballs. Ach du Scheiße. Konrad Paulsen. Um vier Uhr nachts. Am Telefon. Und ich hab seine Stimme nicht erkannt.

Und Lust auf Telefonieren hab ich auch nicht. Die Erkenntnis überrollt mich schonungslos. Ich stehe da, sperre wie ein Fisch meinen Mund auf und sehe hundertprozentig total grenzdebil aus.

»Na? Wie geht's?!«, juchzt Konrad.

Konrad Paulsen! Was bildet der sich eigentlich ein? Das frage ich ihn am besten gleich mal selber.

Ich hole tief Luft. »Was bildest du dir eigentlich ein? Weißt du eigentlich, wie spät es hier ist? Es ist vier Uhr mitten in der Nacht! Du kannst doch nicht einfach um vier Uhr nachts hier anrufen?! Schon mal was von Zeitverschiebung gehört?? Das hast du schon mal gemacht, und da fand ich es schon mal echt scheiße, wobei ich mich damals immerhin noch ein bisschen über deinen Anruf gefreut habe, heute muss ich leider sagen: Nä, Konrad, nä! Echt nicht! Drei Wochen lang hör ich keinen

Piep von dir, nur diese bescheuerten Massenmails, aber heute rufst du an, ausgerechnet HEUTE Nacht! Ich fass es nicht, ehrlich!«

Huch. So viel zum Thema »Aufgestaute Emotionen«. Das Thema »Gelassenheit« kehre ich besser gleich unter den Teppich.

Konrad klingt erstaunlich gefasst. »Wieso ausgerechnet heute Nacht? … Ist jemand bei dir?«

Ich glaub', mein Schwein pfeift! Ist das grade sein einziges Problem? »Nein, Konrad, NIEMAND ist bei mir, selbst wenn ich es wollte, da wär niemand, ich übe mich nämlich grade in Gelassenheit, verstehst du, ich lasse los, und das«, ich beginne zu schreien, »klappt mittlerweile schon verdammt gut!!!«

»Oh.« Das ist alles, was Konrad dazu sagt. »Vielleicht sollten wir das besser klären, wenn ich wieder da bin.«

Ich grolle noch. »Ja. Im Jahr 2017.«

Da holt Konrad zum ultimativen Gegenschlag aus. »Nein, so lange wird es nicht dauern. Wir kommen früher zurück! Also ich. Also, Nadine kommt natürlich auch mit, aber das wird dich nicht so sehr interessieren. Also, jedenfalls: Ich komme früher zurück, Mitte August schon. Ist das nicht toll?«

Ja. Voll toll. »Hmm, ja«, grummele ich anstandsgemäß. Und frage mich: Warum freue ich mich nicht? Warum freue ich mich nicht, dass Konrad früher kommt? Und bin gleichzeitig so sauer, weil er sich nicht gemeldet hat?

Konrad, der schweigsame Konrad, kommt also früher. Und morgen treffe ich Moritz. Leben ist das, was passiert, während du andere Pläne machst. Das hat mal John Lennon gesagt. Gesungen, um genau zu sein. Verdammte Axt.

Frühstückerei

Sonntag, 01. August um 13:33 Uhr

Oh Mann, bin ich müde. Wer quält sich denn freiwillig am Wochenende zum Frühstück auf die Straße? Da bleibt man im Bett, bis es einem schlecht wird, und dann verspeist man große Mengen Ungesundes vor der »Sendung mit der Maus« – oder was auch immer im Fernsehen läuft. Aber nein, ich gehe aus, in grauer Morgenfrühe und vor allem nach zwei überraschenden Wendungen in meinem Leben, von denen mich mindestens eine um meinen Schönheitsschlaf gebracht hat. Das hat sich gerächt: Mit verquollenen Augen stehe ich vor meinem Badezimmerspiegel. Meine Haut ist aschfahl. Meine Haare weigern sich konsequent, den kosmetischen Anordnungen zu folgen. Das ist kein Bad-Hair-Day, das ist ein Bleib-besser-zuhaus'-du-Vogelscheuche-Tag.

Eine Stunde und viele verzweifelte Flüche später mache ich mich doch einigermaßen zurechtgezimmert auf den Weg ins Café. Ich habe keine Lust. Nicht heute, nicht nach der Nacht, nicht mit dem Aussehen. Ich möchte Moritz treffen, sehr gerne, aber vielleicht nicht gerade jetzt. Nicht mit Konrads Geflöte im Ohr »Ich komm früüüüher!« und mieser Laune.

Moritz sitzt schon an einem schönen, schattigen Plätzchen, strahlt mich an und hat mir und sich schon einen großen Milchkaffee bestellt. Ich werde ihn heiraten. Gleich nach der Frühstückszigarette. Ich lasse mich auf den Platz fallen und lächele begeistert, Moritz hält mir ein Croissant vor die Nase, lässt mich abbeißen und reicht mir eine Zigarette. Wir werden sehr glücklich miteinander werden.

Der Morgen ist wunderbar. Wir trinken viel Kaffee, und irgendwann bin ich auch putzmunter, wir reden, lachen, und er flirtet offen, ehrlich und sehr angenehm mit mir. Ich bin noch verwirrt ob dieser offenkundigen Zuneigung, finde das aber mal ganz in Ordnung. Nach dem Frühstück gehen wir im Park spazieren, und plötzlich nimmt er mich bei der Hand, sieht mich an: »Ist das okay, mir war so danach.«

Na KLAAAAARRR!! Das ist vollkommen okay. Mir war nämlich auch danach, aber ich hätte das nie gemacht, weil ich mich erst gefragt hätte, ob ihm vielleicht nicht danach wäre und wenn ihm nicht danach gewesen wäre, dann ... Stopp. Nicht denken. Ihm war danach und mir auch, und jetzt halten wir Händchen. Das ist doch wunderschön.

Und so endet der Tag auch, schön. Und zwar mit einem Kuss vor meiner Haustür und mit Moritz, der sagt: »Sorry, ist fast zu klassisch, rumknutschen vor dem Haus der Angebeteten, aber ich hätte nicht gehen wollen ohne Kuss.«

Ich schwebe die Treppe hoch. Moritz wird morgen nicht anrufen und keine SMS schreiben. Moritz holt mich morgen um halb drei ab, wir fahren zu Ikea, Regale für ihn kaufen. Sein Vorschlag. Ich muss sagen: Das ging ja mal einfach!

FAZIT: Los! Lassen!

Loslassen ist klasse. Eigentlich hab ich die Leute immer ganz furchtbar gehasst, vorrangig meine Freundinnen, und vorrangig die in glücklichen Beziehungen, die als besten Tipp immer zu vermelden hatten: »Du bist zu angestrengt. Das merken die Männer. Das gefällt ihnen nicht. Du musst loslassen!«

Jaaaa, ja. Ich sehe es ja ein. Und wenn ich ehrlich bin, fand ich die letzten Monate auch zeitweise wirklich anstrengend. Es ist anstrengend, die Liebe zu suchen. Aufregend, lustig, abwechslungsreich und manchmal deprimierend, aber irgendwie auch anstrengend. Wenn es gelingt, nicht gleich aus jedem Vollidioten einen Superhelden zu machen, nicht in den kleinsten Eventualitäten große Chancen zu wittern, nicht jede Mücke in einen Elefanten zu verwandeln, dann ist das zwar ein Stückchen langweiliger als vorher, aber irgendwie auch nicht mehr so hektisch. Ich fliege nicht mehr von Blüte zu Blüte, ich tanze nicht mehr auf jeder Hochzeit und hab sogar meine Angst, irgendwo irgendwas zu verpassen, halbwegs in den Griff bekommen. Das ist gut – für eine gewisse Zeit. Zwölf Monate würde ich so niemals aushalten. Das passt nicht, nicht zu mir, nicht zu meinem Tempo. Ich habe kein Chi. Ich mache kein Yoga. Und ich lese keine Bücher zur Selbsterkenntnis. Aber vielleicht schreib ich bald mal eines.

KONTAKTANZEIGE
August

Moritz bringt mein neu entdecktes, gelassenes Leben anständig durcheinander. Er ist erst seit ein paar Tagen in meiner Welt, und ich vernachlässige einfach alles und jeden. Meine Laune ist auf dem absoluten Höhepunkt angekommen. Moritz ist super. Wir lachen viel, wir reden viel, wir halten Händchen und knutschen in freier Wildbahn, und nachts schlafen wir aneinander gekuschelt ein, nachdem wir uns gegenseitig versichert haben, wie grell uns die Sonne aus dem Hintern scheint.

Ich mag mir keinen neuen Mann mehr suchen. Ich habe einen. Mona ist das egal. Mona, die Jeanne d'Arc der Alleinstehenden, schreit entsetzt auf, als ich ankündige, das Projekt vorzeitig zu beenden. »Spinnst du?«, japst sie durchs Telefon. »Nur weil DU jetzt einen gefunden hast, kannst du doch nicht alles hinwerfen!« Ich schweige. Mona dreht auf. »Seit Monaten machen wir diesen Scheiß mit dir mit! Seit Monaten! Das ist nicht nur dein Baby, meine Liebe, das ist UNSERES.« Ihre Stimme bekommt einen bedrohlichen Unterton. »Und du? Du nimmst die erstbeste Babyklappe und wirfst alles weg, was wir uns monatelang erarbeitet haben. Du willst aufhören? Nix da! Du bist noch viel schlimmer, als diese Mütter, die ihre Babys in die Babyklappe legen – du bist wie die Leute, die ihre Haustiere zur Ferienzeit an Autobahnraststätten aussetzen, ja, genau, SO BIST DU!«

Rums. Meine Vorsätze, das Experiment zu beenden, verpuffen im Nichts, als ich an kleine, großäugige, abgemagerte Hundewelpen denke, die in der Augusthitze qualvoll verenden. Danke auch, Mona! Blöde Kuh. Ich grummle beleidigt in mich hinein. »Aber ich weiß auch gar kein gutes Motto mehr!«, starte ich einen letzten verzweifelten Versuch.

»Ich aber.« Mona triumphiert. »Du schaltest eine Kontaktanzeige. Ich wollte schon immer mal wissen, wer sich auf so was meldet.« Klasse. Mein Dasein als Versuchskaninchen scheint vorerst nicht beendet.

Aus zwei mach eins

Freitag, 06. August um 18:36 Uhr

Ich glaub, ich hab 'nen Freund. Einen richtigen, echten Freund. Zumindest fühlt es sich so an. Händchen halten auf der Rolltreppe, über gemeinsame Wochenendtrips diskutieren und seine Frage, welche Kaffeetasse mir besser gefallen würde, um morgens meinen Milchkaffee bei ihm zu trinken.

Huch!? Das ging aber schnell! Willst du mich? Sicher? Da stimmt doch was nicht! Oder nein, vielleicht stimmt es gerade! Vielleicht macht mein verkorkstes Hirn da nicht mit, wenn einer sagt: »Du gehörst jetzt zu mir. Überlegen kannst du später.« Zu viele Nächte des Denkens, zu viele Zweifler, zu viele Männer, die eben nicht wussten, sagten, fühlten, wahrscheinlich auch nicht machten, was sie wollten. Und zu oft auch ich, die es nicht wusste. Oder die es schaffte, aus einer netten Sache, die am Anfang stand, ein kompliziertes Konstrukt zu schaffen, an dem sie irgendwann noch nicht einmal selbst beteiligt sein wollte.

Und trotzdem: Will ich selbst beteiligt sein? An dieser Sache? Ich bin irritiert, dass mir Moritz zwar sehr gut gefällt, mir aber auch einige Dinge missfallen. Vielleicht ist das ja normal, wenn man ein Weilchen alleine war: Man hat jede Menge Zeit gehabt, seine eigenen Schrulligkeiten zu kultivieren, seine Macken auf Hochglanz zu polieren, sein Leben so einzurichten, wie man es ganz allein für richtig hält. Und dann kommt plötzlich jemand anderer, und der hat das ganz ähnlich gemacht, und zwei schrullige, hochglanzpolierte, eingerichtete Lebewesen treffen aufeinander und sind erst einmal leicht überfordert, ihre beiden Leben in Einklang zu bringen.

Moritz hat mich gefragt, ob er bei mir mal die Fenster putzen darf. Ich bin mir nicht sicher, ob ich diese Frage gutheißen soll. Ich bin mir auch nicht wirklich sicher, ob Moritz und ich passen oder ob es am Ende sogar die große Liebe wird. Genau genommen bin ich ja noch nicht einmal richtig verliebt. Wäre auch ein bisschen komisch, nach so kurzer Zeit. Oder nicht? Oder doch? Egal. Er reißt mich mit, er ist toll, lieb und lustig, und ich fühle mich wohl mit ihm. Aber er will meine Fenster putzen und hat mir vorgeschlagen, demnächst mal meine Buchhaltung zu überarbeiten. Gefällt mir das? Ich weiß es nicht. Ich schau mir die Sache jetzt einfach mal an. Und zwar so, wie Moritz es mir beigebracht hat: »Jetzt denk mal nicht zu viel, mach einfach mal.«

Okay. Ich bin ein Paar. Zumindest ein kleines.

Strohwitwe

Mittwoch, 11. August um 18:10 Uhr

Moritz ist für ein paar Tage beruflich unterwegs. Das ist einerseits blöde, weil er nicht da ist, um mir weiter den Nacken zu küssen oder mir Komplimente über mein umwerfend lautes Lachen zu machen. Andererseits ist es gut, weil ich endlich ein wenig Abstand bekomme, um mir mal ein paar dringend notwendige Gedanken zu machen. Es gibt einige Veränderungen in meinem Leben. Mein Freund ist beruflich unterwegs. Dieser Satz beinhaltet zwei großartige Erneuerungen. Erstens habe ich einen Freund, und zweitens hat mein Freund einen Job und ist nicht so ein fürchterlicher Versager wie seine Vorgänger. Moritz gefällt mir gut, sehr gut sogar! Aber obwohl mein Kopf schon weiß, dass er sich in Moritz verlieben soll, lässt der vielbeschworene Endorphin-Serotonin-Cocktail bislang auf sich warten. Mein Hypothalamus scheint durch meine lange, lange, traurige, dunkle Zeit als Single noch eingeschläfert. Er hat sich noch nicht an die neue Situation gewöhnt. Geben wir ihm noch ein paar Tage.

Moritz ist also weg. In der Vergangenheit habe ich die Erfahrung gemacht, dass es nie besonders clever ist, mich gerade in der Anfangszeit alleine mit meinen Gedanken zu lassen, da diese gerne mal den Notstand ausrufen und das Projekt zum Kippen bringen. Hoffen wir das Beste. Hoffen wir, dass ich mich dieses eine Mal im Griff habe.

Böses Erwachen

Freitag, 13. August um 08:27 Uhr

Ich stehe unter der Dusche. Moritz ist immer noch unterwegs und schreibt mir sehnsuchtsvolle SMS, die ich mit Begeisterung an all meine Freundinnen weiterleite. Was für ein Mann!

Endlich mal einer, der keine Angst vor Nähe hat. Der eine Beziehung Beziehung nennt und nicht Affäre, Geschichte, Dingsbums oder Käsekuchen. Er hat sogar schon eine Zahnbürste gekauft, die jetzt neben meiner im Zahnputzbecher wohnt. Moritz ist, wenn auch nur ein bisschen, bei mir eingezogen. Hach. Verschlafen reibe ich mir die Augen und greife kurzsichtig nach dem Duschgel. Beziehungsweise: Ich greife ins Nichts. Hm. Eigentlich standen hier immer mehrere Flaschen. Wo sind die denn hin? Ich blicke mich in der Duschkabine um. Eigentlich nicht viel Platz, um irgendwas zu übersehen – und ich bin mir sicher, dass hier vorgestern noch viel mehr Duschgels standen. Zugegeben: Einige waren schon leer, oder fast – aber bei weitem nicht alle! Moritz hat mich doch gerade erst noch gefragt, warum ich die leeren Flaschen in meiner Dusche aufbewahre, da habe ich ihn darüber in Kenntnis gesetzt, dass diese Flaschen bei Weitem nicht leer seien, sondern durchaus noch verwendet werden. Vielleicht nicht jetzt. Aber ganz bestimmt später. Mit tropfenden Haaren steige ich aus der Dusche und laufe klatschnass in die Küche. Meine Müllecke, also eine einzige, übersichtliche Tonne für alles, existiert nicht mehr, jedenfalls nicht so wie noch vor ein paar Wochen. Moritz ist überzeugter Mülltrenner und hat mir schon nach wenigen Tagen einen Ständer für den Gelben Sack, einen Biomülleimer und eine Papiertonne gekauft. »Müll trennen ist doch selbstverständlich, Süße. Das tut doch gar nicht weh!« Und dann hat er gelacht und mir einen Kuss gegeben. Das hat mich zu dem Zeitpunkt noch gnädig gestimmt.

Nun stehe ich vor den unzähligen Müllaufbewahrungsmöglichkeiten und bin kurz vor einem Nervenzusammenbruch. Ich wühle mich durch die Restmülltonne (zugegeben, seit der Biomüll outgesourced wird, ist das nicht mehr ganz so eklig wie früher), finde meine Duschgels aber nicht. Da glänzt es mich orange durch die Folie vom Gelben Sack an. Nein! Moritz! Du hast mein »Oriental Grapefruit Spa« weggeschmissen? Das war doch noch fast voll!! Beziehungsweise: Da konnte man doch noch was rauskratzen! Und nicht nur das hat er weggeschmissen, auch mein »Beauty Holunder« und mein sauteurer »Fleur de Sel«-Badezusatz liegen einträchtig neben Milchkarton und Ravioli-Büchse.

Ich knurre. Die Fenstersache habe ich ja noch zähneknirschend hingenommen. Aber über die Duschgels müssen wir reden!

Leicht angekekst setze ich meine Körperhygiene fort. Im Schlafzimmer trifft mich wenige Minuten später der nächste Schlag, als ich die Sockenschublade aufziehe. Irgendjemand hat mein strukturiertes Sockenchaos domestiziert. Meine Socken sind jetzt nicht nur paarweise, sie sind GEBÜNDELT und zu kleinen, handlichen Packen zusammengefaltet. Hallo?! Moritz? Schon mal was von Privatsphäre gehört? Ich bin entsetzt.

Wann hat Moritz das gemacht? Ich meine: Wann hatte er Zeit dafür? Und warum habe ich das nicht mitbekommen? Ich gebe gerne zu, dass ich mich wahnsinnig gefreut habe, dass Moritz initiativ und ohne zu fragen das Altpapier und das Leergut weggebracht hat. Ich fand es süß, wenn nicht sogar charmant, dass er die Küchentücher ordentlich faltete, nachdem er meinen Abwasch abgetrocknet hat. Abwasch abtrocknen – welche Verschwendung!, habe ich mir damals noch gedacht, aber er hat mir sehr ausführlich erklärt, warum das unbedingt notwendig ist (um Wasserflecken später zu vermeiden), also habe ich lieb genickt und dämlich gegrinst und mich über einen so aufmerksamen und lebenstauglichen Freund gefreut. Bis heute.

Weiblich, ledig und richtig schlecht gelaunt
Freitag, 13. August um 15:52 Uhr

Ich gebe zu, dass meine Euphorie ein wenig schockgefroren ist. Die Erkenntnis, dass Moritz einen systematisch durchorganisierten Aufräumfimmel hat, der auch vor meinem Privateigentum nicht Halt macht, hat mich ziemlich ernüchtert. Wenn der Hormon-Cocktail der Liebe gerade romantisch aus der Tiefe um meine Füße blubbern würde, dann würde ich das leichte Missverhältnis vielleicht gar nicht bemerken. Oder ignorieren. Im wahrscheinlichsten Fall: schönreden.

Ich BIN aber nicht Hals über Kopf in Moritz verliebt. Meine rosarote Brille reicht nur bis in meine Duschkabine. Das ist MEIN Chaos, MEIN Wirrwarr, und genau in diesem Kuddelmuddel fühle ich mich wohl. Mag sein, dass reinlichere Gemüter davon genervt sind, dass bei mir viel … rumsteht. Aber das ist Dekor! Das ist Schmuck! Das ist Seele!!! Und: mein Geschmack. Ich mag es gemütlich. Wenn ich in einem Museum für Moderne Kunst hätte leben wollen, wäre ich mit Niko zusammengeblieben. Und Moritz räumt bei mir auf. Also ehrlich.

Apropos ehrlich: Ich muss eine Kontaktanzeige schalten. Nach meiner emotionalen Abkühlung finde ich es – und ja, ich weiß, welche niederen Charakterzüge mich gerade treiben – gar nicht mehr sooo unerträglich, schlimm und furchtbar. Gut, Lust habe ich immer noch nicht, und das hängt nicht nur daran, dass ich der Methode nicht unbedingt viel zutraue. Kontaktanzeige? Wer bitte antwortet auf Kontaktanzeigen? Und wer, bitteschön, schaltet welche?

Ich. Und nicht nur das. Weil ich mal wieder alles auf den letzten Drücker mache, muss ich im schlimmsten Medium der Welt inserieren: im örtlichen Stadtanzeiger. Nur die haben einen so kurzfristigen Anzeigenschluss, dass ich diesen Monat noch ein Inserat ins Blatt kriege. Toll. Man überlege sich, wer das Käseblatt so liest. Pfui bäh! Von denen will ich bestimmt keinen kennenlernen.

Muss ich ja auch nicht. Mona hat mich zwar dazu gezwungen, eine Anzeige zu schalten, sie hat aber vergessen, mir den genauen Wortlaut zu diktieren. Und weil ich gerade ordentlich auf Krawall gebürstet bin, keine Lust auf irgendjemanden und BESONDERS nicht auf Käseblattleser habe, mir dieser ganze Singlezirkus mit seinem Affentheater, seinem Sich-besser-verkaufen-als-man-ist und gleichzeitig Nur-das-Allerallerbeste-haben-wollen gehörig auf den Keks geht und ich ohnehin beschlossen habe, mich nicht mehr in Traumfrau-Rollenmodelle hineinquetschen zu lassen, bin ich mal so richtig ehrlich: *Ich (w, 28) neige zu Melodramatik, Unordnung und Übergewicht. Du (m, 25–35) suchst eine liebe, zärtliche Frau, die dich im Alltag unterstützt und dir jeden Wunsch von den Lippen abliest? Dann antworte doch lieber auf die Anzeige nebenan.*

Also, wer sich *darauf* meldet, dem ist ja nicht mehr zu helfen.

Lonesome Cowgirl
Sonntag, 15. August um 16:21 Uhr

Ich habe aufgeräumt bzw. mich wieder eingerichtet. In meiner Schublade liegen wieder einzelne Socken, ich habe demonstrativ ein benutztes Tempo neben meinem Bett fallen lassen und immerhin einen fast leeren Badezusatz gefunden, den ich wieder auf meine Ablage stellen konnte.

Das Wetter ist heute schlecht, passend für einen Sonntag, passend für mich, denn ich habe heute vor nachzudenken. Gestern Nacht erreichte mich eine SMS, ganz lieb, ganz Zucker, eine Traum-SMS für jede Frau. *Ich bin verliebt in dich.*

Und genau das ist das Problem. Ich bin nicht verliebt. Aber warum?

Als es klingelt und ich das Klappern viel zu hoher Absätze auf der Treppe höre, geht's mir gleich besser. Mona kommt. Mit Pflaumenkuchen. In SIE bin ich verliebt. Kann ich ganz einfach sagen! Nach zwei Stunden und zwei Kannen Kaffee haben wir raus, woran es liegt: Bereits vor diesem Experiment, das mich manchmal an die Grenzen meiner Belastbarkeit trieb, hatte ich ja nun auch schon einige Erfahrungen mit Männern gemacht. Und wenig gute, zumindest was das Ende betrifft. Und so hat Mona nicht unrecht, wenn sie sagt, dass ich Angst habe. Angst davor, mich zu verlieben, denn wer sich verliebt, begibt sich in Gefahr, man riskiert was, man ist von den Gefühlen eines anderen abhängig und muss aus seiner weichen, kuschligen und mit Sicherheit rosafarbenen Höhle raus und ernsthaft mitspielen bei dem Pärchen-Roulette, bei dem jederzeit »rien ne va plus« sein kann. Und dann? Sitze ich da und kann mir wieder einen Trümmerhaufen angucken, mir einreden, ich sei trotzdem toll und nachts die Kissenbezüge wechseln, weil sie nassgeweint sind. Wenn ich daran denke, geht's mir nicht gut. Ja, ich will einen Freund, ja, ich will mich verlieben. Ja? Bin ich mir da sicher?

Liegt es an mir oder an Moritz? Ist *er* es einfach nicht, der mein Herz gewinnen kann, obwohl ich es ihm wirklich, wirklich gerne geben möchte? Oder liegt es an mir? Ich kann ihm mein Herz nicht zuwerfen, weil ich es so fest in meinen Armen halte und an mich drücke, weil es vielleicht kaputt gehen könnte. Schon wieder.

Mona und ich gucken uns traurig an. »Wir sind einfach verkorkst«, stellt sie fest.

Ich werde warten, bis Moritz wiederkommt, und sehen, was

dann passiert. Ich will ihn nicht anlügen, ihm nichts vormachen, aber ich habe Angst, dass er geht, wenn er die Wahrheit kennt. Ich muss reinen Tisch machen! Bald.

The day after tomorrow
Dienstag, 17. August um 17:27 Uhr

Morgen kommt Moritz wieder. Ich freu mich, dass ich mich freue! Er kommt direkt vom Bahnhof hierher, und ich deute es als sehr gutes Zeichen, dass ich umgehend begonnen habe, meine Augenbrauen zu zupfen und meine schönen Schlafsachen zu waschen! Ich mache mich bereit – für meinen Freund. Die Sache mit dem Aufräumen schiebe ich kurzerhand beiseite. Darüber können wir dann später reden. Später, wenn ich hormonschwanger und euphorisiert bis in die Haarspitzen in Moritz' Armen im Bett liege. So der Plan.

Ich habe mir selbst das Limit gesetzt, bis morgen zu warten, mit Erklärungen, Offenbarungen und dergleichen, bis er hier ist und ich mich wieder neben ihm fühle. Wie fühlt er sich an, wie fühle ich mich an, wie fühlen wir uns an, so in etwa. Also, morgen.

Tag der Abrechnung
Mittwoch, 18. August um 22:28 Uhr

Moritz kommt und hat eine Sonnenblume in der Hand. Er hat mir eine Packung »Stroopwaffels« mitgebracht, verdammt süße, leckere Waffeln aus den Niederlanden (da war er nämlich). Und dabei hatte ich nur einmal in einem Nebensatz erwähnt, dass ich die mag! Und Moritz sagt: »Ohne dich macht so vieles keinen Spaß!«

Und ich sage: »Und ohne dich finde ich wenigstens meine Badezimmerutensilien.«

208

Crash. Boom. Bang. Ich kann aber auch einfach nicht meine Klappe halten. Kaum ist es gesagt, tut es mir leid, er guckt erschrocken und verständnislos. Aber ich habe den Stein ins Rollen gebracht, leider noch im Flur, leider ohne ein nettes Wort gesagt zu haben, leider ohne Stroopwaffel im Mund.

Moritz seufzt. »Okay. Du antwortest auf einige SMS nicht, besonders auf meine mutigen, du schreibst mir belanglose E-Mails und deine Begrüßung ist ein Vorwurf. Wir sollten uns unterhalten.« Ohgottohgott, ja. Aber gleich?

Wir unterhalten uns. Und ich bin ehrlich. Ich sage Moritz, dass er das Beste ist, was mir seit Langem begegnet ist, dass ich ihn mag und gerne bei ihm bin, dass ich mich freue, ihn zu sehen, zu hören und zu schmecken, aber dass ich nicht verliebt bin. Irgendwo in mir ist das Gefühl, aber ich kann es nicht rauslassen, ich weiß noch nicht mal sicher, wo es ist. Und ich kann es auch nicht finden, weil Moritz bei mir in Kopf und Wohnung alles umgeräumt hat, weil er Dinge umsortiert und ausmistet, die ihren festen Platz bei mir haben, und das macht mich unsicher und nervös. Ich muss mich gerade an soviel Neues gewöhnen, dass ich nicht mehr hinterherkomme.

Jetzt habe ich Angst. Dass er geht, dass er sich verarscht fühlt und sauer ist. Aber Moritz steht auf und legt seine Hand auf meinen Kopf: »Ist das Gefühl hier?«

»Nee.« Er legt seine Hand auf meinen Rücken. »Hier?«

»Nee.« Er legt seine Hand auf meinen Bauch. »Hier?«

»Glaub nicht.« Er legt seine Hand … woanders hin. »Hier vielleicht?«

»Chhhhhhhhhhhhhhhhhhachachaaaa …«

»Vielleicht bist du noch nicht verliebt, aber das können wir ändern.« Spricht's, nimmt mich an der Hand und führt mich ins Schlafzimmer. Und wir suchen gemeinsam die Stellen, die vielleicht doch in Moritz verliebt sind. Und wir reden darüber, was mir Angst macht, was ihm Angst macht. Er hat Angst, dass ich mich nicht in ihn verliebe, aber er kann ein bisschen warten. Und das Schönste, was er sagt, und ich schwöre, das ist das Schönste, was JEMALS jemand zu mir gesagt hat: »Im Moment bin ich halt für uns beide verliebt.«

Wechselwirkung
Donnerstag, 26. August um 10:46 Uhr

Ich schwimme weiter in einem Ozean, den ich nicht kenne, auf einem Schiff, von dem ich nicht weiß, ob es mich in den richtigen Hafen bringt. Ist Moritz der Richtige? Wer ist eigentlich dieser »Richtige«? Gibt es den überhaupt? Und wenn es ihn gibt, wie erkenne ich ihn?

Es ist schön zu hören, dass jemand in dich verliebt ist. Es ist nicht schön zu hören, dass jemand in dich verliebt ist, wenn du es selbst nicht bist. Oder nicht so, wie du solltest.

Wie sollte ich denn?

Mich gruselt. Ich bin dabei, mich in genau die Typen zu verwandeln, die mich nach vier Wochen schöner, gemeinsamer, satter Zeit fallen ließen. »Bin nicht verliebt, Süße, sorry.« Und jedes Mal frage ich mich, ob es nicht auch einen anderen Weg gäbe, eine andere Möglichkeit. Gibt es nur einen Weg, sich zu verlieben? Es gibt so viele Zellen in meinem Körper, woher weiß ich, dass jede Zelle sich an den genauen Ablaufplan »Verliebtsein« hält? Vielleicht sind meine Zellen ja genauso uneinsichtig, wie ich es immer bin. Läge ja nahe. Rein anatomisch gesehen.

Fakt ist, dass ich meine Meinung bezüglich Moritz und dem, was wir Beziehung nennen, beinahe stündlich wechsele. Eben noch voller Tatendrang, voller »Es geht ein Ruck durchs Land!«, dann plötzlich vollkommen desillusioniert und müde, ideenlos und überkritisch. Es nervt mich. Es nervt mich so sehr, dass ich tatsächlich mit einer gewissen Portion Wehmut an meine Zeit als Single denke.

Bin ich eigentlich bekloppt? Single sein, Single bleiben – das stand NIE auf der Tageskarte! Reiß dich zusammen, verdammt. Vor dir steht ein feiner Kerl, der mehr möchte, als dich nur ausprobieren. Also zier dich nicht so. Schau es dir wenigstens an. Und halt die Klappe.

High Noon
Freitag, 27. August um 11:42 Uhr
Heute Morgen bin ich Moritz und unserem Beziehungsversuch gegenüber wieder gnädig gestimmt. Es gibt keinen besonderen Grund, warum sich mein Fähnlein im Wind dieses Mal wieder in Moritz' Richtung gedreht hat. Ich höre auch besser auf, den negativen Schwingungen bedingungslos nachzugehen, und halte mich strikt an Monas Mantra: Wir sind einfach verkorkst.

Dies zur Erkenntnis des Tages. Die nächsten Erkenntnisse knüppeln meine Erwartungen an ein geregeltes Leben mal wieder darnieder und zerschlagen meinen Wunsch nach einem Nanogramm Normalität.

Es ist neun Uhr morgens. Moritz hat mich gerade mit einer Tasse Kaffee am Bett und einer frühen erotischen Sporteinlage überrascht, da klingelt es an der Haustür.

»Ich mach auf«, sagt Moritz, schlüpft in seine Boxershorts und geht aus dem Schlafzimmer. Ich drehe mich noch einmal im Bett um. Wie schön, wenn jemand da ist, der sich um alles kümmert. Der dampfende Pott Kaffee auf dem Nachtisch lächelt mich an. Na gut, ich weiß schon, warum ich heute diesem Beziehungsexperiment gegenüber so milde gestimmt bin.

Im Flur wird es ein wenig lauter. Ich lausche. Zwei männliche Stimmen erkenne ich da, die von Moritz – und … äh … klingt so mein Briefträger?!

Moritz kommt mit angespanntem Gesichtsausdruck ins Schlafzimmer. »Kommst du mal bitte? Da draußen steht ein Typ, und er sagt, er ist dein Freund.«

Ich erstarre. Und muss nicht lange überlegen, wer mich da mit einem Überraschungsbesuch heimtückisch überfällt. Ich werfe mir schnell meinen viel zu kleinen Kinderbademantel über und haste in den Flur. Da steht er, wie eines der sieben Weltwunder. Konrad. Und ich stehe da, wie ein Vollidiot. In hellblauem, abge-grabbelten Frottee mit verblichenem Bibi-Blocksberg-Print.

Vor Enttäuschung, dass ich in dieser filmreifen Situation noch nicht einmal einen seidenen, figurumschmeichelnden Kimono besitze, sage ich nichts. Außer: »Konrad.«

Konrad starrt mich an. Der große Strauß bunter Wiesenblumen in seiner Hand welkt innerhalb einer halben Sekunde.

»Wer ist der Typ?«, fragt Konrad mit großen Augen.

»Die Frage sollte eher lauten: Wer ist DER Typ?!«, fragt mich Moritz, während das Entsetzen seinen kompletten Körper überrollt.

Ich friemle an der Kordel um meine Taille. Ich – verdammt, was soll ich denn jetzt sagen? »Moritz – das ist Konrad. Konrad – das ist Moritz.« Na ja. Das ist immerhin schon mal ein Anfang.

»Darf ich vielleicht erst mal reinkommen?«, startet Konrad einen weiteren Versuch.

Moritz' Blick verursacht Magenschmerzen. »Das ist jetzt nicht dein Ernst, oder?«

Die Frage hat er leider an mich gerichtet, nicht an Konrad. Konrad wertet mein Schweigen als Einladung, kommt rein, schließt die Haustür und zieht sich mit einer Hand die Schuhe aus.

»Wollen wir in die Küche?«, fragt Konrad zielstrebig. Scheiße, denke ich, und stimme seinem Vorschlag mit einem schüchternen Nicken zu. Ein paar verwirrende Momente später sitzen wir am Tisch. Moritz versucht mich weiter mit seinem Blick zu erdolchen, Konrad, der ja schon mal in meiner Wohnung war und sich mittlerweile allem Anschein nach heimisch fühlt, hat sich nicht nur selbständig eine Tasse Kaffee geholt, sondern zu allem Überfluss (und wohl auch um ein wenig Platzhirsch zu mimen) Moritz eine Tasse angeboten. Der hat schweigend abgelehnt. Ich sitze auf meiner Eckbank und vergrabe die Hände in meinen ungekämmten Haaren.

»So«, eröffnet Konrad die Verhandlung, »ich möchte jetzt sehr gerne wissen, was hier eigentlich vor sich geht.«

»Ich schließe mich an«, erwacht Moritz aus seinem Schweigen, »und ich will auch wissen, was das alles soll.«

Jupp. Das war's dann wohl. Der große Moment ist gekommen, ich darf jetzt gleich zwei Typen auf einmal in den Wind schießen. Moritz werde ich sagen müssen, dass ich gar nicht mit Konrad zusammen bin, ja nie zusammen war, dass mein Herz (wenn auch noch nicht in dem Takt, der vorgesehen ist) nur für ihn schlägt. Das wiederum wird Konrad nicht auf sich sitzen lassen und Moritz haarklein von jeder Situation, jedem Telefonat und jedem noch so intimen Zusammentreffen unserer kleinen Romanze erzählen. Dann wird Moritz gehen. Dann muss Moritz gehen. Denn ich habe ihm nicht gesagt, dass es da jemanden gibt, der anscheinend denkt, ich sei mit ihm zusammen. Und ich muss Moritz sagen, dass ich diesen Anschein nicht berichtigt habe, als ich mit ihm zusammengekommen bin.

Moritz wird also gehen. Will ich das? Nein.

Also muss Konrad gehen. Will ich das? Nein! Seit er vor sieben Minuten mal wieder unangekündigt in mein Leben geplatzt ist, wird mir jedesmal ganz kribbelig, wenn ich ihn ansehe. Bei Konrad, den ich seit Monaten nicht gesehen habe, dem ich zuletzt eine fürchterliche Szene am Telefon gemacht habe, hüpft mein Herz wie ein Flummy auf LSD. Bei Moritz, der mich so wunderbar behandelt, der mich auf Händen trägt, wie ich es mir wünsche, spielt mein Herz den Taubstummen. Verflixt. Was mache ich jetzt?

»Also«, beginne ich vorsichtig, die Katastrophe einzuläuten. »Es ist so, dass …«, und weiter komme ich nicht, weil es wieder an der Tür klingelt.

»Ich gehe«, sagt Konrad und springt auf.

»Ich gehe!«, flucht Moritz und springt mit.

»Dann bleibe ich wohl mal sitzen«, stelle ich lakonisch fest und hoffe, dass sich nicht noch mehr Leichen in meinem Keller befinden, die sich gerade zu einem Kondolenzbesuch aufgemacht haben.

Moritz und Konrad verlassen die Küche, ich vergrabe mich in meinem Selbstmitleid. Aus dem Flur höre ich Stimmen, diesmal erkenne ich WIRKLICH meinen Briefträger, dann Papiergeraschel. Moritz und Konrad kommen zurück in die Küche, Moritz trägt einen großen Umschlag bei sich.

Er gibt ihn mir. »Warum schickt dir der Stadtanzeiger so ein großes Paket?«, fragt er mich, und ich muss beinahe lachen. Ein kleiner Gruß ans Universum: Du bist ein Arschloch!

Konrad guckt Moritz über die Schulter. »Wieso steht in der Adresszeile eine Chiffre-Nummer unter deinem Namen?«

Ja. Hm. Wieso eigentlich?

»Mach doch mal auf!« Moritz drückt mir das Paket in die

Hand. Unter Todesqualen nehme ich den Umschlag entgegen, reiße das Papier auf und schüttle einen Haufen Briefe auf den Küchentisch.

»Was ist das??«, fragt Konrad, und seine Stimme wird leicht panisch.

»Briefe. An mich.«

Moritz schüttelt den Kopf. »Wieso schreibt dir der Stadtanzeiger Briefe?!«

»Nicht der Stadtanzeiger schreibt mir«, presse ich zwischen zusammengekniffenen Lippen hervor, »das sind Reaktionen auf meine Kontaktanzeige.«

Moritz und Konrad starren mich fassungslos an. Ich untersuche die Holzmaserung meines Küchentisches. Die Stille, die uns in meiner kleinen, unaufgeräumten Küche überfällt, tut in den Ohren weh. Hier kann man keine Stecknadel fallen hören, hier hört man den lautlosen Furz der linksdrehenden Bakterien meines Bio-Joghurts.

»Es tut mir leid«, flüstere ich leise. »Ich kann das erklären.«

»Ich brauche keine Erklärung«, sagt Moritz, und seine Stimme klingt so traurig, dass ich kotzen möchte.

»Ich brauche einen Schnaps«, sagt Konrad, und seine Stimme klingt so fassungslos, dass ich sterben will.

Und dann gehen sie. Beide. Und ich bleibe sitzen, in meinem Bibi-Blocksberg-Bademantel, und kann noch nicht einmal weinen, weil ich mich so sehr über mich, mein Karma, das Universum und mein ganzes verkorkstes Leben ärgere. Ich habe es wieder mal geschafft: Alles ist hin.

Erste Hilfe

Freitag, 27. August um 20:52 Uhr

»Gar nichts ist hin!«, versichert Mona, die wenige Stunden später notfallmäßig zur Hilfe geeilt kommt, ausgerüstet mit drei Packungen Kleenex, die sie mir jetzt in die Nase stopft. »Das ist doch super! Konkurrenz belebt das Geschäft!«

Ich hasse diese Frau. »Mona!«, brülle ich dementsprechend zwischen zwei herzhaften Schluchzern. »Da wird es überhaupt keine Konkurrenz mehr geben! Die machen sich vom Acker, und zwar beide!!«

»Das glaubst du«, zwinkert Mona mir leutselig zu, »aber ich glaube, dass das keiner von beiden auf sich sitzen lassen wird.« Sie klopft mir mütterlich auf den Oberschenkel.

Ich blicke auf. »Meinst du?«, schniefe ich sie an.

»Ja, meine ich. Die werden um dich kämpfen. Einer wird gewinnen«, führt sie sachlich fort. Puh, da bin ich aber froh. Mit dem Ende kann ich mich anfreunden. »... und dich nach kurzer Zeit abservieren.« Ein erneuter Heulkrampf schüttelt mich.

»Na, na, na«, versucht Mona die Sturzbäche einzudämmen. »Ich glaube, wir müssen dich ablenken. Wo sind die Briefe?«

Krisenmanagement

Sonntag, 29. August um 10:20 Uhr

Am Freitagabend sitzen Mona und ich in meiner Küche und sichten die Briefe, die mein unsorgsam aufgebautes, emotionales Kartenhaus zum Einsturz gebracht haben. Ich kann ihnen nichts abgewinnen, immerhin – und ich gebe mir redlich Mühe, wirklich zu glauben, was ich da sage – sind SIE schuld daran, dass Moritz weg ist. Und Konrad. Und sie sind schuld daran, dass mein Freitagabend mit Mona, einer großen Packung Kleenex und einer Familienpizza endet, und nicht mit meinem neuen Freund Moritz, den ich irgendwie wollte, und irgendwie auch wieder nicht, zumindest aber so sehr, dass ich jetzt merke, dass es weh tut. Jetzt, wo er weg ist. Das alte Spiel: Was man nicht bekommt, das will man haben, selbst wenn man dabei sein Herz verliert.

»Hui!«, jubiliert Mona von der anderen Seite des Küchentischs, während ich mich in meinem Selbstmitleid vergrabe. »Schau mal der. Was hast du geschrieben? Zwischen 25 und 35 soll er sein, ja?« Ich nicke. Ich habe so gar keine Lust auf diese Briefe. »Da scheint es eine Menge Interpretationsspielraum zu geben. Der hier ist 56.«

Ich lächle müde und öffne einen der vor mir liegenden Briefe.

»Liebe Unbekannte«, lese ich laut vor, »mit großem Genuss habe ich deine Kontaktanzeige gelesen. Darf ich mich dir vorstellen?« Ich sehe Mona an. »Wieso fragt der so blöd? Hab ich die Möglichkeit, nein zu sagen?!« Weiter im Text. »Ich heiße Manfred, bin 42 und jung geblieben …« An dieser Stelle höre ich auf zu lesen. Jung geblieben?! Seriously? Ich ziehe ein Foto aus dem Briefumschlag. »Oh Mann.« Manfred guckt mich über seine Glasbausteinbrille kurzsichtig und professorenhaft an und grinst debil. Er sitzt in einem in Braun- und Rottönen gemusterten, augenkrebsverursachenden Polyesterpullover auf einer Bank, irgendwo in einem spießigen Vorstadtkleingarten. Seine Beine stecken in beigefarbenen Cordhosen, er hat sie übereinander geschlagen. In seiner rechten Hand hält er ein halbvolles Glas Rotwein.

Ich keuche. Mona kommt zu mir rüber. »Wow«, sagt sie und nickt bedächtig mit dem Kopf. »Ich habe ja auch schon ein paar schräge Typen hier gefunden, aber der hier – lecker!« Und dann zwinkert sie mir zu. »Wie lange du von dem wohl die Finger lassen kannst, wenn ihr euch zum ersten Mal trefft …«

Ich schalte mich ein. »Den werde ich nicht treffen.«

»Nicht?«, fragt Mona und macht ein scheinheiliges Gesicht. »Aber schau doch mal, was für schöne Augen er hat – dieser leichte Silberblick.«

Entrüstet schüttle ich Mona und ihren Vorschlag ab. »Das ist kein Silberblick, Mona! Seine Augen tanzen Tango!«

Mona bricht in schallendes Gelächter aus. Ich möchte eigentlich noch ein Weilchen sauer und angeknickt sein, muss aber zwangsläufig mitlachen. Mona nimmt mir das Foto und den Brief aus der Hand. »Ich denke, er kommt auf den Stapel *Inakzeptabel*.«

Ich bin überrascht. »Du hast Stapel gemacht?!«

»Ja!«, grinst Mona und setzt sich wieder auf ihren Stuhl, vor ihr liegen drei Häufchen aus Briefen. Sie legt Manfreds Brief auf den kleinsten Stapel. »Mit System geht alles besser. Wir müssen doch den Überblick behalten. Das hier ist die Kategorie *Inakzeptabel*.«

Gut. Immerhin ist *Inakzeptabel* der kleinste Haufen von allen. Ein Funken Hoffnung sprüht mich an. »Und welche Kategorien gibt es noch?«

Mona lächelt. Sie zeigt auf den zweiten, etwas größeren Berg voller Briefe. »Das hier ist die Kategorie *Niemals, nicht mal wenn ich die letzte Frau auf dem Planeten bin*.«

Oh. Der Optimist in mir verweist auf Stapel Nr. 3, mit Abstand der größte. Da wird er sein, ein vernünftiger Kandidat, die sprichwörtliche Nadel im Misthaufen.

»Dann also diese Kategorie«, sage ich und ziehe die Briefe zu mir heran.

»Oh, du meinst: *Schlechte Witze*?« Ich starre Mona an. Meint sie das ernst? Will sie mir gerade wirklich sagen, dass von insgesamt 19 Briefen und Interessenten KEIN EINZIGER brauchbar sein soll? Ich kann das nicht glauben. Schlechte Witze sind doch eigentlich genau mein Ding. Und Mona ist immer so fürchterlich kritisch und absolut. Ich, die Heldin des Schönredens, werde mal einen Blick auf ihre bisherige Sortierarbeit werfen. Ich mache mich über die Briefe her. Halblaut lesend überfliege ich die Zeilen des Briefes, der ganz oben auf dem Stapel liegt.

»… heiße Thomas, bin 34 und – «, ich stutze und blicke Mona an, die nur vielsagend mit den Schultern zuckt, »bin verheiratet. Ich bin auf der Suche nach einem erotischen Abenteuer fernab von alltäglichen Verpflichtungen …« Ich breche ab. Ne. Also ehrlich: Nee! Am Ende hocke ich wie Sabine beim Italiener und werde von aller Welt für bekloppt und geistesgestört gehalten. Der Nächste bitte.

Ich überfliege die Zeilen eines weiteren Briefes. Bis zur Hälfte der ersten Seite noch keine gravierenden Satzstellungs- und Sprachprobleme, keine Obszönitäten, keine Absurditäten. Ich schaue mir das mitgeschickte Foto an. Südländer, Mitte 20, vielleicht kein Augenschmaus, aber auch kein Manfred, vernünftig angezogen – zugegeben, er sitzt auf einem peinlichen, riesengroßen, knallroten Motorrad, aber das kann er sich ja auch von einem Kumpel geliehen haben.

»Der ist doch gar nicht so schlecht!«, ranze ich Mona an. »Wieso liegt der bei *Schlechte Witze*?«

Mona lächelt milde. »Du hast den Brief noch nicht zu Ende gelesen.« Ich überfliege den Mittelteil, in dem Ali, so heißt der Kandidat, sehr ausführlich sein großes Hobby Auto-Tuning vorstellt. Am Ende seines Briefes schreibt er: »Ich würde mich freuen, wenn ich dich einmal persönlich kennen lernen könnte. Am besten erreichst du mich über die Telefonnummer des Restaurants von meinem Kumpel Mario, da wohne ich zurzeit.

Die Nummer vom ›Fliegenden Italiener‹ ist …« Ich halte inne. Ich soll bei einem Pizzabringdienst anrufen, um mit Ali in Kontakt zu treten? Mona gluckst von der anderen Seite des Tisches: »Guten Tag, ich hätte gerne eine Pizza Hawaii, einen großen gemischten Salat und eine Flasche Lambrusco, und könnten Sie mir bitte auch Ali ans Telefon holen?« Ich werfe mit der Kleenexbox nach ihr. Und muss lachen.

Die restlichen Kandidaten der Kategorie *Schlechte Witze* bieten, immerhin, jede Menge Grund zur Erheiterung. Volker, 32, sieht aus wie Garfield und trägt eine feste Zahnspange, Michi (ohne Alter) schreibt direkt im dritten Satz, dass er leider zeugungsunfähig, Adoption gegenüber aber aufgeschlossen ist; Matthias ist eigentlich nie zu Hause und fände es super, wenn jemand (ich?) da wäre, der ab und an in seiner Bude mal nach dem Rechten sieht.

»Der sucht doch 'ne Putzfrau!«, sage ich angemessen entrüstet und schiebe den Stapel *Schlechte Witze* weit von mir.

Mona grinst. »Was ist mit *Inakzeptabel* und *Nicht in diesem Leben*? Willst du die gleich lesen oder dir für später aufheben?«

Ich zucke resigniert die Schultern. »Später. Oder nie.«

»Besser nie«, lächelt Mona mir zu, »und jetzt wird es Zeit für ein feierliches Besäufnis. Bist du dabei?«

Ich bin dabei. Und wie ich dabei bin. Die zwei Flaschen Sambuco, die der Pizzabringdienst zur Familienpizza kostenlos geliefert hat (ob es Ali war, der meine Bestellung entgegengenommen hat?), ist waffenscheinpflichtig und kegelt Mona und mich innerhalb von 30 Minuten aus. Den ganzen Samstag liegen wir mit schrecklichen Kopfschmerzen auf dem Sofa und sehen uns sechsmal die Szene an, in der Rhett Butler zu Scarlett sagt: »In den entscheidenden Augenblicken deines Lebens hattest du nie ein Taschentuch.« Und dann geht er in den Nebel.

Erst heute Morgen lichten sich die trüben Schwaden in meinem Hirn, und ich kann zum ersten Mal seit Freitag einen klaren Gedanken fassen. Ich muss mit Moritz reden. Und mit Konrad. Ich muss erklären, was da schiefgelaufen ist. Bald.

Sorry seems to be ...
Montag, 30. August um 17:58 Uhr

Tuuut. Tuuut. Es klingelt. Ich rufe bei Moritz an. Mein Herz schlägt bis zu den Ohrläppchen. Und da sag nochmal einer, dass ich für Moritz keine körperlich spürbaren Gefühle habe.

Tuuut. Tuuut. Na klar. Er wird nicht rangehen. Verstehe. Würde ich auch nicht machen. Stimmt nicht, gelogen. Ich würde rangehen und einen riesigen Eimer Fäkalien über dem Anrufer ausleeren.

Tuuut. Tuuut. Okay. Zweimal lass ich es noch klingeln, dann lege ich auf. Mission not accomplished. Mission impossible.

Tuuut. Tuuu --- »Hallo.«

Oh Gott. Er hat abgenommen. Moritz ist am anderen Ende der Leitung! Kurze Analyse: Dann kann er mich nicht hassen. Jedenfalls nicht so sehr.

»Äh – hallo?«, hakt Moritz nach. »Ich weiß, dass du dran bist, ich hab deine Nummer nämlich in meinem Handy gespeichert.«

Ich möchte auf die Knie sinken vor Dankbarkeit! Moritz, oh du mein Held! Du hast mich nicht gleich aufgegeben, mich nicht gleich aus dem Paradies geschmissen und mit faulen Äpfeln beworfen, du hast meine Nummer NICHT gelöscht …

»Äh – Juli, du solltest jetzt langsam mal was sagen, wenn ich nicht alles alleine machen soll.« Moritz klingt belustigt. Belustigt? Ich finde meine Worte wieder.

»Hi. Moritz. Entschuldige.« Okay. Für den Anfang schon mal nicht schlecht. Moritz möchte es aber genau wissen. »Entschuldige was? Dass du nicht redest, obwohl du bei mir anrufst? Dass du einen Freund hast, von dem ich nichts weiß? Oder dass du eine Kontaktanzeige schaltest, während du mit mir zusammen bist?«

Mist. Verdammter. Alles in mir zieht sich zusammen. Wohl doch nicht so gut gelaunt, mein Moritz. Ich kann es ihm nicht verübeln. Die Aufzählung ist grauenhaft. Ich bin ein schrecklicher Mensch. Schrecklich! Ich sollte schnellstens auflegen, mir eine neue Identität beschaffen und das Land verlassen. Vielleicht mit Zeugenschutzprogramm?

Ich schlucke. »Alles. Alles tut mir leid. Und ich kann das erklären.« Zumindest ein bisschen. Aber den Satz sage ich nicht laut.

»Okay.« Ein kleiner Triumph: Ich darf dem hohen Gericht meine Entschuldigung, Schrägstrich Erklärung, vortragen.

»Am Telefon?« Dann muss ich dir dabei wenigstens nicht in die Augen sehen.

»Nein«, zerschlägt Moritz meine Hoffnungen, »nicht am Telefon.«

»Wo wollen wir uns treffen?«, frage ich.

»Auf neutralem Boden. Falls ich dich umbringen will, halten mich potenzielle Zeugen davon ab.«

Ich schlucke so laut, dass man es auch am anderen Ende der Leitung hören kann. Moritz muss ein bisschen lachen. »Das war ein Witz.«

»Oh. Ein Witz. Na klar.« Ich lache gekünstelt und weiß: Kein Witz. Moritz schlägt mir vor, mich morgen Abend bei mir abzuholen. Er möchte essen gehen, in dem Café, in dem ich ihn zum ersten Mal getroffen habe. Ich möchte Moritz noch fragen, warum wir uns gerade dort treffen, da verabschiedet er sich schon und legt auf. Morgen also. Morgen Abend.

...the hardest word

Dienstag, 31. August um 22:29 Uhr

Seit Stunden laufe ich wie ein aufgezogenes Kaninchen durch meine Wohnung. Ich bin wahnsinnig nervös und unglaublich aufgeregt, weil Moritz gleich da ist und ich ihm erklären muss, was wann, wie und warum geschehen ist. Ich schaue auf die Uhr. Er ist zu spät! Natürlich. Natürlich ist er zu spät. Strafe muss sein. Ich setze mich wieder aufs Fensterbrett und linse durch den Vorhang auf die Straße. Ich hatte den ganzen Tag Zeit, mir darüber Gedanken zu machen, was ich ihm sagen werde. Und jetzt, kurz vor dem Startschuss, ist mein Hirn leer. Na klar. Wie IMMER, wenn es drauf ankommt.

Ich rekapituliere. Ich werde der Reihe nach jedes einzelne Missverständnis aufklären, das zwischen uns steht.

a) Ich war nie mit Konrad zusammen.

b) Ich führe seit zehn Monaten ein Single-Experiment, in dem ich systematisch die verschiedenen Möglichkeiten teste, wie man Männer kennenlernt. Diesen Monat wollte ich abbrechen, wurde von Mona aber unter Androhung von Gewalt (das sag ich nur, falls er immer noch skeptisch sein sollte) dazu gezwungen, weiterzumachen und eine Kontaktanzeige aufzugeben.

c) Moritz ist KEINER der Männer, die ich während des Single-Experiments kennengelernt habe. Moritz ist anders. Besonders.

Auch wenn mir in den letzten Wochen nicht immer klar war, ob ich Moritz wirklich will, spätestens seit Freitag weiß ich es. Oder denke es zu wissen. Aber diesen Einwand werde ich rauslassen. Konrad spinnt, wenn er denkt, dass wir eine Beziehung hätten, und er spinnt noch viel mehr, wenn er denkt, dass es ausreichen würde, sich alle paar Schaltjahre mal bei mir zu melden. Was mein Herzklopfen am Freitag angeht: Das kann nur eine üble Laune des Schicksals gewesen sein, ein schlechter kosmischer Scherz, ein Rülpsen des Universums, aber definitiv und ganz bestimmt kein Gefühl, auf das man sich verlassen sollte. Das war ein Versehen.

Genauso wie es ein Versehen war, dass ich bisher bei Moritz kein Herzklopfen hatte, denn jetzt ist es da, und es schlägt mir bis zum Hals, und außerdem verursacht es Verdauungsprobleme und Übelkeit. Ich bin verliebt. Oder habe eine Lebensmittelvergiftung, was aber fast nicht sein kann, weil ich seit der Familienpizza am Freitag nahezu nichts gegessen habe.

Es klingelt. Mein Herz macht einen Purzelbaum. Ich renne zur Tür, öffne, da steht er. Moritz.

»Hi«, sagt er, und ich denke nur: Mist. Sah der letzte Woche schon so gut aus? Er trägt das T-Shirt, von dem ich ihm gesagt habe, dass ich es enorm sexy an ihm finde. Macht der doch mit Absicht. Zugegeben: Ich trage auch das, was er laut eigener Aussage an mir am liebsten mag. Ein bisschen unauffällige Beeinflussung kann ja nicht schaden – ich will toll aussehen, für Moritz am allertollsten. Dann fällt es ihm vielleicht nicht ganz so schwer, mir zu verzeihen, mich leidenschaftlich in seine Arme zu ziehen und der ganzen Welt zu verkünden: »Mein Baby gehört zu mir!« Das ist zumindest der Plan.

Wir laufen in das Café, in dem wir uns kennengelernt haben. Es ist kälter als noch vor ein paar Wochen, ich möchte aber trotzdem draußen sitzen, um das Gefühl von damals zu beschwören. Es ist maximal 14 Grad warm, und ich habe morgen mit 100-prozentiger Sicherheit eine Blasenentzündung. Ist aber egal jetzt, der Zweck heiligt die Mittel.

»So«, sagt Moritz und lehnt sich in seinem Korbstuhl zurück, »dann mal los, ich bin gespannt auf deine Erklärungen.«

Ich hole tief Luft. Dann fange ich an. Ich erzähle ihm zuerst von Konrad, erzähle ihm, woher ich ihn kenne, wann ich ihn wiedergetroffen habe, dass es einen Kuss gab, vor einer Straßenbahn, einen Tag, bevor Konrad sich für vier Monate nach Japan verkrümelte und sich nur noch sporadisch bei mir meldete. Ich erzähle sogar von Nadine. Und dem Kleid, das sie bei der Abschiedsparty trug. Für Frauen ist so was ja wichtig, für Männer allem Anschein nach nicht. Jedenfalls nicht für Moritz, er nimmt die Beschreibung der Klamotte eher zurückhaltend bis desinteressiert entgegen.

»Ihr wart also niemals zusammen?«, fragt er mich.

»Nein!«, sage ich mit Nachdruck. »Und ich habe dir nichts von ihm erzählt, weil er zu dem Zeitpunkt, als ich dich kennenlernte, schon gar keine Rolle mehr spielte.« Jedenfalls keine Hauptrolle. Aber das behalte ich lieber für mich.

»Gut.« Moritz nickt. Er hat's geschluckt. Glaube ich. »Und was hat es mit der Kontaktanzeige auf sich?«

Zugegeben, das wird der größere Brocken. Ich huste einmal theatralisch und berichte Moritz dann von meiner waghalsigen Idee, vom Speeddaten, vom Verkuppelt-Werden, vom Mannsuchen-mit-Hund, von erniedrigenden Erlebnissen und miesen Kontaktanzeigen. Moritz sitzt da und sagt nichts.

»Äh, Moritz?«, hake ich vorsichtig nach. »Wenn du mich jetzt umbringen willst, dann bring es schnell hinter dich. Ja?«

Er schließt kurz die Augen. Dann sieht er mich an. »Hat dieses … Experiment auch was damit zu tun, dass ich dich erst im August anrufen durfte?«

Ich nicke vorsichtig. Er lässt nicht locker: »Und wieso? Weil du erst noch einen anderen Typen abservieren musstest?!«

Das Gespräch schlägt eine Richtung ein, die ich nicht vorgesehen hatte. Ich beeile mich zu sagen: »Nein, Unsinn, da war niemand – es war nur so, dass ich das Loslassen trainieren musste.«

»Das Loslassen?!« Moritz guckt mich an, als wäre ich gerade vom Himmel gefallen.

»Ja, das ist jetzt wirklich sehr kompliziert, das zu erklären …« Weiter komme ich nicht, weil Moritz mir (mit ziemlich viel Druck in der Stimme) ins Wort fällt: »Und du lässt dir von einem Experiment vorschreiben, wann dich Männer anrufen dürfen?!!« Ich zucke zusammen.

»Okay.« Er schnaubt wie ein wilder Hengst und ich ahne: Nix ist okay. »Also, das mit Konrad – gut, blöd gelaufen. Das mit dem Experiment – ziemlich schräg, aber irgendwie witzig und ein kleines bisschen charmant verzweifelt.« Ich ahne es schon, es wird nicht mehr besser werden. Seine Stimme setzt zu einem leichten Crescendo an. »Die Kontaktanzeige zugunsten des Experiments – die ist schon schwieriger zu verkraften, aber gut, selbst das schlucke ich noch. Aber dass du es wirklich fertig gebracht hast, mich zwei Wochen lang warten zu lassen, weil dein MONATSMOTTO«, dieses Wort sagt er so laut, dass die Kellnerin ihren Kopf aus der Tür streckt, »noch nicht beendet war, DAS finde ich echt richtig scheiße!«

Das? Entschuldigung?! DAS?! Ich versuche einzulenken. »Hej, du hast mir doch damals gesagt, dass du das geheimnisvoll findest.«

Moritz schüttelt sich. »Da wusste ich auch noch nicht, was für ein Blödsinn dahintersteckt!«

Ich bin ein bisschen irritiert. Da hat er vier wirklich gute Gründe, mich auf den Mond zu schießen, und wirft mir am Ende den harmlosesten vor?

»Ne.« Moritz schüttelt den hochroten Kopf. »Ganz ehrlich: Nein. Und seien wir mal ehrlich: Verliebt bist du auch nicht in mich.«

»Doch!«, sage ich sehr laut, bevor ich es mir anders überlegen kann. »Doch, das bin ich. Und das war ich! Jetzt bin ich es! Ich hab es bloß nicht gemerkt!«

»Ich auch nicht. Ich hab es auch nicht gemerkt, und das ist doch noch viel schlimmer!«, schreit Moritz und steht so impulsiv auf, dass sein Stuhl nach hinten kippt. Er greift in seine Hosentasche und zieht ein paar Münzen aus der Tasche. Die knallt er mit so viel Nachdruck auf den Tisch, dass die Kellnerin im Türrahmen zusammenschreckt. Ich auch, übrigens. Aber ich hab es ja auch verdient.

Moritz sieht mich an und wird ruhiger. Die Wut weicht aus seinem Gesicht. Er seufzt. »Es tut mir leid. Aber das wird mir alles zu viel. Ich mag dich sehr, und ich war – nein, verdammt, ich bin echt ganz schön verknallt in dich, aber irgendwie ist mir das alles ein bisschen zu … aufregend. Bei dir. Es tut mir leid. Ich brauch mal ein paar Tage Abstand.« Ich nicke mit schwerem Kopf. Schwer, weil die Tränen langsam in meinen Augen hochsteigen und ich mir Mühe geben muss, nicht das Gleichgewicht zu verlieren. Wenn ich den Kopf jetzt hängen lasse, gibt's ein Hochwasser.

Moritz kommt zu mir rüber. Umarmt mich. Sagt, dass er sich bei mir melden wird, dann gibt er mir einen Kuss auf die Stirn und schleicht sich davon. Ich sinke zurück in meinen Stuhl.

Und dann brechen die Dämme.

FAZIT: Altpapier

Weiblich, ledig, jung sucht. Ich bin mir nicht sicher, ob das der ultimative Prolog zu einer romantischen Erfolgsgeschichte werden kann. Bei mir war er es – trotz leicht modifiziertem Wortlaut – nicht.

Ich bin einige Probleme losgeworden. Unter anderem zwei Männer. Das alles habe ich dieser verflixten Kontaktanzeige zu verdanken. Eine Kontaktanzeige, die ich so formuliert habe, dass ich mir wirklich absolut sicher war, dass sich da niemand melden wird. Es kam leider anders.

Allem Anschein nach sind Kontaktanzeigen immer noch so in Mode, dass Leute sie nicht nur lesen, sondern auch beantworten. Mein übrigens sehr gut aussehender Zahnarzt, dem ich vor Kurzem bei dem jährlichen Check von meinem Experiment erzählte, war begeistert von der Idee mit den Kontaktanzeigen. »Das ist ja großartig, dass das endlich mal jemand ausprobiert«, nuschelte er hinter seinem Mundschutz, und seine schönen Augen leuchteten mit der Lampe um die Wette, die mir frontal ins Gesicht knallte, »ich frag mich ja immer, wer so was macht, ich hab mich ja nie getraut. Und ehrlich gesagt hab ich die *Zahnärztlichen Mitteilungen* auch nur wegen der Kontaktanzeigen abonniert!«

»Chind chi CHINGLE?!«, haspelte ich trotz Absauger in meinem Mund und speichelte mir ein bisschen aufs Revers.

»Ja – leider. Zu viel zu tun, um sich ums Privatleben zu kümmern. Daher: Klasse, dass Sie das mit den Kontaktanzeigen mal machen, sagen Sie mir dann Bescheid, wie es lief?«

Beschissen lief's! Vielleicht hab ich es ja auch in der falschen Zeitung probiert. *Zahnärztliche Mitteilungen* klingt ja wirklich vielversprechend. Kann aber auch sein, dass die Zahnärzte lieber unter sich bleiben. Wundern würde mich das nicht. Aber wie würde man denn in einem Zahnärzteblatt inserieren? *»Hübsche Zahnfee, 28 Jahre jung, adultes Gebiss, Initialkaries an dreifünf und beginnende Parodontitis im Unterkieferfrontzahnbereich, sucht dich,* *golfspielenden, porschefahrenden und segeltörnenden Zahnarzt (ggf. auch Oralchirurg oder Kieferorthopäde) für gemeinsame Stunden in und außerhalb deiner Praxis.«*

Ne. Das ist auch nicht das Richtige. Letztendlich sind Kontaktanzeigen wie Profile in Online-Börsen: Man setzt auf die Breitenwirkung, man schießt seine Nachricht ins Universum und hofft, dass nicht nur möglichst viele, sondern auch möglichst gute davon mitbekommen und begeistert sind. Dann geht's ans Sortieren, die Guten ins Töpfchen, die Schlechten ins Kröpfchen. Und es kommt, gemessen an den Erwartungen, eine Menge ins Kröpfchen, so viele, dass du dich bald fühlst wie eine Stopfgans.

Ich hab genug. Mir steht's bis zum Hals. Ich will einfach nur weg.

SINGLEREISE
September

Mein letzter Monat. Mein letztes Motto. Ich entscheide mich für Urlaub. Single-Urlaub. Eigentlich möchte ich lieber alleine wegfahren, möchte traurige und nachdenkliche Spaziergänge im Harz machen oder die Tage in einem Strandkorb auf Norderney verbringen. Warum verbinde ich Urlaub in Deutschland so eng mit Liebeskummer? Vielleicht weil ich immer, wenn mein Herz in tausend Stücke sprang, die Flucht nach vorne antrat. Als meine Großeltern noch lebten, konnte ich immer sie besuchen gehen, irgendwo in der schwäbischen Provinz meine Seele streicheln und meine Plauze mästen lassen. Ich kam drei Kilo schwerer zurück, aber auch fünf Kilo glücklicher, und das hat sich am Ende immer irgendwie ausgezahlt. Nicht für meinen BMI, aber für mein Seelenheil.

Heute gibt es keine Großeltern mehr, und leider auch keine Freundinnen, die ich in ihren gemütlichen Studienorten besuchen kann. Meine Freundinnen von früher leben nicht mehr in Heidelberg, Freiburg oder Münster, in Städten, die so übersichtlich und heimelig sind, dass sie den Liebeskummer dämpfen. Meine Freundinnen von früher wohnen jetzt in Hamburg, München oder Berlin, anstrengenden Städten mit schwer attraktiver Bevölkerung, alle hip, alle trendy, alle unantastbar. Große Städte machen einsam, mich zumindest, und ein gebrochenes Herz passt nicht so gut auf den Kurfürstendamm.

Also muss ich weg, RICHTIG weg, diesmal. Und weil ohnehin noch ein Motto fehlt und ich ein bisschen Gesellschaft wohl brauchen kann, buche ich eine Woche Kreta. Mit Singles. Vollpension und 3-Sterne-Hotel. In einer Woche geht es los. Oh Mann.

Mädchen und Rabauken

Donnerstag, 02. September um 18:19 Uhr

Es hat sich etwas verändert. Nein, nicht nur, dass Moritz über alle sieben Berge verschwunden ist, dass ich wieder alleine in meiner Wohnung sitze und mich selbst bei der Vermüllung (niemand da, der die leeren Duschflaschen wegschmeißt) beobachte, nein, es hat sich etwas GRUNDLEGENDES verändert. Erschreckenderweise: in mir.

Am Dienstag habe ich noch eine Stunde draußen auf der Terrasse des Cafés gesessen, in dem ich Moritz zum ersten und wohl auch zum letzten Mal getroffen habe. Ich habe geheult, geflucht und den Kopf geschüttelt, eine halbe Schachtel Zigaretten geraucht, resigniert, tief durchgeatmet, einen Schnaps bestellt, zwei Schnäpse getrunken (die Kellnerin spendierte einen aufs Haus), mich aufgerafft und bin dann von der Bühne gegangen.

Zu Hause habe ich die letzten Reste der verwischten Mascara von meinem Gesicht gerubbelt, mich in meine hässlichste, aber

231

gemütlichste Schmusehose gekuschelt und bin erschöpft und leergeweint auf dem Sofa eingeschlafen.

So weit war alles im grünen Bereich.

Am nächsten Morgen aber wachte ich auf und fühle mich zu meiner absoluten Überraschung nicht ganz so abgrundtief und fürchterlich, weltenverachtend und zu Tode betrübt mies wie normalerweise. Es war – okay. Traurig, irgendwie, nüchtern, mit einem faden Nachgeschmack im Mund, aber eben okay. Und nicht katastrophal.

Ich denke natürlich trotzdem unentwegt an Moritz. Und das zwickt dann sehr. Und wenn ich aus Versehen mal drei Minuten nicht an Moritz gedacht habe, erschrecke ich ganz schlimm, und direkt danach schäme ich mich, weil ich anscheinend noch nicht genug Buße getan habe. Aber dann geht es auch schon wieder.

Gewöhne ich mich langsam an Liebeskummer? Werde ich zu einer Art Liebeskummerspezialistin? Scheint so. Immerhin füge ich mir 99 Prozent des Liebeskummers selbst zu. Vielleicht bin ich ja süchtig nach dem Schmerz, der Erniedrigung, dem Wälzen im Staub. Keine schöne Vorstellung. Gar nicht schön! Gruselig! Lieber schnell wieder an Moritz denken.

Ah – der Schmerz. Da ist er der puckernde, polternde, pulsierende Schmerz. Der mir sagt: Du willst Moritz. Mehr denn je. War ja auch klar.

Verzeih mir
Dienstag, 07. September um 19:52 Uhr

Es hilft ja alles nichts. Ich muss mich irgendwann auch bei Konrad melden, es hat keinen Sinn, den Kopf weiter im Sand stecken zu lassen, denn früher oder später, und ich befürchte schwer, dass es früher sein wird, werde ich ihm ohnehin über den Weg laufen, und dann wird es richtig peinlich.

Ich schlucke schwer, als ich Konrads Nummer wähle. Warum, verdammt, ist mein Mund so trocken? Es ist Konrad Paulsen, liebes zentrales Nervensystem, NUR Konrad Paulsen. Meine Hände werden feucht. Verdammte Hacke, was soll der Mist? Ich starre böse auf meine glänzende Handfläche und verstehe die Welt nicht mehr. Nur Konrad!

Nach dem dritten Tuten wird die Leitung frei. Ich höre ein Schmatzen.

»Äh – hallo?«, frage ich mal vorsichtig an. Vielleicht verspeist die Schwarze Witwe (Nadine) ja gerade die Überreste ihrer letzten Beute (Konrad).

»Hallo!«, höre ich von der anderen Seite, jemand schluckt. »Hi! Na?« Kurzer Systemcheck: Mein Gehirn erkennt Konrads Stimme. Mein hinterhältiges Herz führt einen Freudentanz auf. Ich atme schwer aus. Konrad lacht. »Wieso schnaufst du so schwer? Ist es so schlimm, bei mir anzurufen? Schön, dass du dich trotzdem getraut hast!« Und dann lacht er wieder.

»Hallo, Konrad«, sage ich zerknirscht. Wir gratulieren zum ersten geraden Satz. Der Kandidat ist eine Runde weiter und kommt in den Re-Call.

»Und? Wie geht's dir?« Konrad klingt geradezu mitfühlend. Mit so viel Zuneigung komme ich nicht klar. Ich möchte jetzt bitte zu Kreuze kriechen. Darauf hab ich mich vorbereitet. Auf Haue, Schimpf und Schande. Auf Konrads Schleimspur kann ich nicht kriechen. »War ja doch alles recht viel neulich, hm?«

Ich bin total perplex. War er dabei? Also, ich meine: War er WIRKLICH dabei?! Meine Antwort fällt dementsprechend einsilbig aus: »Was?!«

»Na ja, ich meine, da stehen plötzlich zwei Typen bei dir in der Wohnung und tun so, als sei es ihre, und dann kommt noch ein Sack voll Briefe auf deine Kontaktanzeige – war doch alles nicht ganz ohne, oder?«

Hallo? Ich dachte, ich spreche mit Konrad, dem Mann, der eine nicht unentscheidende Rolle im neuesten Drama meines bemitleidenswerten Lebens spielte, aber allem Anschein nach bin ich beim WDR rausgekommen. Das ist nicht Konrad – das ist Domian!

»Okay, okay … eins nach dem anderen.« Ich hole tief Luft. »Du möchtest mich also nicht spontan umbringen, es sei denn du bist noch perfider, als ich es mir momentan vorstellen kann. Erst in Sicherheit wiegen, dann von hinten das Messer in den Rücken rammen. Kommt so was noch?«

»Nö«, sagt Konradomian.

»Aha, gut, also ich hab da ein paar Fragen an dich.«

»Klasse!« Konrad freut sich. Wirklich. »Ich auch an dich. Aber du darfst anfangen.« Ich komme einfach nicht klar. Wieso ist der so freundlich?

»Okay, Frage Nummer 1 hat sich erledigt. Ich gehe nicht davon aus, dass du mich heimtückisch um die Ecke bringen möchtest.« Konrad lacht. »Frage Nummer 2: Bist du sauer, weil ich mich jetzt erst melde?«

»Nein. Ich wollte mich sogar schon selbst bei dir melden, hab dann aber gedacht, dass du mal besser deinen Kram erledigt kriegst. Ich wusste ja, dass du dich irgendwann bei mir meldest.« Aha. Da muss ich spontan nachhaken.

»Frage 2b – warum wusstest du das? Woher willst du das gewusst haben? Und was wäre passiert, wenn du dich geirrt hättest?«

»Das waren drei Fragen.« Smdnrjkbcfudfuz!!! Ich fluche lautlos. »Keine Ahnung. Ich wusste es einfach.« Bestechende Logik.

»Okay. Frage 3. Willst du eine Erklärung für das alles?«

Konrad will nicht nur eine, sondern mehrere, und ich lege los. Dieses Mal drehe ich die Reihenfolge um und beginne mit meinem Experiment. Konrad ist begeistert. »Das ist ja eine total geile Idee! Warst du deswegen auch bei dieser miesen After-Work-Party?«

Ich stutze. Erstens: Konrad findet die Idee gut. Aha. Zweitens: After-Work-Party? Oh Gott. Oh ja. Da war ich.

Ich setze meine Geschichte fort und sage ihm, wie ausnahmslos schlecht es sich anfühlt, wenn man zu Hause sitzen bleibt, während der, den man gerne in sein Herz lassen würde, in Japan ist und sich nicht meldet.

»Aber ich hab mich doch gemeldet!«, unterbricht mich Konrad.

Ich stimme ihm zu. »Ja, das hast du, aber ungefähr so häufig, wie ich selbst bei meiner alten Tante Gisela anrufen würde!«

Konrad knirscht mit den Zähnen. »Na gut, ich gebe zu, das hab ich mir wohl etwas leicht gemacht. Aber irgendwie dachte ich, dass das klar ist zwischen uns, also jedenfalls war es das für mich, und weil du dich auch nicht so oft gemeldet hast, dachte ich, das wäre in Ordnung so.«

WHAT?!? Ich bin starr vor Fassungslosigkeit. Das ist ja wirklich der OBERHAMMER!!! Konrad Paulsen denkt, dass wir zusammen sind, und meldet sich dann nicht, weil ich es auch nicht tue?! MÄNNER!!! Ich plustere mich auf und mache mich bereit zum ultimativen Todesstoß. Der kann was erleben!

Aber Konrad kommt mir zuvor. »Es tut mir leid. Es tut mir ehrlich leid, wenn ich dich vernachlässigt hab oder wenn ich nicht klar genug gezeigt habe, was ich von dir will. Und«, er lacht, »na ja, irgendwie kann ich auch verstehen, warum du dann angefangen hast, dich für diesen Moritz zu interessieren. Ich nehme an, *der* hat sich regelmäßig bei dir gemeldet.«

Autschn. Alles in mir verkrümelt sich. Moritz. Gerade als alle Systeme mit einem satten WHHOOPP ausfallen wollen, blinkt rechts unten in der Ecke ein kleines grünes Licht: Konrad entschuldigt sich bei mir? Darauf bin ich nicht vorbereitet. Und ich bin auch gar nicht in der Stimmung, um Konrad irgendetwas zu verzeihen! Ich – Mann! Ich weiß auch nicht! Ich bin so sauer grade, aber ich weiß nicht auf wen. Doch! Auf Konrad, weil er sich so saublöd verhalten hat, weil er Dinge angenommen hat, ohne sich darum zu kümmern, und dann Besitzansprüche anmeldete! Auf Moritz, weil er weg ist. Auf mich, weil ich ihn vertrieben habe. Und dann nochmal auf Konrad, weil er so – nett ist. MAAANNN!!! Warum ist das alles so verdammt kompliziert!

»Ich will dich immer noch«, sagt Konrad mit einer ganz weichen, warmen Stimme. »Und ich fände es schön, wenn du mich auch noch ein bisschen willst.«

Meine Knie geben nach. Praktischerweise sitze ich schon auf dem Sofa. In meinem Bauch rumpelt es einmal unschön, dann fliegt ein hellweißer, luftigleichter Vogel quer durch meine Eingeweide und landet direkt auf meiner linken Herzkammer. Dort fängt er an, ganz sacht mit den Flügeln zu schlagen. Mein Herz reagiert prompt und beginnt zu steppen.

Verdammt, jetzt bin ich aber wirklich wütend! Ich will Konrad doch gar nicht, und ich will nicht, dass er mich will, und ich will nicht, dass er will, dass ich ihn will! Ich will ALLEINE SEIN, verdammt, allein mit mir und meinem Chaos, meinem Kummer und meinen leeren Duschgelflaschen!

»Ich –«, fange ich an, breche dann aber ab. Wenn das ein Versuch sein soll, die Wut rauszulassen, erkläre ich die Aufgabe als nicht bestanden. »Ich fahre erstmal in Urlaub.«

»Oh.« Konrad ist überrascht. »Okay. Hat das was mit deinem Projekt zu tun?«

»Ja. Eine Woche Kreta. Für Singles.«

Schweigen am anderen Ende der Leitung. Dann Seufzen. »Na ja. Ich hab's ja nicht anders verdient, oder?« Ich höre sein schiefes Grinsen. »Dann wünsch ich dir eine gute Zeit. Meld dich, wenn du wieder da bist – also, wenn du willst. Und«, er wird leiser, »verlieb dich nicht wieder in jemand anderen. Bitte.«

Reif für die Insel

Freitag, 10. September um 15:19 Uhr

Ich sitze auf gepackten Koffern. Mein Kühlschrank ist leer, mein Anrufbeantworter an, Pflanzengießen übernimmt Mona. Ich brauche Abstand von allem. Von Konrad, von Moritz und meinem desaströsen Liebesleben. Mona befürwortet das. »Gönn dir mal 'ne Pause. Von allem. Das wird dir guttun.«

Ich befürchte, sie hat recht. Mona hat fast immer recht. Nur bei ihrer Prognose über das Verhalten meiner beiden Herzbuben angesichts der über uns allen hereingebrochenen Katastrophe lag sie total daneben. Von wegen: Konkurrenz belebt das Geschäft. Der, den ich haben will, will mich nicht. Und der, den ich nicht will, will mich.

Und das Allerallerschlimmste ist, dass ich mir noch nicht einmal wirklich sicher bin, DASS ich Moritz will und Konrad nicht. Sonst weiß ich zwar auch nicht immer, was ich will, aber ich kann zumindest Stein und Bein darauf schwören, was ich NICHT will.

Heute ist das irgendwie anders. Heute denke ich drei Minuten lang, dass ich unbedingt die Telefonnummer von Kai Pflaume brauche, damit ich Moritz zurückerobern kann. Die folgenden drei Minuten verbringe ich dann damit, mich über seinen Aufräum-Faschismus aufzuregen. Dann denke ich an Konrad, und daran, dass er sich in meinen vier Wänden irgendwie passender angefühlt hat. Dass er mich so nimmt, wie ich bin, und nicht versucht, mich zu verändern. Und dann, spätestens dann, hebe ich die Hände zum Himmel und bitte Gott um ein Einsehen. Aber der ist in Urlaub. So wie ich auch, bald.

Kretonische Grüsse

Donnerstag, 16. September um 19:07 Uhr

Mein Single-Urlaub ist überraschenderweise die entspannendste Erfahrung, seit ich dieses Experiment begonnen habe. Direkt nach meinem legendären Monat »Loslassen«, in dem ich Moritz kennen gelernt habe. Natürlich gehe ich die Dinge wieder mal vollkommen falsch an und flirte überhaupt nicht. Ich nutze stattdessen den Single-Anbagger-Halligalli-Urlaub, um abzuschalten. Wenn ich das dem Reiseführer erzähle, streicht er mich bestimmt gleich aus dem Ausflug »Gemeinsamkeiten leicht gemacht: Essen und trinken!«. Ich muss sagen, Humor haben die hier! Und zwar meinen!

Die Leute sind nett und freundlich, die besonders hartnäckigen Flirter kann man wirklich schnell wieder in ihre Schranken verweisen und das Essen ist lecker. Man wird hier nicht gezwungen, sich für das andere Geschlecht zu interessieren, und die Animateure sind zurückhaltend, was aber auch an meinem todesverachtenden Blick liegen könnte. Ich vermittle, glaube ich, kein großes Interesse an den »Fang den Mann«-Spielen und schaue immer sehr auffällig weg, wenn die gut blondierten und durchtrainierten Spaßkanonen auf zwei Beinen die Stühle zur »Reise nach Jerusalem« aufstellen. Aber wie gesagt, das macht nichts, wir sind hier alle gleich (gut, ich zehn Jahre jünger als der Durchschnitt …) und die Sonne scheint uns auf den Arsch. Recht so!

In den ersten Tagen war ich ganz wider meine Natur eher

zurückhaltend. Ich wähnte mich in einem Swinger-Club-ähnlichen Moloch, als ich gemeinsam mit meiner Flugzeugbekanntschaft Bernd die Lobby und somit »Das Ende Ihrer Singlezeit« betrat. Bernd kniff an der Rezeption lüstern ein Auge zu und schielte, während ich eincheckte, nach der Nummer meines Zimmerschlüssels. Gleich am ersten Abend setzte er sich zutraulich zu mir und erzählte von seiner Scheidung (unspektakulär, weil einvernehmlich), seinem Job (unspektakulär, weil Beamter) und seinen Hobbys (unspektakulär, weil nicht vorhanden). Er versuchte es mit so einem ekligen »Komm mal zum Onkel«-Flirt, und ich machte ihm ein für alle Mal unmissverständlich klar, dass zwischen uns nie mehr passieren würde als dieses Abendessen. Das fand er zwar ein wenig traurig, ist aber seitdem mein netter Tischherr und Badeliegenfreihalter.

Ansonsten plaudere ich mal mit diesem und jenem und mache viele lange und einsame Spaziergänge. Nix mit Segeln, Kegeln, Biken und Flirten. Ich bin etwas soziophobisch gestimmt, deswegen bleibe ich lieber unter uns. Also bei mir. Ich erkunde alleine die Insel, habe mir sogar einen klapprigen Fiesta geliehen und den Palast von Knossos und ein paar andere sehr antike Bruchstücke angesehen. Ansonsten liege ich faul und nachdenklich am Strand und schaue den anderen beim Flirten zu. Mich lassen sie in Ruhe, sie haben wohl gemerkt, dass ich gerade nicht in der Stimmung bin, um beim gemeinsamen Hufeisenwerfen den Mann fürs Leben zu finden.

Reisen sind super, um sich Gedanken zu machen, und obwohl ich auch ein bisschen Angst davor hatte, tut das Nachdenken über die beiden Jungs gar nicht so weh. Ich rekapituliere mein Experiment, mich und das Singlesein. Und stelle fest: Single sein ist eigentlich nur blöd, weil man ständig denkt, man bräuchte einen Mann. Das ist der einzige Druck, der tatsächlich und ernsthaft auf einem lastet. Und ich habe das Ganze auch noch übertrieben, indem ich fast mein ganzes Dasein auf eben diese Suche konzentriert habe. Nun sitze ich auf Kreta, mit zwei Männern im Herzen und einem Haufen Erfahrungen. Dies ist der letzte Monat des Experiments. Wie endet das Ganze? Wenn ich das wüsste.

Planänderung

Samstag, 18. September um 17:44 Uhr

Ich habe eine mehr oder weniger unspektakuläre, aber sehr entspannende und beruhigende Woche auf Kreta hinter mir. Ich habe viel gedacht, wenig geschrieben und bin, zumindest ein kleines bisschen, zur Ruhe gekommen. Gestern Abend ging mein Flieger zurück nach Deutschland. Frankfurt, eigentlich. Die Fluggesellschaft meinte es aber besonders gut und überbuchte den Flieger, man bot mir 100 Kröten dafür, dass ich bis nach Hamburg flog und ich sagte spontan zu. In Hamburg angekommen nahm ich planmäßig den Shuttle zum Bahnhof. In der Wartehalle glotzte ich geschlagene 25 Minuten auf die klappernde Anzeigentafel und stellte ohne Erschrecken fest, dass meine Lust, wieder nach Hause zu fahren, gegen null tendierte. Nach Hause, wo meine Arbeit auf mich wartete, wo meine Probleme sich stapelten und mein Leben seltsame Kapriolen schlug.

Ich entschied mich sehr schnell. Im Servicebereich der Deutschen Bahn stieß ich mit viel Glück auf eine sehr freundliche, sehr interessierte und sehr verständnisvolle Angestellte, die sehr angetan und empathisch auf den Schnelldurchlauf der letzten Wochen meines Lebens reagierte. Ich erzählte ihr restlos alles. Als ich bei der furchtbaren Situation in meiner Wohnung, dem unheilvollen Aufeinandertreffen von Konrad und

Moritz, ankam, drückte sie mir die Hand, mit der ich mich zitternd auf dem Tresen aufgestützt hatte; Moritz' Abfuhr im Café kommentierte sie stillschweigend, indem sie eine Packung Taschentücher anreichte. Und da sage nochmal einer, wir leben in einer Servicewüste! Und wenn wir doch in einer leben, dann habe ich in Britta die einzige Oase gefunden!

Britta entschied für mich, dass ich besser noch nicht nach Hause fahren, sondern noch zwei, drei Tage Urlaub extra brauchen könnte. Single-Urlaub extrem, sozusagen, nur ich und das Meer. Das klang hervorragend! Gemeinsam mit Britta suchte ich mir eine günstige Verbindung nach Bremen, von dort weiter nach Bremerhaven. Umsteigen auf die Fähre, rüber auf die andere Seite des Flusses, nach Blexen, Blexenwurp und Schockumerdeich. Dort hat Britta eine Cousine, die eine kleine Pension betreibt, aber zu der Jahreszeit sei da nix los, meinte Britta. Sie nahm sich, sehr zum Missfallen der anderen Auskunftsinteressierten, die schon zu einem Murren ansetzten, auch noch die Zeit, ihre Cousine Sünje anzurufen und ein Zimmerchen für mich zum Sonderpreis zu reservieren. Sünje heißt Sonne, und als ich wenige Stunden später in Schockumerdeich ankam, ging tatsächlich die Sonne auf, denn Sünje drückte mich fest an ihren riesigen Busen und raunte mir in ihrem von Wind und Wetter gegerbten Mezzosopran zu: »Britta hat mir alles erzählt. Komm her, mien Deern, ich mach dir erst einmal eine heiße Schokolade.«

Und nun sitze ich hier, in Schockumerdeich und lasse es mir gutgehen. Niemand weiß, dass ich hier bin. Mein Guthaben vom Handy ist fast leer, aber ich habe eh grade niemanden, den ich anrufen kann. Selbst schuld. Aber telefonieren soll auch nicht Zweck des Ausflugs sein. Ich möchte mir einen Strandkorb suchen und den ganzen Tag darin sitzen bleiben. Ich möchte im Sand liegen und Schneeengel machen, mir den Wind um die Nase und das Wasser um die Schuhspitzen spülen lassen. In diesem Sinne: Ich bin dann nochmal kurz weg.

Der Deich und ich

Dienstag, 21. September um 11:09 Uhr

Es ist schön hier in Schockumerdeich. Die Sonne knallt vom Himmel, der Wind braust und die Schuhe versinken im Sand. Es geht mir gut. Seit langer Zeit bin ich mir wieder einmal selbst genug, kann die Probleme irgendwo in eines der hinteren Stübchen des Hirns verbannen und mich auf die einfachen und lebensnotwendigen Dinge des Alltags konzentrieren. Einatmen, ausatmen. Laufen. Ein Fuß vor den anderen.

Sünje kümmert sich ganz herrlich um mich. Morgens presst sie mir frischen Orangensaft, abends mästet sie mich mit heißem Grog und Weihnachtsplätzchen vom Vorjahr. Ich weiß, dass der Kalender behauptet, wir hätten erst September. Hier oben scheinen andere Naturgesetze zu gelten, hier oben ist nämlich schon viel später im Jahr. Und ich habe dank Kreta auch vollkommen falsche Klamotten dabei. Trotzdem: Ich bin die Ruhe selbst. Gelassener als jemals zuvor, befreiter, entspannter. Konrad ist da, irgendwo in meinem Kopf, aber anstatt wie normalerweise dem Karussell noch einen zusätzlichen Stoß zu verpassen, damit die Gedanken in ihren Kettenschaukeln um ihre eigene Achse fliegen, steht alles still. Ich gratuliere mir selbst zu meiner Entscheidung, noch nicht nach Hause gefahren zu sein. Hier komme ich endlich zur Ruhe. Hier kann ich endlich mein Grübeln beenden. Egal was du tust, tue es gut und beende das Denken. Denken kann ziemlich krank machen. Und einsam. Wenn man immer alles durchanalysiert, hoch-

und runterrechnet, hin und her wendet, dann bleibt am Ende nicht mehr viel übrig. All das Gute, Wahre, Schöne geht verloren, wie bei heißem Tee, den man zum Abkühlen von einer Tasse in eine andere schüttet: Ein paar Tropfen gehen immer daneben, und wenn man so zwanzig- bis dreißigmal alles von links nach rechts und wieder zurückgeschüttet hat, dann ist der Tee kalt, und außerdem ist nur noch halb so viel übrig wie am Anfang. So ist das mit meinen Gedanken. Am Ende bleibt nur die Hälfte von dem, was mal der Ursprung war.

Fühlen sollte ich üben. Fühlen und machen, und die Dinge Dinge sein lassen, und die Menschen Menschen. Ich hab mich in meinen Gedanken um Moritz verlaufen. Ich habe so lange darüber nachgedacht, warum ich nicht das für Moritz fühle, was ich sollte, dass ich am Ende gar nichts mehr fühlen konnte. Oder nicht mehr viel.

Hier in meinem Strandkorb fühle ich. Ich fühle die raue Luft und die Möwen, die über meinem Kopf Loopings schlagen. Ich fühle meine Hände, meinen Herzschlag, meine kalten Füße. Ich fühle mich, endlich, wieder. Und stelle mit einer leichten Verwunderung fest: Ich brauche ja gar niemanden, um nicht allein zu sein. Ich hab ja mich.

Im Auge des Sturms
Samstag, 25. September um 14:05 Uhr

Und jetzt hab ich genug von mir. Ich hatte mich jetzt für ganze sieben Tage, nur ich, nur der Strandkorb, nur die Möwen über dem Kopf. Ich bin bereit für die Realität. Und ich hoffe, die Realität ist bereit für mich. Ich packe meinen Koffer. Kein Abschiedsschmerz, kein »Ich-will-noch-nicht-nach-Hause-zurück«, sondern das perfekte Gefühl, dass es genug ist. Genau richtig dosiert, alles prima. Ich freue mich auf meine Wohnung, auf mein Zuhause, meinen Kiez, meine Stadt, meine Leute. Ach, was freu ich mich auf meine Hühner!

Gestern Abend, als Sünje mir zum letzten Mal bei einer heißen Tasse Schokolade mit ordentlich Schuss auf der Veranda draußen, dick eingemummelt in Daunendecken und acht paar warme Socken, Gesellschaft leistet, kam plötzlich so ein komisches und sehr fremdartiges Gefühl in mir auf. Eine absolute, weltenumfassende, gigantomanische Ruhe ergriff von mir Besitz. Denn plötzlich verstand ich etwas Grundlegendes: Diese Ruhe, diese Abgeschiedenheit, dieses ganz bei mir sein, das ist alles ganz wunderbar und schön. Es wäre großartig, davon ein bisschen was mit nach Hause zu nehmen. Aber es ist nicht schlimm, wenn es bald wieder turbulenter zugehen wird. Wenn mein Leben wieder Purzelbäume schlägt, wenn ich wieder im Auge des Orkans die Katastrophen bändigen muss, wenn ich das Chaos durch brennende Reifen springen lasse. Es geht nicht darum, ob es chaotisch, laut und unberechenbar ist, es geht darum, wie ich damit umgehe. Auch wenn um mich herum alles wackelt: Ich muss nicht wegrennen. Ich muss nicht panisch Schutz unter einem Tisch suchen, ich muss mich nicht ängstlich in Schränken verstecken, und ich muss dem Sturm auch nicht waghalsig entgegenschreien. Ich kann mir auch einfach einen Stuhl nehmen und darauf warten, dass sich die Wogen wieder glätten. Das ist okay. Davon wird mein Leben nicht weniger aufregend. Nur ich werde vielleicht ein bisschen zufriedener.

Zufriedenheit. Die Vorstellung war mir bis vor Kurzem zutiefst verhasst. Ich fand Leute furchtbar, die einfach zufrieden waren. Zufrieden sein hieß für mich, dass man aufgehört hat, nach dem Glück zu suchen. Dass man eingeschlafen ist oder betäubt, vom Alltag aufgefressen und anspruchslos. Zufriedenheit ist Gleichgültigkeit.

Doch das ist falsch. Zufriedenheit ist Gleichmut. Ausgeglichenheit und Entspannung. Zufrieden lebt es sich erstaunlich einfacher als immer auf der Suche, immer im Galopp. Dinge laufen, Menschen ziehen, Leben geschehen lassen ist so viel wirkungsvoller, als ständig das Gefühl zu haben, alle Strippen in der Hand halten zu müssen. Ständig unterwegs zu sein, getrieben, vorwärtsgepeitscht auf der Suche nach dem, was mich glücklich macht. Diese Suche ist außerdem ganz und gar sinnlos. Es gibt sie nicht, die eine und richtige Version vom Glück. Den Einen und Richtigen, der mich genau SO liebt, wie ich es mir vorstelle, und den ich dann anstandsgemäß zurücklieben kann. In Moritz war ich nicht verliebt. Jedenfalls nicht zu dem Zeitpunkt, als er mich wollte. Und ich war zu ungeduldig, um darauf zu warten, dass es doch noch passiert. Meine Hormone gingen in den Sitzstreik, in meinem Körper wollte niemand eine Party feiern. Das hat mich wahnsinnig gemacht. Ich dachte, es KANN nicht richtig sein, wenn mein Körper nicht so reagiert, wie ich es mir in meinen rosaroten Kleinmädchenträumen ausgemalt habe. Und ich wollte nicht mehr. Ich wollte Moritz nicht mehr, weil ich dachte, dass man sich mit Ende 20 genauso verliebt wie mit 17. Wild, hemmungslos und ohne eine Sekunde darüber nachzudenken, wo das hinführen soll. Und dann, als er mich nicht mehr wollte, da wollte ich ihn, da reagierte mein Körper. Ganz einfach darum, weil ich ihn nicht mehr haben konnte.

Aber eigentlich weiß ich es besser. Männer, die mich auf den ersten Blick faszinieren, sind nicht gut für mich. Zu viel Ego, zu viel Schein, zu viel Tohuwabohu. Ich brauche einen, der vielleicht drei Gramm langweiliger ist als das knallbunte Ausmalbild meiner Vorstellung, mir aber die Ruhe gibt, die mein Leben so dringend benötigt. Keine Halligalli-Männer mehr. Sondern Männer zum Leben.

FAZIT: Last call for passenger Rautenberg

Reisen ist gut. Besonders wenn man mal den Kopf frei haben will. Reisen ist gut, wenn einem alles zu viel wird und man dringend eine Luftveränderung braucht. Gut, das ist keine wirklich neue Erkenntnis. Das haben andere schon vor mir herausgefunden. Andere, die sich nicht wie eine dicke, weißhäutige Hummel in einen Ferienclub gepflanzt haben, sondern die etwas Spektakuläres, Weltbewegendes getan haben, wie zum Beispiel 3000 Kilometer nach Santiago de Compostela zu laufen. Das ist, in einer gewissen Weise, auch Single-Urlaub. Aber nicht so ein Single-Urlaub, wie ich ihn gebucht habe. Ich habe eine Woche Single-Urlaub gebucht und damit auch Single-Urlaub gemeint, also Urlaub mit Singles und nicht Urlaub allein. Gemacht habe ich daraus trotzdem etwas anderes.

Wie ein echter, ganz ehrlich gemeinter Single-Urlaub ist, kann ich demnach nicht beurteilen. Ich habe nur kaum andere Singles kennengelernt, ich habe mich genaugenommen sogar jeder Kontaktaufnahme verweigert. Aber ich habe beobachtet. In unserem Club haben sich Pärchen gefunden, einige nur für diesen Urlaub, einige waren nach wenigen Stunden schon wieder getrennt, aber bei einem Pärchen schoss mir fast die Milch ein: Hermann und Siglinde, beide Mitte vierzig, beide weniger schön, beide unglaublich nett und offen, beide mit einer Vorliebe für Leberwurst. So haben sie sich wohl auch am Buffet kennengelernt. Am dritten Tag. Und seit diesem Tag schmierte Hermann Siglinde morgens ein Leberwurstbrötchen und sie lächelte ihn dabei an. Und jeden, wirklich ausnahmslos jeden Morgen fragte er: »Zusammengeklappt?«, und sie lächelte und sagte jeden Morgen: »Ja, danke, zusammen klappt besser.« Blöder Witz, aber bei den beiden irgendwie süß.

Als ich die Leberwurstzeremonie das erste Mal gesehen habe, dachte ich an Konrad. Ja, an Konrad. Und ich stellte mir vor, wie wir uns in circa dreißig Jahren gegenseitig Leberwurstbrote schmieren und die immer gleichen, wahrscheinlich schlechten Witze machen. Und das fand ich schön. Ich dachte an Konrad. Das ist die einzige Erkenntnis meines Single-Urlaubs. Ich dachte an Konrad.

EPILOG

Es ist Nacht. Es regnet. Die Scheibenwischer schlagen monoton von links nach rechts. Mein Beifahrer sieht zu mir rüber, lächelt mich an. »Ist dir immer noch kalt?«, fragt er. Ich schüttle den Kopf. Nein, mir ist warm. Überall, auch im Herzen.

Wir sind kurz vor Kassel. Es ist vier Uhr früh. Wir haben noch ein paar Stunden vor uns, wir sind mitten in der Nacht auf einer deutschen Autobahn, es regnet, es ist September, und die Welt steht still.

Gestern Nachmittag, vor vielen, vielen Stunden, bin ich in Hamburg am Bahnhof angekommen. Ich stehe wieder vor der klappernden Anzeigentafel, dieses Mal habe ich nicht den Wunsch, in einen anderen Zug als in den nach Hause einzusteigen. Britta, die beste Bahnangestellte von allen, ist heute nicht im Service Point, ich gerate an einen schnauzbärtigen Mittvierziger mit schlecht sitzendem Toupet und schlecht sitzender Stimmung. Seine Laune sinkt weiter, als ich versuche, mit meiner EC-Karte zu bezahlen. Geht nicht. Verdammt. »Mo-

248

natsende, Froilein«, brummt er in seinen hässlichen Schnauzer, »wohl das Konto überzogen. Das hamm wa gern.«

Ich seufze. Ach Mann. Der Blick auf die Uhr verrät, dass mein Zug in fünf Minuten fährt, den werde ich wohl nicht mehr kriegen. Gut, ich hab's nicht eilig, ich werde einen Zug später nehmen. Bargeld habe ich leider auch keines mehr, mit dem letzten Zusammengekratzten habe ich Sünjes Bleibe und die Fahrt mit der Regionalbahn nach Hamburg bezahlt. Also zur Bank.

Ich betrete die kleine Sparkassen-Filiale mitten im Hamburger Bahnhof. Der Automat schluckt meine Karte, ich gebe meine PIN ein. Plötzlich erklingt ein sehr, sehr hässliches Geräusch, das mich ein bisschen an den Ton erinnert, der erklingt, wenn mein Antiviren-Programm auf meinem Rechner einen Virus findet. Es scheppert. Der Automat rülpst metallisch, dann erscheint eine Nachricht auf dem Display: *Unbekannter Fehler. Ihre EC-Karte wird einbehalten. Wir bitten um Ihr Verständnis.*

Ich starre auf den Monitor. Wie bitte, was? Ich starre weiter. Drücke auf »Abbrechen«. Nichts passiert. Ich drücke erneut, diesmal noch fester. Der Monitor zeigt mir die Startseite. *Herzlich Willkommen. Bitte EC-Karte einführen.*

Nein, nix einführen. Bitte EC-Karte ausführen! Ich werde leicht panisch. Ich stehe am Hamburger Bahnhof, ich habe keinen Cent mehr in der Tasche, allem Anschein nach auch keinen mehr auf dem Konto (gut, das ist jetzt keine SO große Überraschung mehr, immerhin habe ich zwei Wochen nicht gearbeitet und nur Geld ausgegeben), ich will nach Hause, ich habe Hunger, ich habe Durst, mir ist kalt und ich muss aufs Klo! Nicht mal mehr das kann ich mir leisten, das kostet nämlich 50 Cent und ich habe nur noch 38. Verdammt! Ich wollte zwar wieder Realität, aber doch nicht so eine!

Meine Verzweiflung verwandelt sich in Wut, ich zücke mein Handy und wähle die Notfallnummer der Bank, die rechts neben dem Automaten auf einem kleinen roten Schildchen steht. Die können was erleben! Ein unerwarteter Fehler! Pah! Ich hänge sehr, sehr, SEHR lange in der Warteschleife, nach mehrerem Weiterverbinden von Abteilung zu Abteilung komme ich endlich bei jemandem an, der von irgendetwas Ahnung zu haben scheint. Jedenfalls hat er Ahnung davon, dass meine Karte eingezogen wurde, weil mein Konto so schlimm im Dispo ist, dass mir der freundliche Mitarbeiter die Privatinsolvenz nahe legt. Ich möchte weinen. Ich möchte schreien, ich möchte kotzen und irgendwas kaputt machen. Ich entscheide mich für Letzteres und trete einmal beherzt gegen den Schirmständer, der neben dem Eingang steht. Das verschafft mir ein kleines Gefühl von Genugtuung, mehr aber auch nicht. Scheiße. Was mache ich denn jetzt? Ich bin 500 Kilometer von zu Hause entfernt, ich habe kein Geld, um mir die Zugfahrt zu leisten, und zu allem Überfluss kommt jetzt gerade noch die Meldung, dass mein Gesprächsguthaben auf dem Handy fast leer ist.

So. Liebes Universum. Wir müssen reden. Das funktioniert so nicht. Du kannst mir nicht die Erleuchtung, die Ruhe und die Zuversicht schenken, wenn du mir dann diese Knüppel zwischen die Beine schlägst! Was soll das sein, die Erstverschlimmerung? Du verabreichst mir Einsicht in homöopathischen Dosen und dann streckst du mich mit einem gut gezielten Fausthaken zu Boden?

Ich schleife mich und mein mieses Karma aus der Bankfiliale. Wieder in der Bahnhofshalle angekommen setze ich mich auf eine Bank. Ich bin den Tränen nahe. Ich weiß wirklich nicht, was ich jetzt machen soll. Ich kenne niemanden in Hamburg. Ich kenne nicht mal jemanden in Hannover. Und Mädchen sollen nicht per Anhalter mitfahren, weil sie dann vergewaltigt und im Unterholz verscharrt werden. Das Wasser steigt in meinen Augen hoch. Ich hab noch nicht mal Taschentücher. Und kein Geld, um mir welche zu kaufen. Mist!

Ein Handy klingelt. Ich stelle fest, dass es meines ist. Durch den Tränenschleier erkenne ich nicht, was auf dem Display steht, ich nehme einfach ab und schluchze herzzerreißend: »Ja?«

»Hi«, strahlt es mich von der anderen Seite an. »Ich bin's!«

Ich kenne diesen »Ich bin's«. »Ich bin's« hat schon öfter bei mir angerufen. »Konrad?«, frage ich vorsichtig, und meine Hände werden so feucht wie meine Augen.

»Ja! Hi! Wie geht's? Wo steckst du? Ich dachte, du wärst schon lange zurück ...« Weiter kommt er nicht. Ich fange hemmungslos an zu weinen. Konrad. Konrad ruft mich an. Ich heule, wettere, schreie und tobe, bis ich weniger wütend und verzweifelt bin und befürchten muss, dass jetzt auch noch mein Akku leer ist. Ich erzähle Konrad von meinem fürchterlichen Dilemma. Konrad stellt pragmatische und lösungsorientierte Fragen, und ich habe schon nach 20 Sekunden das Gefühl, dass er alles im Griff hat. Ich bin nicht mehr allein, ich muss das nicht mehr alles alleine hinkriegen. Konrad ist da, und er wird sich darum kümmern, dass das wieder geradegebogen wird.

»Okay. Ich kann dir leider so schnell kein Geld nach Hamburg schicken«, sagt Konrad und ich spüre, wie der Wasserpegel wieder steigt. »Aber etwas anderes. Ich möchte, dass du dir ein hübsches Eckchen suchst. Irgendwo, wo es warm ist und du ein Weilchen bleiben kannst. Eine Buchhandlung vielleicht, da hast du auch ein bisschen Zeitvertreib. Und da bleibst du, bis ich komme.«

Wie bitte? Was? »Konrad, ist das dein Ernst?« Ich bin fassungslos. Konrad nicht, Konrad lacht.

»Natürlich ist das mein Ernst. Zugegeben, ich wollte heute Abend lieber mit dir ins Kino gehen, aber hej, man kann es sich ja nicht immer aussuchen. Bleib, wo du bist. Ich hole dich ab.«

Ich bin gerührt. So gerührt, dass ich nicht widersprechen kann. Ich bin beeindruckt, fasziniert, geschockt, verwirrt und unsagbar glücklich. Deswegen weine ich nochmal ein bisschen. Konrad sagt noch ein paar nette Sachen, dann schickt er mich los, ein Plätzchen für die kommenden sechs Stunden suchen. Die Buchhandlung im Bahnhof hat tatsächlich noch einige Stunden offen, außerdem eine kleine Leseecke und eine Kundentoilette. In der letzten Zeit hat sich herausgestellt, dass mich bedingungslose Ehrlichkeit meistens am Weitesten bringt, deswegen nehme ich meinen Mut zusammen, suche mir einen freundlich lächelnden Angestellten heraus und ziehe ihn ins Vertrauen. Mark ist praktischerweise der Filialleiter und hat – obwohl er mich schon etwas zweifelnd ansieht – vollstes Verständnis für meine Situation. Er erlaubt mir, es mir in der Leseecke gemütlich zu machen, allerdings unter der Prämisse, dass ich tatsächlich ein Buch lese und nicht schlafe. »Es wäre nicht gut, wenn andere Obdachlose denken, dass sie hier eine neue Zuflucht finden.«

Ich denke darüber nach, ob ich die Bezeichnung »andere Obdachlose« diskutieren soll, entscheide mich aber für goldenes Schweigen und mache es mir mit einem skandinavischen Krimi in einem knallroten Sessel bequem. Zwei Stunden lang macht das fast Spaß. Dann muss ich raus vor die Tür, eine rauchen. Konrad ruft von unterwegs aus an, sagt, dass er gut durchkommt und fragt mich nach meinem genauen Aufenthaltsort. Ich erkläre ihm, dass ich in der Bahnhofsbuchhand-

lung sitze, ganz hinten im Laden zwischen den Unterhaltungs-
romanen und Liebesschnulzen, und er lacht sehr laut, und ich
lache ein kleines bisschen mit. Nach vier Stunden lege ich den
Krimi beiseite und widme mich der Comic-Abteilung. Eine
Stunde später bin ich bei den Biografien angekommen und
langweile mich angemessen zu Tode. Als ich gerade über
einer unerträglich einschläfernden Darstellung von Rudolf
Scharpings Vereidigung als Verteidigungsminister einzunicken
drohe, nehme ich eine Bewegung im Augenwinkel wahr. Konrad. Konrad ist da. Er steht vor mir, sagt kein Wort, zieht mich
nur hoch aus dem Sessel, breitet seine Arme aus und drückt
mich ganz, ganz fest an sich. Mein Herz macht einen Salto mor-
tale. Weil mein Kopf an seiner Brust liegt, merke ich, dass sein
Herz wie verrückt schlägt. Das macht mich glücklich. Konrad
allem Anschein nach auch. Er legt mir den Arm um die Schulter, nimmt meine Tasche und sagt kein Wort. Er lächelt nur
leise.

Und dann bringt mich Konrad nach Hause.

Über die Autorin
Foto und Vita

© Patrick Liste

Juli Rautenberg, geboren 1983 in Mannheim, lebt als freie Werbetexterin und Lektorin in Frankfurt. Sie ist seit vier Jahren Single. Ihre Suche nach einem Mann hat sie zwölf Monate lang in ihrem Blog www.das-single-experiment.de dokumentiert.

Juli sagt Danke:

Caro, Julia, Lullu, Martin, David, Alex, Merlin, Ina, Andrea, Frau Barthauer, Theda, Angie, Meike, Benny, Janine, Bernd, Eva, Stef, Alice, Anne, Schusch und meinen Bloglesern: Danke fürs Lesen, Kommentieren, Mitreden, -leiden und -freuen! Jonas und Michael für Rat und Tat bei medizinischen Fragen aller Art!

Und natürlich Judith. Danke.

Und was man nicht bekommt, das will man haben, selbst wenn man dabei sein Herz verliert auf Seite 217 ist ein Zitat aus dem Lied *Mädchen und Rabauken* von Pohlmann.

Über dieses Buch

Juli hat keine Lust mehr auf Alleinsein. Und eigentlich kann sie die vielen Tipps zur Partnersuche nicht mehr hören. In diesem Jahr soll, ja, muss es endlich klappen. Es kann doch nicht alles falsch sein, was einem Freundinnen, Eltern, Frauenzeitschriften und Psychologen raten. Juli macht ein Experiment: Monat für Monat wird sie mit einer anderen Strategie vorgehen, um endlich Mr. Perfect zu treffen. Ihre Erfahrungen, die allesamt wahr und wirklich erlebt sind, dokumentiert die Bloggerin im Internet – von der Liebe im Büro, übers verkuppelt werden, Speeddaten, Sport, Computerliebe, die Single-Party, das Flirten mit Hund bis hin zur Wiederbelebung des Exfreundes. Juli hat alles ausprobiert – und vielleicht am Ende sogar die Liebe gefunden.

www.das-single-experiment.de